本书为国家社会科学基金项目“基于使用的汉英‘低调陈述’认知维度拓展研究”(项目编号：13BYY016)成果

低调陈述与认知

Understatement and Cognition

鞠红 著

中国社会科学出版社

图书在版编目（CIP）数据

低调陈述与认知／鞠红著.—北京：中国社会科学出版社，2022.5
ISBN 978－7－5227－0041－0

Ⅰ.①低… Ⅱ.①鞠… Ⅲ.①陈述—修辞方法—研究 Ⅳ.①H043

中国版本图书馆 CIP 数据核字(2022)第 057157 号

出 版 人 赵剑英
责任编辑 顾世宝
责任校对 赵雪姣
责任印制 戴 宽

出 版 中国社会科学出版社
社 址 北京鼓楼西大街甲 158 号
邮 编 100720
网 址 http://www.csspw.cn
发 行 部 010－84083685
门 市 部 010－84029450
经 销 新华书店及其他书店

印 刷 北京明恒达印务有限公司
装 订 廊坊市广阳区广增装订厂
版 次 2022 年 5 月第 1 版
印 次 2022 年 5 月第 1 次印刷

开 本 710×1000 1/16
印 张 22
插 页 2
字 数 273 千字
定 价 128.00 元

目　　录

第一编　导论

第一章　文献综述 …………………………………………………… (3)
1.1　心理语言学 …………………………………………………… (4)
1.2　社会语言学 …………………………………………………… (5)
1.3　语用学 ………………………………………………………… (7)
1.4　认知语言学 …………………………………………………… (9)
1.5　本书研究目标 ………………………………………………… (11)

第二章　低调陈述与文化 …………………………………………… (14)
2.1　低调陈述的定义 ……………………………………………… (14)
2.2　英国文化 ……………………………………………………… (16)
2.3　中华文化 ……………………………………………………… (21)
2.4　低调陈述的修辞特色 ………………………………………… (25)

第三章　低调陈述的表达手段 ……………………………………… (29)
3.1　词汇手段 ……………………………………………………… (31)
3.2　语法手段 ……………………………………………………… (35)
3.3　语用否定结构 ………………………………………………… (39)

第二编　低调陈述的认知本质

第四章　低调陈述的实质 …………………………………………… (49)
4.1　对立 …………………………………………………………… (49)
4.2　对现实偏离的抽象化过程 …………………………………… (52)

4.3 替代 …………………………………………………………………… (54)
4.4 标记性表达 ……………………………………………………………… (57)
4.5 模糊修辞 ………………………………………………………………… (61)

第五章 语用现象 ……………………………………………………………… (71)
5.1 低调陈述的语用修辞 …………………………………………………… (72)
5.2 会话含义特例 …………………………………………………………… (73)
5.3 低调陈述的语用内涵 …………………………………………………… (77)
5.4 低调陈述语用化的规律 ………………………………………………… (80)
5.5 低调陈述语用标记语的特性 …………………………………………… (81)
5.6 低调陈述预制语块的语用功能 ………………………………………… (83)

第六章 认知的语法单位 ……………………………………………………… (85)
6.1 语用规约化 ……………………………………………………………… (86)
6.2 低调陈述的认知特征 …………………………………………………… (91)
6.3 低调陈述的认知维度 …………………………………………………… (94)
6.4 低调陈述的预设意义构式研究 ………………………………………… (96)

第三编 低调陈述的认知视角

第七章 语用原则 ……………………………………………………………… (105)
7.1 礼貌原则 ………………………………………………………………… (105)
7.2 面子理论 ………………………………………………………………… (107)
7.3 低调陈述礼貌策略的语用功能 ………………………………………… (110)
7.4 会话冲突中的低调陈述修辞话语 ……………………………………… (113)

第八章 原型效应 ……………………………………………………………… (118)
8.1 低调陈述的范畴化分析 ………………………………………………… (119)
8.2 低调陈述的原型成员 …………………………………………………… (120)
8.3 低调陈述的中间成员 …………………………………………………… (122)
8.4 低调陈述的边缘成员 …………………………………………………… (124)

第九章　低调陈述与转喻 ………………………………………………（127）
9.1　低调陈述转喻的构成机制 ……………………………………（127）
9.2　低调陈述转喻的构成手段 ……………………………………（130）
9.3　隐转喻式低调陈述的语用功能 ………………………………（132）
9.4　隐转喻式低调陈述 ……………………………………………（134）
9.5　低调陈述语义压制的转喻理据 ………………………………（140）

第十章　低调陈述与隐喻 ………………………………………………（142）
10.1　低调陈述的隐喻性 …………………………………………（142）
10.2　低调陈述隐喻的建构功能 …………………………………（143）
10.3　低调陈述隐喻的构成机制 …………………………………（145）
10.4　多模态隐喻视角下低调陈述的动态性 ……………………（149）
10.5　低调陈述隐喻的思维特征 …………………………………（150）
10.6　语法隐喻与低调陈述的名词化结构 ………………………（151）
10.7　注意力视窗中的凸显功能 …………………………………（153）

第十一章　顺应理论 ……………………………………………………（156）
11.1　语境的动态性和顺应性 ……………………………………（156）
11.2　低调陈述顺应的类型 ………………………………………（159）
11.3　低调陈述顺应的特征 ………………………………………（161）

第四编　低调陈述的认知理解

第十二章　低调陈述的辨认 ……………………………………………（167）
12.1　低调陈述的话语信号或标志 ………………………………（167）
12.2　低调陈述的语义或语用信号 ………………………………（170）
12.3　词汇语境线索与低调陈述的理解 …………………………（173）
12.4　低调陈述多义范畴的理解 …………………………………（176）
12.5　语言模因 ……………………………………………………（177）
12.6　新格莱斯语用学 ……………………………………………（184）
12.7　结语 …………………………………………………………（189）

第十三章 低调陈述与关联理论 …………………………（191）
13.1 关联—图式理论 …………………………（192）
13.2 关联理论与低调陈述的意义推断 …………………………（193）
13.3 低调陈述语义的关联亮点 …………………………（199）
13.4 低调陈述的图形—背景论分析 …………………………（206）
13.5 结语 …………………………（207）

第十四章 心理空间与概念整合理论 …………………………（210）
14.1 空间构造语 …………………………（211）
14.2 心理空间的构建 …………………………（213）
14.3 隐喻式低调陈述的空间映射 …………………………（218）
14.4 低调陈述的翻译 …………………………（225）
14.5 CB 与 RT 的整合性研究 …………………………（227）

第十五章 低调陈述与认知语境 …………………………（233）
15.1 语境知识在低调陈述理解中的作用 …………………………（233）
15.2 语境对低调陈述的制约作用 …………………………（236）
15.3 低调陈述认知语境的建构 …………………………（240）
15.4 低调陈述认知语境的类型 …………………………（243）
15.5 低调陈述认知语境的建构视角 …………………………（245）
15.6 低调陈述认知语境的特征 …………………………（247）
15.7 结语 …………………………（250）

第十六章 系统功能语言学 …………………………（253）
16.1 低调陈述研究的系统功能语言学视角 …………………………（253）
16.2 低调陈述修辞话语分析的系统功能语言学途径 …………（254）
16.3 低调陈述系统功能语言学的基本假设 …………………………（256）
16.4 功能语言学视域下的低调陈述信息状态研究 …………（259）

第五编　低调陈述的应用

第十七章　低调陈述与文体 ………………………………………………… (265)
17.1　低调陈述可构成一个语篇的文体特征 ……………………… (265)
17.2　低调陈述可构成作家文体风格的特征 ……………………… (271)
17.3　低调陈述可构成某些体裁文体特征的要素 ………………… (274)

第十八章　汉英低调陈述翻译研究的多维视角 ……………………… (286)
18.1　汉英低调陈述结构的对比 ………………………………… (286)
18.2　汉英低调陈述与心智哲学 ………………………………… (295)
18.3　汉英低调陈述与互文性理论 ……………………………… (299)
18.4　汉英低调陈述互译的语用学路径 ………………………… (303)

第十九章　低调陈述研究的嬗变与展望 ……………………………… (311)
19.1　哲学与修辞学之间的辩证关系 …………………………… (311)
19.2　低调陈述修辞研究的系统辩证规律 ……………………… (314)
19.3　基于事况逻辑模型的低调陈述级差含义 ………………… (316)
19.4　对于理论框架建构的思考（结论、启示、不足） ……… (318)

参考文献 ……………………………………………………………………… (323)

第一编

导　论

低调陈述（understatement）是与夸张相反的辞格，夸张是夸大其词，极而言之；低调是轻描淡写，含蓄内敛。修辞话语关注的不是词语意义，而是在受众身上产生的效果。它们一旦在具体的社会、文化、政治语境中得到应用，即从语言层面上升到修辞层面，就会产生实际效果，成为一种异乎寻常的力量。我们所理解的低调陈述不是指传统意义上的修辞格或修辞手段——轻描淡写严重事态，避免听者感到难堪或刺耳，而是一种有关人们如何运用委婉、淡化的语言，影响人们观念和行为的实践和学问。

语言是人类特有的符号系统，根植于人们的体验与认知之中，是“惟人参之”的结果。当代所理解和实践的修辞研究，发生于一个跨学科的基体之内，与哲学、语言学、心理分析、认知科学、社会学、人类学以及政治学都有联系。现代修辞学已跳出了传统的视域和藩篱，转而并重宽容宏大的描述性研究和具体而微的规约性研究，强调修辞研究的多元性和宽容度，修辞被放入意识形态、政治、经济、文化的宽广语境中去研究。本书以体验哲学为哲学基础，以认知语言学为理论基础，以基于使用的低调陈述修辞形成过程和结果及其相关因素为研究对象，以概念结构和意义研究为中心，着力寻求低调陈述修辞语言事实背后的认知方式，在较为完善的学科体系中对低调陈述修辞进行深入、系统的研究。

第一章

文献综述

随着语用学、心理语言学、认知语言学和模糊语言学的兴起，国内外学者从不同角度对低调陈述进行研究，其理论建树主要涉及①低调陈述形式和语义的研究（范家材 1992，李国南 2001）；②低调陈述的功能研究（Hübler 1984，Lasersohn 1999，李鑫华 2000，刘江华、刘宇红 2006，唐丽玲 2003）；③低调陈述的认知研究（Livingston 等人 1998，Raymond 2000，Allen and Burridge 1991，Herbert and Jennifer 2000，Giora 1995，冯翠华 1996）。低调陈述的形式、语义和功能研究是基于语言本身的，而其认知研究是基于语言使用者的。基于语言使用者的低调陈述研究认为，低调陈述理解是理解者基于自身体验的认知活动结果，低调陈述加工的本质体现是语言使用者的创造力，关联性是低调陈述理解和加工的隐性指导原则。就低调陈述意义理解的实时认知过程而言，低调陈述的字面义、应用的语境、听者的百科知识以及基于体验的大脑独特认知机制构成了其赖以有效进行的四个根本因素。其中基于体验的大脑独特的认知机制是关键，是决定性因素，其他三个因素为大脑的认知理解活动提供着不可或缺的可加工素材，而关联性是贯穿整个意义识解过程的基本准则。

现有的低调陈述修辞研究主要集中在前两项，第三项的认知研究则略显分散而不系统。认知语言学（CL）的主要研究目标是语言知识如何表征、如何习得、如何使用。其核心观点是：语言不是现实经验的直接映射，而是要经过认知这个中间过程的加工处理。低调陈述修辞的认知研究应该包含两方面的含义：一是作为一种研究方法，不仅要借鉴社会心理学的理论和方法，还需采用认知心理学的理论和方法去考察、分析低调陈述修辞现象，把修辞交际过程作为认知对象；二是指低调陈述修辞是认知性的，具有认知功能。语言认知→语境认知→话语建构→话语认知→修辞主体认知，这些构成了一个低调陈述修辞认知系统。这个系统既是实际的动态过程，也是抽象的静态过程。

1.1 心理语言学

低调陈述是一种间接言语行为，根植于 18 世纪伦理哲学。从社会心理学来说，低调陈述产生于面子需求，是用温和言辞避免正面冲突、保全双方面子的语用策略，是语言使用中人们协调人际关系的一个重要手段。Allen and Burridge（1991）把低调陈述归类为委婉语，认为用“sleep”代替“dead”，或用“deed”代替“act of murder/rape”，以及“not very bright/thick/stupid”等都属于委婉语范畴。Herbert and Jennifer（2000）指出反语具有层级性（gradations），低调陈述是较弱的一种反语形式（weak verbal irony）。低调陈述的否定标记并不是为了否定某个观点，只是为了淡化语义，暗示字面义与言下义之间的差异（Giora 1995）。低调陈述可以用来表达说话人的愿望、想法和见解，引起较为肯定的情感（evoke more positive feelings）：不具敌意和威胁、体现谅解、较少蔑视（John and Gibbs 2000）。

Raymond（2000：5）从心理语言学视角分析低调陈述是一种理想的反语形式，因为轻描淡写更倾向于用幽默的意图来戏谑。低调陈述反映了说话者和听话者之间的协调合作的心理模式，暗示一种期望的落空（Raymond 2000：23）。根据发话人与受话人间的社会距离、权势差异以及言语行为威胁面子度三个相互独立、受制于文化的变量，理性的发话人能够确定威胁面子行为的严重性，进而采取相应的礼貌策略——低调陈述，完成信息传递并实现礼貌意图，进而减少双方交际时的面子损失。Hubler（1984）从社会心理学角度做出定义，低调陈述是一种交际策略，说话人通过这种策略来挽救听话人的社会形象，因为话语如果是以直接的形式表达的，对听话人来说，可能是一种冒犯。

《朗文当代高级汉英双解词典》（英国培生教育出版集团 2014）对低调陈述的注释是：言行谨慎，这样你就不会得罪人，使人不生气，不会使人难堪，也不会泄露秘密（careful about what you say or do，so that you do not offend，upset，or embarrass people or tell secrets）。John and Gibbs（2000）认为相对于反语会激起更大的愤怒和消极感觉，夸大可能会引起负面情绪，轻描淡写的低调陈述则会唤起更多的积极情绪，弱化个人挑战性，减少面子威胁性。比如你和一群朋友去看电影，但除了你他们都想看同一部电影，你说如果你达不到目的就会离开他们，詹妮弗认为你不会改变主意，就说（You are going with a group of your friends to a movie. All of them want to see the same movie except for you. You say you will leave them if you don't get your way. Jennifer thinks that you won't change your mind and says）："You are *being a little silly.*"（你有点傻），相对于夸张（This is the end of the world. 这是世界末日）或反语（We always get along so well. 我们总是相处得很好），你不会感到更轻蔑、更鄙视（addressees felt less scornful，disdainful，and contemptuous in response to understatement）。再如你和鲍勃在一个小房间里工作，你们经常分享一些东西。他要求借支铅笔，因为他把自己的铅笔放错了地方。你环顾你的桌子，却找不到，所以你提供了一支钢笔。鲍勃仔细看了看你桌上的东西，然后皱起眉头说（You work in a small room with Bob，and you frequently share things. He asks to borrow a pencil because he has misplaced his own pencil. You look around your desk but can't find one so you offer a pen. Bob looks closely at stuff on your desk，then frowns and says）："*You might want to get some supplies.*"（你可能想买些补给品），相对于反语（This office is well equipped. 这个办公室设备很好）和夸张（You have a warehouse，but no pencil. 你有一个仓库，但没有铅笔），你不会认为鲍勃特别敌视你，从而会具有更积极的情感反应。

1.2 社会语言学

Campbell（1963：247）指出低调陈述的功能是遮掩不应被赤裸暴露的事情（serve as a sort of veil to what ought not to be nakedly exposed），我们选择低调陈述是为了体面（for the sake of decency）。Severyn（1964）从社会学角度研究修辞，包括隐喻、低调陈述等，分析它们的功能，指出修辞学的定义一方面是指指导语言有效使用的原则，另一方面是指构成语言的形式和顺序（Rhetoric is defined here to mean on the one hand the principles which guide the effective use of language and on the other hand the forms and sequence of forms which structure a language）。他认为社会学家如果懂得修辞学，他们会是更好的社会学家（sociologists would be better sociologists if they understood rhetoric）。他考察低调陈述等修辞手段在社会学分析中的一些使用和弊端，并探讨其在应用研究中的作用，认为除了隐喻，低调陈述也是文学中最基本的修辞手段之一（In addition to metaphor, understatement is also one of the basic rhetorical devices in literature）。

Brown and Levinson（1978：79）把低调陈述看作“保全面子”的礼貌手段之一，称低调陈述为“弱化语”（weakeners），并在 Grice 合作原则中四个准则（质量准则、数量准则、相关准则、方式准则）框架内讨论了低调陈述。就威胁面子的程度，Brown and Levinson 提出了一个公式：W = D（S，H）+ P（H，S）+ R。W 是测量威胁面子行为（FTA：face threatening act）程度的数值，D（S，H）是测量发话人和受话人之间的距离，P（H，S）是衡量受话人对发话人的权力大小，R 是衡量施加威胁面子行为 FTA 的程度。Hübler（1984）较为系统和全面地研究了低调陈述。他认为低调陈述根深蒂固于 18 世纪伦理哲学，是一种间接言语行为，是维护对方社会面子的交际策略。Hübler（1984：160）认为社会所期待的标准为低调陈述的语言外条件。举例来说，“warm”被看作社会的标准，它的否定“not very warm”和反义词的否定“not cold”都可以用来形成低调陈述。“not very warm”如果作为低调陈述来理解，是减弱批评的力度；“not cold”则是一种含蓄表扬。然而如果“cold”表示社会期待标准，“not very cold”作为低调陈述来理解，其动机是批评会造成对受话人潜在的面子危险；“not warm”由于淡化了表扬而只能作低调陈述理解。Hübler（1984：162）解释：肯定（表扬）和否定（批评）与社会价值范围内的社会期待准则背离的越高，就越威胁面子。Hübler 还举例加以阐释：批评别人“absent - mindedness”（心不在焉）要比批评别人“a lack of intelligence”（不聪明）更不会伤及面子。对于 D 和 P 以及它们对面子威胁程度没有一个固定的关系，各种因素需要加以分别考虑。Hübler 最后得出结论：以上这三种因素，经常不是客观的社会价值而是发话人自己的主观判断决定着发话人是否使用维护面子的策略——低调陈述。

因此，低调陈述语义理解需要受话者的认同。与心理学的低调陈述研究不同的是，社会学的研究有一定的理论支持，但它们只是对影响低调陈述的社会因素作些静态的描述。

社会语言学的语境理论和文化理论有助于我们探讨低调陈述的使用特点：①女性要比男性更多选择使用低调陈述，人们在异性面前要比在同性面前更多选择低调陈述表达语义，以保护双方面子。②社会地位和权势关系影响和左右着人们使用语言尤其是低调陈述。③不同语体对低调陈述使用有差异，科技、外交和政治语体运用低调陈述的频率较高，目的是减缓语气，降低矛盾冲突。④相对来说，受教育程度高的人会更多选择低调陈述表达语义。

1.3　语用学

语用学研究的蓬勃兴起使低调陈述受到众多语用学者的关注，研究语用学的学者将低调陈述定义为交际中用来缓和语气（mitigation）和表达礼貌的交际策略之一。Hübler（1984：168—169）认为低调陈述是用来降低陈述断言力度，修饰命题内容（lower the assertive force of a statement and modify the content of a proposition）的一种修辞，如“Last paragraph is *quite ambiguous*”。Hübler 运用 Grice 的会话合作原则及其准则来解释受话人是如何成功地解码低调陈述语义的。方式准则“表达要清楚”（Be perspicuous），特别是次准则“说话要简洁”（Be brief）可以用来描述“predicate negation”是如何用信号来表明它是一种维护面子策略。尽管“negative predicate”在功能上与“positive predicate”一致，但在形式上“negative predicate”要比“positive predicate”长，在这种情况下，可以运用 Grice 的“说话要简洁”来阐释（这里要假定这个准则适用于文化）。“negative predicate”（如用双重否定表示肯定，或用“not very warm”作为“cold”的间接语义，含有一种批评）是有标形式，Hübler 认为这种有标形式为低调陈述的理解提供了信号。由于受话人期待的是与准则一致的较短的“positive predicate”，因此对“negative predicate”的使用就会印象深刻，他就会去寻找这种偏离的原因，从而发现发话人意欲表达的意图，只有找到发话人的意图，才能理解模棱两可的低调陈述语义。发话者使用有标形式既可以成功地表达批评或表扬的语义，又可以让受话人在理解发话人意图中起主导地位。Dr. Yuan Yi（2000）认为大约一半的批评和建议都运用维护面子策略（face - saving devices），低调陈述是其中的一种策略，使用低调陈述减少了批评和建议的否定力度（reduces the negative force of a criticism or suggestion），如“Writer's language displayed *a little* discrimination”。Leech（1983：131）认为低调陈述是意欲减少把信念强加给听话者（act to reduce “the imposition of beliefs ‘which are costly’ to the reader/hearer”）。Östen（2011：7）则借用“linguistic deflation”（或称“rhetorical revaluation”）理论来解释低调陈述的语法化、规约化现象。他认为，在涉及否定评价时，说话者避免使用过强词语对双方都有利，因此“*It may be a little difficult*”完全有可能表达的是“What you propose is totally impossible”的否定语义，这种避免使用过强词语的倾向甚至延伸至肯定评价，如“That's *not so bad*”或许是最高褒扬，“*not half*”表示“extremely”之义也已语法化。Lasersohn（1999：540）设计了一个“pragmatic halos”理论来探讨这类规约性的低调陈述，认为用“This argument is *close to convincing*”表达“almost fully convincing”之类的低调陈述是一种语义松弛或语用松弛现象，运用这类低调陈述能使发话人的语言表达无懈可击，避免承担责任。Prince（1982）从话语分析的角度研究低调陈述，把低调陈述的弱陈法如“sort of, I guess/believe”等称作掩盖型模糊词，认为这类掩盖型模糊词是交际者用来对话题作出有保留的承认或支持，不影响话题本身，只是弱化论断。

Herbert and Jennifer（2000a）在早期研究中发现反语“This is totally wonderful”比低调陈述“This is a minor annoyance”具有更多的语用功能。也就是说，更极端的对比将在更大程度上发挥语用功能，而不是更温和的对比（more extreme contrasts would perform pragmatic functions to a greater extend than would more moderate contrasts）。Herbert and Jennifer（2000a：21）指出理解低调陈述和反语之类的修辞需要更好地考虑对比以及说话人使用的语言结构所造成的类似影响（These results are used to argue that theories of figurative language comprehension need to better account for contrast and similar kinds of effects caused by the language structures used by speakers）。

1.4　认知语言学

观察、描写和阐释是语言学研究的宏观运作态势，语言学的发展历史已经从观察、描写转向了以解释为主导的研究范式，侧重于解释语言现象，找出其中的深层规律，即理据寻找。当代语言学所关心的核心问题之一就是寻找各种语法规律背后所隐含的理据和动因。比如以 Chomsky（乔姆斯基 1957）为首的转换生成语言学寻找生理理据，以 Halliday（韩礼德 2004）为首的系统功能语言学寻找功能理据，而以 Lakoff（莱可夫 1980）和 Langacker（兰盖克 1987）为首的认知语言学寻找认知经验理据。认知语言学是继结构主义、功能主义、TG 学派（transformational grammar 转换语法）之后的一种全新语言学理论，代表着 21 世纪语言理论的前沿阵地。作为一种解释性语言学，它综合人类学、神经生物学、人工智能、哲学和文学批评，其哲学基础是体验哲学（embodied philosophy）的三个假说：①心智的本质是体验的；②思维几乎是无意识的；③抽象概念大多是隐喻的。体验哲学开阔了我们的视野。

传统的低调陈述修辞语用研究的基本轮廓内的核心议题是会话含义、言语行为理论。在拓展和完善传统的低调陈述修辞语言哲学范式下的意义研究的基础上，低调陈述修辞话语整体认知分析模型的建立沿着三个方向朝纵深展开：①从认知的视角为低调陈述意义研究另辟蹊径；②从社会的和文化的整体角度对低调陈述修辞语言现象进行综观（make a comprehensive survey），因为低调陈述修辞语用研究涉及的是语言性行为的全部复杂现象；③将低调陈述修辞语用研究从传统的意义研究扩展到对整个低调陈述修辞话语及言语交际过程的多视角研究，尝试低调陈述修辞语用研究方法的多样化和革新。比如，继运用新格赖斯会话含义研究低调陈述修辞语用意义之后，以关联理论为核心的认知语用学的兴起，大大拓展了低调陈述修辞语用意义研究的视角和空间。

Raymond（2000）指出低调陈述修辞或是用否定的话来传达积极的信息（如反叙），或是用积极的话语来表达负面的意思（如弱陈），由不同的认知、语言和社会因素引起，传达特殊的语用意义。他认为人类运用低调陈述修辞解决人类关切的问题，不同于隐喻性话语指的是人类和非人类的各种事件和问题。Livingston 等人（1998）通过对比一组慢性精神分裂症患者的表现与一组控制组的表现，从神经精神医学的角度论证精神分裂症患者的交际能力紊乱，以及其他症状和体征，至少部分原因是对他人的精神状态或心智作出推论的能力受损，而这种能力对于成功理解意图和字面意义不同的话语（低调陈述和反讽）是必不可少的。也就是说，理解低调陈述和反讽，听者必须超越口头语言的字面解码，才能理解说话人的意图和感情。

Burlando and Farrar（1977）指出理解低调陈述以及夸张之类的修辞需要认知，目前仍然缺乏一个普遍的语言学框架来思考人类修辞语言创造力的认知和演化的源泉。Herbert and Jennifer（2000a：179）在探讨修辞理解中的潜在的基本认知原则时发现无论是反差效应还是对比类型都有助于描述反语、低调陈述和字面评论之间的关系（both contrast effects and contrast types help describe the relation among verbal irony，understatement，and literal comments），他们的研究表明一般的认知原理有助于解释不同的修辞格之间的关系（their studies have demonstrated that general cognitive principles help explain the relation between different tropes）。也就是说，研究结果论证最终理解话语的意旨意义需要认知处理发话人的“字面”或“话语”的意义（“literal” or “utterance” meanings require initial processing prior to the final comprehension of the intended meanings of utterances）。Herbert and Jennifer（2000a）指出反语具有层级性（gradations），低调陈述是较弱的一种反语形式（weak verbal irony）。低调陈述的否定标记并非为了否定某个观点，只是为了淡化语义，暗示字面义与言下义之间的差异（Giora 1995）。作为一种非直义句，低调陈述的淡化掩饰性并不是符号本身所具有的特点，而是涉及人对低调陈述的认知处理，抛开认知推理就无法真正了解其实质。早在 1983 年，Demorest 等人对儿童修辞语言理解的研究就证明，在低调陈述理解中，需社会认知才可辨认说话者的交际目的。Cavanagh（1996）也认为，孩子们对低调陈述修辞的理解有一个认知发展过程。社会语言学研究表明低调陈述具有多种交际功能，涉及人类的认知心理和语用策略，其本质和运作机制比较复杂（Seckman and Couch，1989）。

1.5 本书研究目标

纵观低调陈述修辞语言认知研究的发展历史，其间蕴含着如下趋势：①低调陈述修辞意义的表现和交流形式的达成承载着浓厚的社会、文化意义，故低调陈述修辞语言现象的研究应该注重语用学、语料学、社会学、文化学、人类学的介入，在多学科基础上综合展开才有利于低调陈述修辞语言现象的深入探讨；②低调陈述修辞语言的社会性和多变性使得其间的诸多关系和现象呈现出不稳定的态势，研究方法的多样化、围绕研究方法进行的反思以及丰富的微观理论建构有助于低调陈述修辞语言现象的解释和规律的呈现，揭示修辞现象间精密而细微的关系，为不同语言低调陈述修辞之间的比较提供了稳定的平台。

现有的以低调陈述为研究对象的文献从句法和语义两个方面对低调陈述句子作了详尽的分析描写。然而，这些文献往往未能全面考察低调陈述所牵涉的复杂的语用因素及其对词义分析、句法描写和语义解释的影响。虽有一些文章对相关的语用因素作了初步的描写，但未能从语用推理过程上作进一步的探讨，也未能从现代语用学理论的角度加以系统化。低调陈述作为言语交际的一种形式，存在对“合作原则”的违反。从发话人一方来说，低调陈述依据的心理基础是淡化；从受话人接受低调陈述话语的角度看，依据的心理基础是演绎和推理。传统的低调陈述修辞语用研究的基本轮廓内的核心议题是会话含义、言语行为理论。本书在拓展和完善传统的低调陈述修辞语言哲学范式下的意义研究的基础上，低调陈述修辞话语整体认知分析模型的建立沿着以下三个方向朝纵深展开：①从认知的视角为低调陈述意义研究另辟蹊径；②从社会的和文化的整体角度对低调陈述修辞语言现象进行综观（make a comprehensive survey），因为低调陈述修辞语用研究涉及的是语言性行为的全部复杂现象；③将低调陈述修辞语用研究从传统的意义研究扩展到对整个低调陈述修辞话语及言语交际过程的多视角研究，尝试低调陈述修辞语用研究方法的多样化和革新。

1.5.1 框架和方法

本书从三个方面分析了“低调陈述”与认知的关系：（1）低调陈述认知本质。低调陈述是用弱化的或有节制的词语替代直接的、唐突的言辞，是说话者以语境为切入点，从语言形式层面和语言运用层面，通过偏离来创造淡化掩饰的修辞效果。低调陈述既是一种语用模糊修辞，也是认知语法中的基本语言单位，是一种语用规约化现象。（2）低调陈述认知视角。从合作原则、礼貌原则、面子理论、顺应论、原型范畴理论、转喻理论、隐喻理论（包括多模态隐喻理论和语法隐喻理论）等认知语用学理论的不同视角分析低调陈述修辞的形成过程，揭示低调陈述修辞的社会心理基础以及认知机制的构成。（3）低调陈述认知理解。运用认知语言学和认知语用学的诸多理论，包括新格莱斯语用学的格莱斯的四准则到列文森的“量—信息—方式”三原则以及霍恩的“量—关系”两原则、关联理论、概念整合理论、认知语境理论、系统功能语言学理论、模因论等，讨论低调陈述理解的基本过程及其特点，分析低调陈述意义理解机制。

1.5.2 研究意义

（1）修辞系统的建设是反映语言学学科进步和走向的一面镜子。修辞语言认知是一个复杂的心理过程，涉及词素的识别、词汇意义的提取、句法结构的建构、语句意义的整合及其文本思想的通达等，并受到诸如动机、情感、期待、经验、认知水平等因素的影响。本课题从低调陈述修辞的代谢、流变、演进和创新等多方面来讨论低调陈述修辞的变化和积累，与不断发展的认知语言学相结合，与别的相关学科相交叉，预示着修辞学新概念的重要生长点以及未来修辞学的研究方向。（2）修辞语言不仅是人类表达思想、交流情感的重要工具，也是通向人类心灵深处、解释大脑认知过程的重要渠道。修辞语言认知更多的是基于句子水平上的认识，更多地体现为即时性的、信息加工的过程，它并非一个纯机械的神经机制运行的结果，还受到许多诸如情感、动机、期待等因素的影响。本书采取共时与历时相结合，语料与理论相统一的方法，通过对低调陈述认知维度研究的梳理，勾画出低调陈述修辞范畴的演进过程，增进人们对低调陈述修辞认知心理深层的认识，以期推动我国认知修辞学的发展。

1.5.3　拟解决的主要问题

随着语用学、心理语言学和认知语言学的兴起，国内外学者从不同角度对低调陈述进行研究，不同的理论研究途径极大地丰富了低调陈述研究的成果，开拓了人们的视野，使低调陈述逐渐摆脱了传统修辞观将其限制为语言修辞层面的局限，为低调陈述修辞在各种不同的语言和文化中的创造性、动态性及理解提供了解释框架。本书拓宽对低调陈述本质理解的视野，把语言中的低调陈述看作思想和行为的派生物，把低调陈述意义与语境密切联系起来。从低调陈述的认知本质出发，深入探讨低调陈述的认知模式、认知语境以及语义特征对低调陈述与认知的关系。

本书重点研究人类如何对低调陈述修辞进行范畴化和概念化，致力于研究心智知识网络中范畴间关系与低调陈述修辞中的词法、句法结构之间的对应关系。以认知语言学理论为基本框架，综合借鉴心理语言学、社会语言学、文化语言学、模糊语言学等多元系统理论，以“语用认知”“原型范畴”等认知语言学和文化学派的关键词语作为本课题铺陈的理论依据。从宏观上讲，以身体经验和认知为出发点，寻求低调陈述修辞背后的认知方式和心理基础，比如体验、范畴化、概念化、意象图式、心智空间、ICM、ECM、CM 框架、隐喻、转喻等。从微观上讲，通过认知方式和知识结构描写低调陈述修辞范畴的内部结构，探析低调陈述修辞的理据及其变化，解释低调陈述修辞与隐转喻修辞的边界交叉关系等。

第 二 章

低调陈述与文化

低调陈述是轻描淡写严重事态，避免听者感到难堪或刺耳的一种修辞手法。其语用功能是既加强说话效果，又给受话者多留些想象空间。低调陈述表现方法有三种：①正话反说，比如把一个肥胖的人说成是“He is *not too thin*”；②回避正面直说或不做正面回答，比如一位母亲用情态动词和比较句“My daughter's score *could be better*”，掩饰自己女儿考试成绩不尽如人意；③弱说代替强说，如在考试中得到最高分的学生说：“*It was O. K.*”；描述非常冷的天气是“It is *a bit nippy* today”。总之，低调陈述是一种委婉表达方式，具有贬抑、审慎特点，常用于讽刺，但不像反语的措辞那样痛快淋漓。

2.1 低调陈述的定义

《牛津英语辞典》（Edmund Weiner and John Simpson 1989）定义低调陈述：statement which is not strong enough to express facts or feelings with full force or doesn't fully express the extent to which something is true（不足以充分表达事实或感情的陈述，或不完全表达某事真实程度的陈述）；具有百科全书之称的维基百科（吉米·威尔士、拉里·桑格 2006）定义低调陈述：a form of speech which contains an expression of less strength than would be expected（一种表达强度低于预期的言语形式）；《韦氏高阶英语词典》（Merriam Webster 2009）的定义是：It is a restrained statement in ironic contrast to what might be said, a studied avoidance of explicit emphasis or exaggeration（这是一种克制的说法，与可能说的话形成讽刺的对比，有意避免

明显强调或夸张）；《文学词汇词典》（J. A. Cuddon 1977）这样解释低调陈述：A figure of speech which contains an understatement of emphasis，and therefore the opposite of hyperbole，often used in everyday speech and usually with laconic or ironic intentions（一种含蓄强调的修辞格，因此与夸张相反，常用于日常言语中，通常带有简洁或讽刺的意图）；Robert Harris（2012）在《文学术语汇编》中解释低调陈述：Expressing an idea with less emphasis or in a lesser degree than is the actual case，employed for ironic emphasis（不那么强调或用低于实际情况的程度表达思想，用轻描淡写来强调讽刺）；Herbert and Jennifer（2000）定义低调陈述：The presentation of a thing with under – emphasis in order to achieve a greater effect（强调不够的呈现事物目的是取得更大的效果）；Robert Faggen（2009）定义低调陈述：Anything more than the truth would have seemed to weak，他把低调陈述作为一种反语形式广泛地运用在他的爱情诗歌中，他提醒我们“Never larrup an emotion”（永远不要大惊小怪），告诫人们情感不要太渲染外露。研究福克纳和英国诗歌的专家，“新批评”派的代表人物，著有经典的文学教材《理解诗歌》《理解小说》《理解戏剧》的20世纪美国深具影响力的文学批评家Cleanth Brooks（克林斯·布鲁克斯），在1950年由哈考特学校出版社出版的著作*Fundamentals of Good Writing*：*A Handbook of Modern Rhetoric*中这样定义低调陈述：Understatement is a form of irony：the ironical contrast inheres in the discrepancy between what one would be expected to say and his actual refusal to say it（低调陈述是一种反语形式，讽刺的反差在于人们期望说的话和他实际拒绝说的话之间的差异）；James Jasinksi（杰姆斯·贾辛系）2001年的著作*Sourcebook on Rhetoric*中定义弱陈是：a statement that depicts something important in terms that lessen or belittle it（以减轻或贬低某一重要事物的方式描述某事物）；John and Gibbs（2000）定义低调陈述是对事态的描述使它看上去比实际情况较不重要的一种保守陈述（Understatement was defined as a description of the state of affairs as clearly less important than it appeared in context），比如面对桌子上一片狼藉，你说：“You must have been *a bit hungry*”，避免直接对方狼吞虎咽的不雅行为，带有幽默诙谐语气；Richard and Roger（1994）定义低调陈述是呈现出的事情显得没有实际情况严重（presenting something as less significant than it is)，比如你说“Ted was *a little tipsy*”，而实际情况是特德喝醉了（Ted was very drunk）。

“低调陈述”作为 understatement 一词的译名，国内最早是由毛荣贵于 1989 年提出的，而较为全面研究低调陈述的是范家材在 1992 年所著的《英语修辞赏析》，范家材认为低调陈述结构形式有两种，一是以反说代替正说；二是以弱说代替强说。都是旨在淡化处理，追求的是语义模糊。李国南在 2001 所著的《辞格与词汇》一书中，把低调陈述归为与借代、隐喻、拟人等修辞相类似的委婉语言手段之一，他把一切旨在减弱说话者力度的手段统称为降调陈述（device for attenuating the strength of utterance）。李鑫华在 2000 年所著的《英语修辞格详论》里认为，凡是字里行间隐藏着委婉语气的表达方式都属于宽泛的低调陈述修辞。低调陈述是与夸张相反的辞格，夸张是夸大其词，极而言之；低调是轻描淡写，含蓄内敛。

综上所述，众多国内外学者对低调陈述的定义大同小异，达成的共识是：低调陈述作为一种修辞方式是从事物的大小、力量、结果等角度来强调事物的不重要性，这种有节制而又似乎漫不经心的表达，往往带有幽默和冷嘲的味道。低调陈述是与夸张（Hyperbole）相反的辞格，夸张是故意夸大其词，而低调是故意轻描淡写。低调陈述与委婉语也不同，委婉语主要用于避讳或礼貌，重在安慰与美化；低调陈述虽然也用于避讳或礼貌，但重在轻描淡写，不求正面美化。如“Your grammar is not particularly good”就是典型的低调陈述。

2.2 英国文化

低调陈述根深蒂固于英国人的文化，成为英国人的精神和灵魂（Kate Fox 2004：60）。英国人是通过耳濡目染潜移默化地使用低调陈述规则。如面对身体虚弱、长期痛苦的疾病，他们会说“a bit of a nuisance”（有一点麻烦）；看到惊人的美景，他们会说“quite pretty”（相当好）；出色的表演或成就被描述为“not bad”（不错）；可恶的残酷行为被称为“not very friendly”（不是非常友好）；不能原谅的愚蠢的判断则是“not very clever”（不是非常聪明）；南极洲是“rather cold”（相当冷），撒哈拉沙漠是“a bit too hot for my taste”（对我来说有点热）；“a horrendous，traumatic and painful experience”（可怖而痛苦难忘的经历），他们会正话反说“not very pleasant”（不是非常令人愉快）；当他们说“Well，I expext we'll manage somehow”（我希望我们用某种方式可以做到），实际意思是“Yes，certainly，not trouble”（是的，当然，没问题）；当试图说服客户的时候，他们会说“Well，it's not bad，considering”（总的来看，还不错）（Kate Fox 2004：68）。总之，任何特别令人愉快的物、人或事件，在其他文化里会用上一大堆最高级的极限词，但在英国一个单词“nice”足矣，如果想表达更强烈的认可，那就是两个词“very nice”。匈牙利裔英国作家乔治·迈克（George Mikes）以擅长评论各国及各地居民而闻名，1986年由企鹅出版社（Penguin）出版的乔治·迈克的书“How to Be a Brit”（英国人）中这样描述：低调陈述依旧在英国盛行，不仅仅是英国式幽默，而是一种生活方式。比如，狂风把树根拔起，屋顶掀翻，英国人会说“a bit blowy”；意大利籍的电视台记者询问一位在国外森林中迷路一周、被饥饿的狼咂着嘴东嗅西闻的英国人是否害怕，得到的回答是：第七天看不见救援人员，却出现了第六只狼，“got a bit worried”（有点担心）；六百位养老院老人处于火灾威胁，或许会被烧死，负责人承认说“I may have a problem”。

低调陈述虽取悦人，但是英语低调陈述不是那种让人捧腹大笑的有趣，措辞巧妙的低调陈述是拘谨、优雅、含蓄的一种幽默形式。可以说幽默是英国人默认的一种方式，他们运用幽默完全是下意识的，他们无法不运用幽默。对于英国人来说，幽默原则是他们的文化，与自然法则对等，他们自动地遵循幽默原则，如同受万有引力定律支配一样。英国人之所以大量使用低调陈述是因为他们严格地禁止热切、夸张的表达以及情绪化的吹嘘，为了避免不得体的情感流露或过度热情，他们甚至走向极端，假装冷面幽默、故作正经、漠不关心。英国人可能对于“庄重”和“严肃”、“真诚”和“热切”之间的差异要比其他民族敏感得多。这种差异对于理解英国人非常关键。如果你不能领会这些微妙但至关重要的差异，你就无法了解英国人，即使你说一口流利的英语，你与英国人会话也永远无法达到自如状态。你的英语也许说得完美无缺，但你的行为“语法”却会漏洞百出。“庄重”可以接受，“严肃”被禁止，“真诚”

是容许的，“热切”则被严格禁止。自命不凡和夜郎自大全面禁止。可以庄重地谈论严重事态，但绝不能过于看重自己。嘲笑自我的能力，虽然也许根深蒂固于一种自负的心理，是英国人比较惹人喜爱的特征之一。举一个极端的例子，那种几乎所有美国政客都喜欢的装腔作势的热切和自命不凡，以及基督教狂热传道的严肃，在英国永远赢不到一张选票。英国人会带着自鸣得意冷静超凡的乐趣，观看新闻节目上美国总统的竞选演说，疑惑这些欢呼的人群如何会如此轻信（Kate Fox 2004：62）。对于在奥斯卡颁奖典礼或其他颁奖仪式上，美国演员的装腔作势和眼泪汪汪的致辞，英国观众的反应是“我要呕吐”。很少能看见英国奥斯卡获得者会沉迷于这种表演，他们的演讲通常是或者简短而自尊或者是自我贬低的幽默，即使如此，他们几乎总是成功地表现出不自然和窘困。任何英国幽默演员胆敢违反这些不成文的规定，都会遭到嘲笑，并被贬斥为“假装友善”。领袖们感伤的爱国主义，各个民族的作家、艺术家、演员、音乐家、专家以及其他公众人物自命不凡的热切，都会遭到英国人同样的嘲弄和鄙视（Kate Fox 2004：63）。

MacLeod（1998）在探讨英国人的身份危机时，指出英国式的傲慢（English arrogance）似乎与另一个明显的民族特征——极为倾向于轻描淡写的低调陈述（a strong tendency toward understatement）之间有冲突，从而令人迷惑不解，英国人从来不炫耀自己。Gibson（1994）在研究英国文化与其他文化的隐性差异时，发现英国人喜欢用幽默的低调陈述表达情感，而这种低调陈述经常会令外国人困惑（或者正如英国人所说的“有点迷惑”）。究竟你应该怎样才能搞清楚什么时候“not bad”（不错）的意思是“absolutely brilliant”（相当好），什么时候他仅仅表示的是“O. K.”（一般）？

电影《成为简·奥斯汀》（2013）描写精神上独立自主且桀骜不驯的二十岁的简遇到了长相英俊、聪明过人的爱尔兰律师实习生汤姆·勒弗罗伊，影片重现这位女文豪的浪漫传奇的一生，带我们走进她鲜为人知的内心世界。

[1] Jane's father：If a woman happens to have a particular superiority, for example, a profound mind. *It is best kept a profound secret.* Humour is liked more, but wit? No.（如果一个女子恰巧有某一方

面天赋，比如说，她有聪慧的头脑，那么她最好把她的聪慧掩藏起来。人们喜欢幽默的人，但对于聪慧的人？答案是不。）

［2］舅舅（法官）：Why are you here in London，Sir？

勒弗罗伊：To learn the law.

舅舅：Which has no other end what？（学习法律的目的是什么？）

勒弗罗伊：The preservation of the rights of property.（保护财产的不可侵犯性。）

舅舅：Against？（从谁的手里？）

勒弗罗伊：Mob. 暴民。

舅舅：Therefore，order is kept because we have…（那么，之所以秩序井然，是因为我们有……）

勒弗罗伊：A standing army？Good manners，sir，and *prudence*.（常备军，注意举止，还要懂得谨慎。）

舅舅：Do you know that word？prudence？

勒弗罗伊：Yes.

舅舅：Consider myself，I was born rich，certainly，but I remain rich by virtue of exceptional conduct. *I have shown restraint.*（我出生富贵，但是能一直保持在现在，是因为我的高尚品行，我很克制自己。）Your mother，my sister，became poor because she did not.

以上简的父亲以及勒弗罗伊的舅舅的话语反映英国人信奉的准则：谨慎（prudence）和克制（restraint）。含蓄内敛传统保守，是低调陈述修辞的内涵，也是英国人的核心价值观和行事准则。乔治·奥威尔（George Orwell 2001）描述英国为“阳光下最有阶级性的国度”。他们迷宫一般的平等主义的礼貌规则和潜规则，都是一种伪装、一种精致的符号……就像礼貌地微笑一样，并非表达内心的欢愉，礼貌地点头，也不表示就是一种真实的赞同讯号。他们最擅长的，就是运用低调陈述礼貌地拒人于千里之外，英国人说话，喜欢谨慎低调中拐弯抹角，表达弦外之音，顺便加上些许英式幽默，或是用幽默的自嘲来抬高自己，或用吹捧的语气暗讽别人。典型的例子是：1951 年，朝鲜战场，一支 650 人的英军被我人民志愿军 1 万多人包围。打了两天，英军死伤过半。关键时刻，美军指挥官联系英军指挥官，询问战场情况，深受英国文化熏陶的英军指挥官在这样一个生死关头也不忘低调陈述式的幽默，对美军指挥官说：“*A bit sticky*，things are *pretty sticky* down there”，在美军指挥官看来，这听起来并没有绝望（To American ears，this did not sound desperate），结果可想而知，美军没有增援，这股英军最后的结局是几乎全军覆没。再如，2007 年塔利班在英国策划了几起恐怖袭击，在英国社会造成不小恐慌。英国某媒体的报道却是轻描淡写：“The British are feeling the pinch in relation to recent terrorist bombings and threats to destroy nightclubs and airports，and therefore have raised their security level from ‘Miffed’ to ‘Peeved’. Soon，though，security levels may be raised yet again to ‘Irritated’ or even ‘*A Bit Cross*’ since the Blitz in 1940 when tea supplies all but ran out.”

因此，当英国人说“I hear what you say”（我听到你说什么了），千万不要认为“He accepts my point of view”（他接受了我的观点），实际意义是“I disagree and do not want to discuss it further”（我不同意也不想继续讨论下去了）；同理，“That is a very brave proposal”（这是一个非常勇敢的提议），也并非是你所理解的“He thinks I have courage”（他认为我很有勇气），而是 You are insane（你疯了）；“Very interesting”（非常有趣）不是你所理解的“They are impressed”（那令人印象深刻），而是“That is clearly nonsense”；当英国人说“I almost agree”（我差不多同意了），表面上是“He’s not far from agreement”（他差不多同意了），但实际意义是“I don’t agree at all”（我根本不同意）；所以当一位彬彬有礼的英国绅士说“With the greatest respect…”（怀着最高的敬意），不要被表面的礼貌所蒙蔽，认为对方是“He is listening to me”（他在听我说），而没有读出他字里行间的侮慢轻蔑“You are an idiot”（你是一个白痴）。你或许会向英国人抱怨，但他们只会冷冷看你一眼，慢条斯理地说：“Haven’t I made myself clear?”英国人的性格特点是：冷漠、含蓄、内敛、保守、理性的严谨、绅士的幽默（The British character features are：apathy，implicative，inside collect，conservative，rational rigorous，gentleman of humor），带着漫长贵族传统的骄傲，精英主义的小情绪，这种含蓄优雅源于英国人含蓄内敛的秉性，相比起美国人的开放与直接，似乎更符合中国人的思维模式。

2.3　中华文化

根据人文主义观点，语言是一个民族看待世界的方式。“人文性是语言的本质属性”（申小龙 1988），洪堡特（1999）把语言的发生归因于民族的智能特性，认为语言能够表述民族精神和民族特性最隐蔽的秘密。因此，从文化的视角，修辞语言浸透着一个民族的文化内涵——民族文化情结和民族价值观念。低调陈述修辞秉承了儒家的价值系统——“中庸”思想、“温柔敦厚”的审美观念以及意义系统（“明道”“济世”的功利意识），印证了人与社会、人与人等各种关系的融通意识和能力。

2.3.1　低调陈述与“中庸”思想

“中庸”思想是儒家道德智慧的精髓，规范着人们言语行为保持适度状态，言语交际双方保持最优动态平衡的数量关系。低调陈述修辞遵循儒家“和而不同”的为人处世基本原则，所蕴含的中和、适度的修辞观念反映了儒家文化和民族心理，体现出原则性和灵活性的高度统一。《礼记·中庸》（戴圣 2013）认为语言应适度，“淡而不厌，简而文”是最佳的语言风格。先秦和汉代儒学经典中，《礼记·学记》（戴圣 1989）的“言也约而达，微而臧”、《左传》（左丘明 2004）的“微而显，志而晦，婉而成章”、《毛诗序》（周振甫 2002）的“主文而谲谏”、《史记·屈原贾生列传》（司马迁 2006）的“其文约，其辞微”等，都是主张蕴含深厚而丰富思想内容的语言要含蓄委婉、简约曲折。“春秋笔法”表现的是为人为事的智慧，因为我们的生活不是法庭，无须秋毫毕现，严肃地让人窒息。总把别人难堪的实情说出来，把别人剥得赤裸裸地示众，不是一种明智的行为。辛弃疾的词：“而今识尽愁滋味，欲说还休。”（谢永芳 2016）讲的就是把握说实话的分寸，既顾全别人的面子，也成全自己的智慧。而低调陈述修辞正透露出这种审美观念和折中的修辞学观点。

中国传统十二生肖两两相对，六道轮回，从中可以看到老祖宗的哲学观：“中庸”。老鼠的智慧和牛的勤奋需要结合有度，才不至于走入小聪明和愚蠢这两个极端；老虎的勇猛和兔子的谨慎只有完美结合，才可能胆大心细而避免鲁莽和胆怯；刚猛的龙只有结合阴柔的蛇才能刚柔并济；勇往直前的马一定要与和顺的羊紧紧结合在一起才能最终成功地达到目标；灵活的猴子和恒定的鸡并列，表现的是张弛有度，在变通中前进；狗的忠诚和猪的随和并兴，反映的是既不能排斥他人又不可失去原则，从而保持内心深处的平衡。

在中国古人看来，人生没有什么值得炫耀，也没有什么可以一辈子仗恃，唯有平和、平淡、平静，才能抵达生命的至美之境。

2. 3. 2 低调陈述与“温柔敦厚”的审美观念

温柔敦厚是汉代儒家对孔子文艺思想的概括，强调“怨而不怒”“厚于自责”的中正平和的伦理情感，具有伦理学意义。从修辞的角度来说，温柔敦厚追求的是语言要微宛委曲、不叫嚣乖张，深郁厚笃、不直诘显陈，蕴藉含蓄、不浅显直露。《孟子·尽心下》（南怀瑾 2015）的“言近而旨远者，善言也”很好地诠释了汉语文学艺术批评所追求的温柔敦厚的境界。施补华（1978）《岘佣说诗》中的“忌直贵曲”，沈德潜（2013）《说诗晬语》中的“讽刺之词，直诘易尽，婉道无穷”，以及梁启超（张品兴 1999）的“含蓄蕴藉表情法”等，都是对“温柔敦厚”观念的具体发挥。低调陈述的内涵，一是掩饰，即用冷静的语言把自己隐藏起来，在不动声色的陈述中暗示自己的褒贬语义；二是弱化，用含蓄的微词、隐晦的曲笔表达“微言大义”，为听话者或接受者提供巨大的阐释空间。这种内涵很好地表现出“温柔敦厚”质朴典雅、平稳凝重的修辞原则。《春秋穀梁传》（穀梁俶 2012）：“为尊者讳耻，为贤者讳过，为亲者讳疾。”也是看透世事之后的智慧。当然分寸的掌握，需要生活的历练，比如鲁迅为萧红代表作《生死场》（1935）作序的时候说“叙事写景胜于描写人物”，其实这就是典型的反话正说的低调陈述，暗示描写人物并不怎么好。低调陈述修辞的最高境界是隐去真相的残酷，避免刺痛他人。实际上，不说实话未必是置身事外、世故圆滑；尽说实话也可能是小肚鸡肠、不谙世事。

中国的文化传统中，有一个习惯是抑己扬人，放低自己，抬高别人。比如称呼父亲的同辈人，不论年龄大小一律叫伯伯；父辈的老师我们尊称为太老师，但太老师叫我们为世侄，他把自己降下来与我们父辈一样，表现非常谦虚，体现的是一个“礼”字，而非仅仅是面子。举世公认的中国古典小说巅峰之作、具有世界影响力的人情小说《红楼梦》（2008）以贾、史、王、薛四大家族的兴衰为背景，以贾府的家庭琐事、闺阁闲情为脉络，以贾宝玉、林黛玉、薛宝钗的爱情婚姻故事为主线，刻画了以贾宝玉和金陵十二钗为中心的正邪两赋有情人的人性美和悲剧美。其中薛宝钗总体体现的就是典型的中国文化内涵：超然清净，随方就圆。宝钗的“及至归来无一事，庐山烟雨浙江潮”的淡薄超然，表面无情冷酷，实则是通透。

2.3.3 低调陈述与“明道”“济世”的功利意识

中国文化传统一直以建构价值观念的高度来认识修辞语言的社会功能。韩愈“修其辞以明其道”的修辞理念阐明的就是修身养性、齐家治国、平定天下等有益于社会人生的道理。运用低调陈述修辞语言表达对社会政治的关注，可以体现积极入世的精神和人格修养。比如20世纪邓小平的重要外交战略思想“韬光养晦，有所作为”（熊光楷2010）其核心含义是“隐藏才能，不使外露”，反映的就是典型的中国人做人的低调传统：不张扬，保持低姿态。

外交需要言辞确当、不卑不亢、柔中带刚，曲折委婉的低调陈述就是十分重要的手段。如：子玉使斗勃向晋君请战曰：“请与君之士戏，君冯轼而观之，得臣与寓目焉。”（《左传·僖公二十八年》）晋楚城濮之战，楚国子玉（即得臣）表面上用轻松的语气说我军要跟您的士兵玩玩，请您在车上看热闹，我也借机饱眼福。内心却是怀着“必无晋”的决心向晋文公挑战。孟明稽首曰：“不以累臣衅鼓，使归就戮于秦。寡君之以为戮，死且不朽；若以君惠而免之，三年将拜君赐。”（《左传·僖公三十三年》）秦晋殽之战，秦国孟明等三帅被俘，文嬴讲情，晋襄公释放俘虏，继而翻悔，派阳处父追杀，阳处父在黄河边追上他们，谎称晋君要赐给他们马匹，孟明回答说，如果我们君主领晋君不杀战俘之情而赦免了我们几位，三年以后我们再来接受赏赐吧。动听的言辞背后是切齿的仇恨：君子报仇，十年不晚。

李商隐的《嫦娥》：“云母屏风烛影深，长河渐落晓星沉。嫦娥应悔偷灵药，碧海青天夜夜心。”用嫦娥的寂寞凄凉婉约含蓄地将作者天才的孤寂表达得淋漓尽致。“高处不胜寒”的感受借诗情表露，可谓“婉曲”

里见“含蓄”；王昌龄的《春宫曲》：“昨夜风开露井桃，未央殿前月轮高。*平阳歌舞新承宠，帘外春寒赐锦袍。*”借得宠来表达失宠的哀伤这个弦外之音，含意深曲，蕴藉有余，不忧而忧，不怨而怨，宛然可思。刘禹锡《乌衣巷》：“朱雀桥边野草花，乌衣巷口夕阳斜。*旧时王谢堂前燕，飞入寻常百姓家。*”同一个地方，晋时的燕子飞进了显官望族之府，今天的燕子落到了寻常百姓之家。沧桑的巨变，沉重的主题，只用燕巢的变化这个小视角轻轻点出，笔轻意重，含蓄曲折。朱庆余《宫中词》：“寂寂花时闭院门，美人相并立琼轩。*含情欲说宫中事，鹦鹉前头不敢言。*”宫中的尔虞我诈，荒淫无耻，宫女的无聊凄苦，在鹦鹉面前尚不敢说，怕它去学舌，更何况在人面前。一句“鹦鹉前头不敢言”，留了无限的余地让读者回味咀嚼：多少辛酸事，尽在不言中！

中晚唐杰出的政治家李德裕也是当时的唐辞赋大家，作品气韵流畅，渗透人生感悟和哲学思考，措辞精美简洁，文风淡雅自然。《鼓吹赋》中的“悲流年之悠忽，忆前欢而凄怆”，隐晦低调表达了自己壮志难酬的苦闷与忧伤。《白芙蓉赋》中的“楚泽之中，无莲不红。惟斯华以素为绚，犹美人以礼防躬”，表面上悲凋零的芙蓉，实叹自己的政治失意。这里作者采用隐喻式低调手法，通过凸显和张扬所咏之物以寄寓作者忧郁的情结和涌动的心绪（董诰《全唐文》1983）。

元曲家徐再思的《水仙子·夜雨》：“一声梧叶一声秋，一点芭蕉一点愁，三更归梦三更后。落灯花棋未收，叹新丰孤馆人留。枕上十年事，江南二老忧，都到心头。”这篇佳作是作者漂泊在外、栖宿在旅店里逢夜雨时所作，以雨打芭蕉叙出气候，虽是“一点”，却与寂寥的旅人的愁绪自然和谐地共鸣起来，创造了无限凄凉的环境，暗示了主人公的缕缕愁思如同这秋雨一样无法断绝，也把作者怀才不遇的愁闷，尽收其中。再比如元曲家白朴的《天净沙·秋》：“孤村落日残霞，轻烟老树寒鸦，一点飞鸿影下。青山绿水，白草红叶黄花。”此曲前半部分是暗淡、萧瑟、冷清的迟暮秋景，后半部分画面色彩斑斓，鲜艳明丽，充满着勃勃的生机。“一点飞鸿影下”将秋日迟暮萧瑟之景与明朗绚丽之景融合在一起，暗喻作者不愿在朝廷中谋职，希望自己像一只展翅高飞的鸿雁，飞离那种萧瑟、冷清的朝廷，寻找富有生机的乐土。作者用“一点飞鸿影下”巧妙而不露痕迹地表现了自己的爱憎之情。

2.4　低调陈述的修辞特色

除了英语，其他语种也有反叙用法。如法语“il n'est pas antipathique”（he is not disagreeable）实际意思是：“il est très sympathique”（he is nice）；另一个典型例子是：“C'est pas bête!”（It's not stupid）通常描写“It's a clever suggestion”。最著名的反叙例子见于法语文学作品《熙德》（高乃依 1987），作品中女主人公琦美（Chimène）对着杀死他父亲的情人罗德里格（Rodrigue）说“Vas，je ne te hais point”（Go，I hate you not），意思也是“I love you”。汉语中“不错”（literally“not wrong”）常用于表示非常好（very good）或者非常正确（correct）。同样荷兰语“niet verkeerd”（also literally meaning“not wrong”）也是非常好或者非常正确之意。意大利语“meno male”（literally“less bad”）也可理解为“good”，和英语中“not bad”等于“fairly good”用法相同。拉丁语中，奥维德（2016）（罗马诗人）的《变形记》（重述希腊罗马神话的六韵体史诗）中也能发现反叙用法，如以“non semel”（not one occasion）表达“on more than one occasion”语义。一些常用词来源于反叙用法，如：来源于“non nulli”（not none）的“nonnulli”表达“several”之意；而来源于“non numquam”（not never）的“nonnumquam”被用来表示“sometimes”。德语“nicht schlecht”（not bad），如同英语中的同样表达方法，取决于语调。西班牙语“No es nada tonto”（Isn't really a fool）也是一种赞美和恭维。

2.4.1　外圆内圆

低调陈述是外圆内圆，表现为多元的选择与视角，能捕捉到深沉的文化基因，其表达是很温情的，如同慢火烹茶，给人的感觉是温暖的，就像一个有着极好修养的人，不勃然大怒，很少说重话。遵循的一贯轨迹是睿智且老练，谨慎选择话题，懂得远离麻烦。比如在《奇葩说》剑拔弩张的攻防里，有场辩论，罗振宇提到脏话在人类社会中是一种变相的缓冲机制，情绪和表达到了尽头，脏话才会脱口而出，替代了刀和剑。马东缓缓反驳：“人情绪的尽头不是脏话不是发泄，人情绪的尽头是沉默。”说话者不经意间的低调陈述体现出柔软圆润。无论是你中了一千万美元的彩票时说：“*I am delighted*”，还是假如一个球队在一场足球比赛中以0比50输给对手，队长在赛后仪式上说：“*We did not do well*”，都是极尽淡化掩饰。因为当直来直去会伤害自尊，当方方正正不能达到满意效果时，采用变通的低调陈述策略往往会游刃有余。

2.4.2 锋芒半露

低调陈述是锋芒半露，礼貌的低调陈述让人感到舒服，因为非常理性，没有采取指责的态度，只是旁敲侧击，表现出极高的宽容度。自有分寸的低调陈述在人际关系里游刃有余，守护着一种微妙的边界感：故意留下余地，让人回味揣摩，在两难当中权衡出最佳效果。比如你在一个商业会议上介绍一个重要的项目，另一个雇员认为你的项目有诸多问题，因为去年尝试过同样的做法，没有成功，他建议“*A little more time might have helped*”（再多花点时间也许会有所帮助），言下之意是你需要再进行调研，这样的轻描淡写既避免了你的尴尬，又维护了你的面子。Jauregui（1975）曾经说英式英语中著名的“低调陈述”是降低表现力的一个例子（The famous “understatement” of British English is given as one example of reduced expressiveness）。他举例说“Even though I was the president of the class，I *did not do much besides* organizing all the events during the school year，and helping out fellow classmates”这个表述就是谦虚内敛。再如一段对话：

［3］ Person A：“How is your day going?”（你过得怎么样?）

Person B：“*Quite busy*. I'm preparing for my presentation tomorrow on our marketing strategy. I'm not even half done yet. ”（很忙。我在准备明天市场战略的演讲稿。我连一半都没完成。）

在实际是焦头烂额的情况下，“*Quite busy*”无疑是委婉含蓄的低调陈述。

2.4.3 重剑无锋

低调陈述是重剑无锋，是聪明地说话，有魅力地说话，有效地说话，体现态度和立场地说话。低调陈述提供了另一种观察生活的视角以及与世界相处的方式，既不激烈对抗也不无脑顺服，在矛盾中寻找到一个微妙的平衡点。比如讨论同性恋者问题时你说，“我觉得在一个健康和开放的社会里面，不应该有任何事情—它明明是客观存在，但大家都对它视而不见”。这种正话反说的低调陈述缓和了批评的力度。再如，詹姆斯支付房租相当迟延（James was quite tardy in paying his rent that month），你说“James was just *a bit late* with his rent”；你的胳膊和腿都断了，你却说“I was *kind of sick* the other day；it really *wasn't that bad besides* that I broke my arm and my leg”；或者“My room *isn't very messy besides* that there are about twenty books scattered around the room with ten or so pants or shirts hanging around my bed area”，如果房间里散落着大约二十本书，床上挂着十条左右的裤子或衬衫，还轻描淡写地说我的房间不是很乱，的确是大事化小，意欲化解矛盾，平和紧张情绪。

2.4.4 嘲讽幽默

Norrick（1987）从符号学的解构主义视角分析低调陈述是充满智慧的幽默，是一种异类联想产生的幽默风趣。Raymond（2000）认为低调陈述修辞是一种反语形式，相对于其他类型的反语形式如夸张，低调陈述隐含的批评会更显得轻松愉快或逗趣，人们更倾向于用幽默的低调陈述来戏谑，从而减少敌意。也就是说，低调陈述把讽刺和批评的程度降到最低。比如：当你发现你的朋友还给你的新外套的正面有一个大的葡萄酒污渍时，你回应“It doesn't look *too bad*”，嘲讽诙谐的语气毋庸置疑；我们说“英国人喝茶*其实也不多*，一天中也就被窝茶、早茶、工休茶、下午茶、晚安茶……”，这难道不是幽默有趣的低调陈述吗？再看下面行贿者与受贿者的对话：

［4］领导：“你这是什么意思？”
下属：“没什么意思，*意思意思*。”
领导：“你这就不够意思了。”
下属：“小意思，小意思。”
领导：“你这人真有意思。”
下属：“其实也*没有别的意思*。”
领导：“那我就不好意思了。”

下属："是我不好意思。"

以上这些掩饰性的低调陈述"没什么意思""小意思""没有别的意思""不好意思"充满嘲讽幽默，既能反映下属唯唯诺诺谨小慎微担心得罪领导的心态，也折射出一些中国领导虚情假意遮遮挡挡又厚颜无耻的行为，言辞可谓深刻有内涵。

2008年由露露公司出版的Duthel Heinz（度泽尔·海因茨）的*History and Philosophy of Science*中，作者指出讽刺家娴熟地运用低调陈述讥讽时弊，作为修辞手段，低调陈述是用较不冒犯的语言改变措辞，说服别人，用于愉悦或者降低事实的重要性。比如你认为某人观点不对，低调陈述的表达是"I think there may be some additional factors that you may not have accounted for"，这要比说"Your analysis is far too simplistic"或者"No one will take such an idiotic theory seriously"更不会惹恼或冒犯他人，更能说服他人，因为当别人觉得你是在责备他或是对他表示不屑时，他怎么可能会心平气和地接受呢？Duthel指出，表达方式的选择是多样的，假如我们试图说服他人，抛出反对意见，也许对方观点的确很蠢，但是直说是否易于说服对方改变想法呢？第二个因素是我们要说服的对象，比如说是一位朋友，他会欢迎并接受你的批评，但是一位陌生人未必会欣赏你的坦言，有的人或许会对你的直言恼怒生气。起决定性作用的是我们想达到什么目标以及我们交流的对象。如果对方怀疑你不理会他，甚至是严厉批评他，他会听从你的吗？

在低调陈述温婉柔弱、春风和煦后面藏着很多东西：教育理念成熟与否，管理制度的效率高低，经济力量的强弱，人的整体文化素质如何，资源分配是否合理。低调陈述背后有一个制度在支撑，使人们能够态度从容、心平气和、委婉掩饰；"以人为本"的哲学教育，使我们懂得如何让他人感受尊重。这种礼貌得体、淡化掩饰后面深藏着我们看不见的复杂网络和制度，也就是文明。

第 三 章

低调陈述的表达手段

“低调陈述”作为整体，关键特征有两个，一是 irony，二是 for the effect，重语用效果，以所谓的“低调”追求高效。它区别于用“低调”手段达到“显摆”目的的“低调”一词。虽然对该辞格的描述、定义，至今仍众说纷纭，但根据传统，我们可以看到意义相同或意义有交叉的反叙（Litotes）和弱陈（Meiosi）。

反叙又称间接肯定法或曲言法，是用否定相反的方式来表示肯定的一种修辞格（A figure of speech in which an affirmative is expressed by the negation of its opposite or describes the object to which it refers not directly, but through the negation of the opposite），通过使用否定词 no，not，never，none 以及否定词缀来表示间接肯定以增添强烈感情色彩，即从另一角度来衡量一件事物，减轻说话者的语气和对事物的评价，避免绝对化，又称曲言。Palacios and Ignacio（2003）通过语料库对低调陈述的反叙进行句法、语义和语用分析，描述反叙是否定的意义通过相反的肯定而减弱（the negative meaning is weakened by affirming something through the contrary），从而达到轻描淡写的语用效果。比如嘴上说着“*Not too bad*，actually”（不算太糟），实际情况却是：I'm probably the happiest I've ever been（这可能是我人生中最开心的时候了）。这种间接肯定给人的印象往往比直接肯定更深刻一些，广泛地用于文学作品和政论文中。

弱陈与 auxesis 对立，该词来源于希腊语“μειόω”，意思是“to make smaller”或“to diminish”。反叙是使用否定词，而弱陈是使用 rather，quite，almost，a bit，a 1ittle，some（thing），sort/kind of，scarcely，hardly，pretty 等低调词（downtoners）来代替程度副词 very（much），或是婉

转暗示，用含而不露的言辞留下余音；或是用肯定的形式表达否定的意义，以缩小事物的重要性，从而表示评估的审慎、强度的削弱。这种淡化处理的方式使口气显得温和而不武断，谦逊而留有余地，造成语义模糊。把“a wound”或“fatally wounded”称为“a scratch”；描述“decades of violence in Northern Ireland”为“the Troubles”；美国南部地区称“the American Civil War and its aftermath”为“The Recent Unpleasantness”，美国奴隶制被认为是“Peculiar Institution”，这些表达就是以弱说代替强说，故意低估某物或暗示它的重要性不高。这样的例子比比皆是：

[1] (Gustav and Carolina are international students. They are telling Bart about their summer work experience in the United States.)

How was the job?

We had to do a lot of physical work. It was *kind of hard.*

Gustav 和 Carolina 是国际学生，他们告诉 Bart 他们在美国的暑期工作经历。“kind of”轻描淡写工作的辛苦。

[2] The truth is that I was never much of a credit to the family, and I doubt if they would be so very glad to see me. They were all steady, chapel - going folk, small farmers, well known and respected over the country - side while I was always *a bit of a rover.* (Conan Doyle: The Sign of Four) （事实上，对那个家族而言。我是没有信誉的，我怀疑他们是否高兴看见我。他们全是信仰上帝作风务实的小农，在乡下有名气并且受人尊敬。而我总是有点流浪者的气息。)

说“有点流浪者的气息”真正是用低调语弱化一个地地道道流浪者与终年守着土地的农民之间的对立关系。

[3] I was *a slight disturbance* in the city yesterday. All the shops were shut.

所有的商店都关门了，却说城里只是出了点小乱子，显然不符合事实。可以推测这个乱子不会太小。

低调陈述的语言表现手段按结构可分为利用词汇、利用语法两种构成形式。

3.1　词汇手段

词汇手段有数词（numerals）、连词（conjunction）、代词（pronoun）、介词（preposition）、动词（verb）、名词（noun）、形容词（adjectives）、副词（downtoning adverb）等。

（1）数词

[4] It is well known that many of our problems—every thing, in fact, from the generation gap to the high divorce rate to some forms of mental illness—are caused at least in part by failure to communicate. We do not tell each other what is disturbing us. The result is emotional difficulty of *one kind or another* .

这一段谈的是看电视花费了人们过多时间，导致人们之间缺少思想交流而产生的感情障碍。整篇文章的宗旨是建议人们少看电视，因而举出种种理由说明过多看电视的弊端，但建议是不能强迫的，作者用 of one kind or another 有一种减弱所指事物特征的意味，含蓄表达了 of various kinds 的含义，这里的数词是“虚数”，并不表示实数的概念。

[5] I have studied human nature, and *I knew a thing or two.*

明明是见多识广，能洞察人情和识破虚假，却低调“略知一二”表明说话人非常谦虚，表面贬抑实则强调。

（2）连词

[6] Hembrick's Olympics were over *before* he threw a punch.（赫姆布里克的奥运之旅在他尚未出拳之前已结束了。）

连词委婉否定。

[7] He made two hundred attempts *before* he produced a telescope that satisfied him.（他尝试了两百次才制作出一架自己满意的望远镜。）连词含蓄表示：无数次尝试才最终制作出一架自己满意的望远镜。

（3）代词

[8] He is *something of* Hamlet in politics.（政治上他有点像哈姆雷特。）

借助 something of 显示出讽刺意味，言外之意：他优柔寡断，心慈手软，注定成为哈姆雷特式的悲剧性人物。

[9] *Something* good can be said about everyone. We have only to say it. (每个人身上都有值得称道的地方。我们只是需要把它说出来。)

模糊代词弱化语义。

[10] Young people may be required by the state to attend school until the age of 16, but no one can force *someone* to learn. (也许各州要求年轻人在16岁前必须受教育，但没有人能够强迫他们学习。)

代词含蓄表达学生之意。

(4) 介词

[11] *Without* praise and encouragement anyone can lose self - confidence. (没有赞扬和鼓励，任何人都会失去信心。)

介词委婉表达否定含义。

[12] Even though I was the president of the class, I did not do much *besides* organizing all the events during the school year, and helping out fellow classmates. (即使我是班长，除了在学年组织所有的活动以及帮助同学外，我没有做什么。)

轻描淡写表现出谦逊虚心。

(5) 动词

[13] But we know it's impossible for us to go on living like this any longer, because we often feel something missing between us. Probably it is the very thing that *failed* to influence the computer when it made the decision.

文章叙述的是主人公 Franklin Walker 先生借助电脑选择配偶的经过，据说电脑作出的选择一定是最佳的，都会是美满姻缘（perfect match）。然而，Franklin Walker 先生和 Alice Dunfield 小姐的结合结局如何呢？作者用动词 failed to 把直接的否定变得含蓄、婉转，表示说话人对评价保持谨慎，用曲言方式宣告电脑选择的失败。

[14] He *lacked* the judgment and political acumen for the post of chairman. (他欠缺做主席应具备的判断力和政治敏锐度。)

[15] She seems to have *missed* the joke. (她好像没有听懂这个笑话。)

［16］The conveyor belt's loud humming was turned off, *silenced* for the season.（传送带“嗡嗡”的轰鸣声停止了，为整个季节画上了句号。）

（6）名词

［17］For large numbers of people the *absence* of work is harmful to their health.

全文阐述的是工作的意义。众所周知，失业除了产生经济压力以外，还造成许多心理上的病痛。The absence of work 含蓄地表达 unemployment 的含义，作者有意识地把“失业”这个概念模糊化。

［18］Children especially are hungry for reassurance, and the *want* of kindly appreciation in childhood can endanger the growth of character.（孩子们尤其渴望鼓励。童年时如果得不到善意的赞赏，将会危及性格的发展。）

“want”委婉表达否定含义。

［19］Bertha, a heavy - set, dark skinned woman, told me that Rosa's marriage would cause nothing but *headaches* because the man was younger and too handsome.（漂亮的罗莎讲述了她的浪漫史和她与一位英俊的务农者即将举行的婚礼。敦实粗壮、皮肤黝黑的伯莎告诉我，罗莎的婚姻只会带来麻烦，因为那个男人比她年轻，而且太英俊了。）

“headaches”低调表达“trouble”语义。

（7）形容词

［20］Between sobs she asked, “Haven't I been a *pretty* good girl today?”（她一边呜咽一边问：“难道我今天还不够乖吗？”）

“pretty”等于“very”之意。

［21］The choice penalty may be particularly hard on women, who once had relatively *little* control over the paths of their lives, and now in most cases have complete choice: so much so that choice itself becomes a cause of anxiety.（选择太多产生的惩罚对女性尤为严厉，她们一度对于自己的人生道路相对没有多少控制权，但是，现在大部分情况下有充分的选择权，选择太多，结果让选

择本身成了焦虑的根源。)

“little” 委婉否定。

[22] They spoke with the fatalism of people with *limited* choices and alternatives. (她们的话语间流露出选择余地少之又少的人们相信的宿命论。)

“limited” 委婉指代移居到美国的拉美裔墨西哥妇女粗糙而残酷的生活。

(8) 副词

有时英语中只用 scarcely, hardly, barely, rarely 中一个程度副词作为修辞方式的曲言法，含蓄否定，表示说话人对评价保持谨慎，且具有修辞感情作用。

[23] It was clearly the headmaster himself that opened the door. He was short and fat. He had a sandy - coloured mustache, a wrinkled forehead and *hardly* any hair.

hardly 是 no 的委婉语，作者用弱说代替强说，力图避免绝对化，淡化处理了年轻大学生初见校长时产生的不佳印象，同时也预示了面试的不祥结局。

[24] At first self - conscious and tongue - tied, I was soon talking with a *scarcely* controllable passion that I had never known before. (起初，我有点难为情，窘得说不出话。不过很快我就口若悬河起来，我从来都不知道自己有这股激情呢。)

[25] I could find nothing to say. I spent the rest of the afternoon in a daze that *barely* diminished over the remaining three weeks of summer. (我无话可说。我昏昏沉沉地度过了下午余下的时光，这种感觉在暑假最后的 3 个星期里几乎挥之不去。)

[26] *Rarely*, by the way, have non - English - speaking immigrants learned English very well. Their children—the first generation Americans - have, but it is almost impossible for adults to learn a new language as well. (此外，母语不是英语的移民很少能学好英语。他们的子女，即第一代美国公民可以做到，但成年人学习一门新的语言，不可能和孩子学得一样好。)

3.2 语法手段

语法手段有比较句（comparative）、过去时（past tense）、虚拟语气（subjunctive mood）、双重否定（double negation）、情态动词（modal verb）、修辞问句（rhetorical question）、虚拟条件状语从句（virtual conditional adverbial clause）、否定前置（negative fronting）。

（1）比较句

[27] A rose to the living is *more than* sumptuous wreaths to the dead.（给生者一朵玫瑰，其意义远远胜于送给逝者华丽的花圈。）

比较句委婉肯定赞扬的好处。

[28] The work was *more* tedious *than* strenuous, paid better.（这活儿与其说是繁重，倒不如说是乏味，但报酬要高一些。）

比较句含蓄否认工作的艰辛。

[29] But *it would have been easier to tie the women's tongues in a knot than to keep them quiet.* Eventually the ladies had their way and their fun, and the men learned to ignore them.（可是，把那些妇女的舌头打个结容易，禁止她们说话就难了。最终，女人们想怎样就怎样、想开心就开心，男人们也只得听之任之。）

比较句型和隐喻式低调陈述表达否定含义：禁止妇女说话太难。

[30] I *couldn't be more happier.* = I'm very happy.（我幸福极了。）

"否定词"+"比较句"="最高级"。

[31] We are *none* of us getting any *younger.*（我们都不年轻啦。）

这个句子通过对"younger"的否定来表示对该词的反义词"older"的肯定，其本意是：We are both of us getting much old.

[32] No one was *more* willing to do a favour for friend neighbour *than* he.（他最愿意帮朋友或邻居的忙。）

用比较级表达最高级语义。

[33] *A more suitable man for the work could scarcely have been found.*（再找不到更适合这项工作的人了。）

用比较句委婉否定。

（2）过去时

过去式表示距离远，为了使语气婉转客气，动词“hope，wonder，think，want”等的过去式也可以表示现在时间。如：

[34] Surely they *would* first be struck by the clamor of 21st – century living. Yet as your ancestors learned more about how we live，they *would* be dazzled.（喧嚣的21世纪的生活肯定会给他们留下深刻的印象。然而，随着你的祖辈对我们现在的生活方式了解更多，他们一定会感到惊奇。）

[35] So this adaptation *would* seem to doom any deliberate attempt to raise a person's happiness setting.（所以，这种适应能力注定会让提升一个人的快乐设定的努力付诸东流。）

过去时减缓语义。

（3）虚拟语气

[36] Whenever I saw her，my gaze lingered，sometimes into a stare that *would have embarrassed me had anyone noticed.*（每当我看见她时，就会目不转睛地盯着她。有时候，要是有人注意到我在凝视她的话，我就会感到害臊。）

[37] A Broadway comedian once had a nightmare：he dreamed he was telling stories and singing songs in a crowded theater，with thousands of people watching him—but no one laughed or clapped. “Even at $100000 a week，” he says，“*that would be just hell on earth.*”（一次，一位百老汇喜剧演员做了一个噩梦：他梦见自己在一个座无虚席的剧场里讲故事、唱歌，数以千计的人们看着他——但是没有人笑或拍手。“即使一个星期能赚10万美元，”他说，“那也像人间地狱一般。”）

虚拟语气委婉表示演员需要掌声、赞扬和鼓励，否则生不如死，用隐喻式低调陈述，把没有掌声和肯定的舞台比作人间地狱，相似点是：令人绝望痛苦。

[38] …theantique dealer's wife said *she wished they had told* him how much they enjoyed his visits.（古董商的妻子说，她很想告诉他他的来访给他们带来了很多乐趣。）

虚拟语气委婉表达否定含义。

（4）双重否定（Double Negation）

双重否定是通过否定明确谬误从而间接提出自己的观点，在学术论述中使用频率极高，是学者谦逊的表现。例如：

［39］There is *no* surgical patient I *can't* treat competently.

"no…not…"就是用否定之否定表示肯定，这种否定方式比用直接肯定婉转且显得有分寸，准确、微妙地表达了"I can treat every patient competently"的语义。

［40］It was *not unusual* to work from 7 A. M. to midnight. I never heard anyone complain about the overtime.（从早上 7 点干到午夜时分是常有的事。对这种加班，我从未听谁抱怨过。）

［41］But real life is anticlimactic. As it was, *nothing unusual* happened. The conveyor belt's loud humming was turned off, *silenced* for the season.（可是，现实生活却令人扫兴。实际上，那一天一切如常。传送带"嗡嗡"的轰鸣声停止了，为整个季节画上了句号。）

［42］I have *never* traveled this route *without* being flung back to the summers that I spent in Atlantic City during college in the early '80s.（每次走这条线路，我都会被带回到 20 世纪 80 年代初我读大学期间在大西洋城度过的夏日时光。）

［43］*No* one, great or obscure, is *untouched* by genuine appreciation.（无论声名显赫还是默默无闻，没有一个人会对真诚的赞赏无动于衷。）

［44］There is *no reason* why, if you have something friendly to say, you *shouldn't* say it in a letter, even to an exalted personage whom you have never met.（如果你有一些友善的话要说，没有理由不在信里表达，哪怕对方是你素未谋面的大人物也一样。）

双重否定弱化语义。

（5）情态动词

［45］There are other techniques that *might* help you with your studying.

情态动词的一般过去式形式可表示现在或将来时间，以示其语气委婉。

[46] The right expectation *might be* that, with coaching and specific homework activities, he will have long division down by November and bring the grade up to a B.（合适的期望也许是：在教师的个别辅导下，该学生积极完成具体的家庭作业练习，到 11 月，他将差距缩小，把成绩提高到 B。）

[47] Whenever I think *something nice* about a person, I tell him. I *might* never have another chance.（不管什么时候当我想到一个人的优点，我就会立即告诉他。也许我不再有另一个机会了。）

代词、"nice" 和情态动词都是弱化语义。

（6）修辞问句

修辞问句委婉表示肯定或否定。

[48] *Dare we hope that access to a larger world will resultin* 10 *more understanding, in human beings more tolerant and peaceful*?（我们能否大胆期望，如果能够接触到一个更广阔的世界，人类将会获得更多的认识，也会变得更为宽容、更热爱和平？）

修辞问句表达肯定的内容，反抑为褒，给人印象深刻。

[49] *Was anyone even busier than Abraham Lincoln, or was there anyone who should have grown more sick of the onerous weight of correspondence*?（有人比亚伯拉罕·林肯更忙吗？或者说难道有人比林肯更应该厌倦于繁重的信件来往吗？）

修辞问句委婉表示否定。

[50] *Why do most of us leave unuttered some pleasant truths that would make others happy*?（为什么我们大多数人对于那些能让其他人高兴的事实避而不提呢？）

（7）虚拟条件状语从句

[51] Pragmatic Minnie, a tiny woman who always wore printed cotton dresses, scoffed at Maria's stupidity, telling me she *wouldn't have so many kids if she had gotten her tubes tied*!（务实的明妮是一位总是穿着印花棉衣裙的瘦小女子。她嘲笑玛丽亚的愚蠢，跟我说如果她的输卵管做了结扎手术，她就不会生那么多孩子啦！）

虚拟语气委婉责备。

[52] *If this had been a movie*, *these last scenes would have been shot in soft focus*, with crescendo of music in the background. (如果是拍电影，最后这些场景应当以柔和的软焦点来拍摄，而背景音乐的旋律应该渐行渐强。)

虚拟条件状语从句弱化语气。

(8) 否定前置

将“think, believe, suppose, expect, fancy, imagine”等动词后面宾语从句的否定词转移到主句中，即主句的谓语动词用否定式，而从句的谓语动词用肯定式。例如：

[53] *I don' t believe* he will come. (我相信他不回来。)

[54] While I was annoyed by Maddox's behavior, *I didn't think* that it would have done any good to lash out at him for his aggressive backwardness. (尽管我对麦德奥克斯的行为很生气，但我认为因带有挑衅的落后思想而痛斥他不会有任何好处。)

否定前置是委婉表现自己独到的见解，展示自己在历练中培养的宽容大度和识大体。

3.3　语用否定结构

人类认识世界的方式直接影响了语言的表达、运用和理解，语言的差异也因认知差异所致（王寅 2003a）。对同一事物，如从不同角度去体验，就会认识或凸显事物的不同特征，因此就会出现不同的名称。同样，对同一事件的不同视角、态度以及认识限制就会凸显事件的不同成分，从而形成不同的句式。就低调陈述而言，低调意义是因视角不一致而引起的。低调陈述与直义语的不同在于低调陈述本身的不一致（incongruity）。人们依据语境和交际意图既可选择符合现实的直陈式结构，也可选择曲折反映现实的低调陈述。

3.3.1　否定功能转变

否定词 no 或 not，或者 cannot (can never) …too + 副词或形容词或比

较级；或是以 impossible，difficult 等字去代替 cannot；或是以 enough，difficulty，sufficiently，exaggerate 等字去替代 too。

[55] a. Let it deceive them，then，a little longer，it *can not* deceive them *too much.*

用否定的形式拐弯抹角地表达肯定意义，无论怎样都不过分。

b. The headmaster believed that *no* sacrifice for the education of the young was *too* great.（为教育青年人作出再大的牺牲也不过分。）

c. These workers got wounded in the construction of the new city. *No* price is *too* high to pay in order to save their lives.（不管付出多高的代价也要救活他们。）

d. Drinking water *can never* be *too* clean.（饮用水越干净越好。）

e. I *cannot* thank you *too* much.（我无论怎么感谢你也不过分。）

f. We *can never* emphasize the importance of learning a foreign language.（我们无论怎么强调学外语的重要性也不过分。）

g. I *couldn't* get home fast *enough.*（我恨不得马上回到家。）

h. You *cannot* take *sufficient* care.（你要特别小心。）

i. The importance of this session *cannot* be *exaggerated.*（这次大会极为重要。）

j. *No* man *can have too* many friends.（朋友愈多愈好。）

k. She may have a broken leg，butshe *can't be happier.* Morgan Bailey，11，is happy to be alive.（她的腿可能断了，但她再高兴不过了。11 岁的摩根贝利很高兴还活着。）

l. His failure in this match was due to *nothing else than* his own carelessness.（他在这场比赛中的失败，只不过是因为他自己的粗心大意。）

m. A book may be compared to your neighbor；if it be good，it *cannot* last *too* long；if bad，you *cannot* get rid of it *too* early.（一本书可以比作邻居。如果是好的，结识越久越好；如果是坏的，分手越早越好。）

n. I am *not* quite *too* late，I see.（我知道，我来得还不算

很晚。）

o. I am *not too* sure. （我不敢过分肯定。）

p. He is *no stranger* to computers. （他对计算机很内行。）

q. A teacher *cannot* be *too* patient with his students. （老师对学生越耐心越好。）

r. You *cannot* begin the practice *too* early. （你练习得越早越好。）

s. Good manners *cannot* be *too* much valued. （礼貌是总值得尽量尊重的。）

t. We *can't* do *enough* for our socialist educational cause. （为了社会主义教育事业我们有做不尽的事情。）

3.3.2 否定词 not 与含有否定意义的介词、副词或形容词等搭配，双重否定表达肯定语义

[56] a. There is *nothing unusual* there. （那里的一切都很正常。）

b. The machine is working *none the worse* for its long service. （这台机器并没有因为长期使用而运转不良。）

c. She did *not* work any *the less* for her illness. （她没有因为生病而少做一些工作。）

d. That's *nothing less* than a miracle. （那完全是一个奇迹。）

e. *No* task is so *difficult* but we can accomplish it. （再困难的任务，我们也能完成。）

f. But it was *difficult not* to like the women. They were an entertaining group, easing the long, monotonous hours with broad humor, spicy gossip and inventive laments. （但是，她们着实招人喜爱。她们是一群有趣的人，用粗俗的幽默、下流的闲谈以及别出心裁的悲叹来消磨漫长而单调的时光。）

3.3.3 蕴含否定含义的结构

（1）比较级 more than can…结构隐含否定或肯定意义

[57] a. The beauty of the park is *more than* words *can* describe. （这个公园美得无法形容。）

b. The boy has become very insolent and it is *more than* his parents *can* bear.（这男孩变得非常无礼，到了他父母都不能忍受的地步。）

c. Don't tell him *more than* you *can* help.（能不跟他讲就尽量不要跟他讲。）

（2）anything but…结构表示否定意义，常常翻译为“绝对不，根本不，一点也不”

[58] a. He is *anything but* a scholar.（他绝对不是一个学者。）

b. The wood bridge is *anything but* safe.（那座木桥一点儿也不安全。）

（3）have yet to do…结构表示否定意义，相当于 have not yet done…，常常翻译为“还没有”

[59] a. I *have yet to* hear the story.（我还没有听过那个故事。）

b. I *have yet to* learn the new skill.（我没有学那项新技术。）

（4）may（might）as well…结构表示否定意义，常常翻译为“还不如”

[60] You *might as well* burn the book than give them to her.（你把这些书给他还不如烧毁了好。）

3.3.4 隐含否定意义的词或词组

[61] a. The specification *lacks* detail.（这份说明书不够详尽。）

b. My husband *missed* the last bus, so he had to go back home on foot.（丈夫没赶上末班公共汽车，所以只好步行回家。）

c. We cannot finish the work in *the absence of* these conditions.（在不具备这些条件的情况下，我们不能完成这项工作。）

d. She was *at a loss* what go do.（她不知所措。）

e. The newspaper accounts are *far from* being true.（报纸的报道远非事实。）

f. Present supplies of food are *short of* requirements（目前食品供不应求。）

g. He is *the last* man she wants to meet.（她最不想见到的人就是

他。）

h. That lazy boy went to class *before* he had prepared his lesson.（那个懒惰的小孩不预习就去上课。）

i. Mr. Smith was *above reproach.*（史密斯先生是无可指责的。）

j. Her beauty is *beyond compare.*（她的美丽是无与伦比的。）

k. Strangely, though, there seemed to be *little* resentment or blame of government. American culture is about self – reliance and the individual fighting a way through.（不过，奇怪的是，对于政府的愤恨或指责却很少。美国文化注重的是自力更生与个人奋斗。）

l. *Rather than* being just a test of human limitations, the marathon of today has become a measure of human endurance.

m. *Instead of* slinking away disappointed, she looked around and found a better dress—for less.（她没有扭身失望地离去，而是环顾四周，发现了一件更好的衣服，价格也更便宜。）

n. But *I cannot refrain from tendering* you the consolation that may be found in the thanks of the republic they died to save.（但是我禁不住要向您表示慰问，这种慰藉也许也体现在他们誓死保卫的共和国对您的感激之中。）

o. "I thought it was *too simple to be effective*," said Miller.（"我原以为这个练习太简单而不会有效的，"米勒说。）

p. The percentageof Americans who describe themselves as "happy" has not *budged* since the 1950s, though the typical person's real income has more than doubled.（把自己描述成"幸福的"美国人的百分比从20世纪50年代以来就没更动过，尽管普通人的真正收入增加了一倍多。）

本节从修辞意图和语用理论框架的视域审视英语低调陈述反叙否定结构，即否定变异现象。然而，交际双方角色不变时，同一话语在同一情景中发出，既可能是直义句，也可能是低调陈述，取决于双方心态或视角。尽管肯定形式表达的信息量较大，符合人们对事物的认知，但在特定情况下，否定形式更具有表达力，表达的信息更具特色，如"I have striven to be *no laggard* in military discipline” （Horn 2005）。Ungerer and Schmid（1996）认为，低调陈述通过正话反说的否定项选择体现了说话人看待某一个事件或情景的特定的认知角度，上例可有不同理解：如说话人是佼佼者，表现非常出色，为低调陈述；如说话人的确表现一般，则为直义句。就听话人而言，如认为说话人为前种心态，他会判断出低调陈述意义；如认为说话人为后种心态，则会判断出非低调陈述意义。正如 Rachel 等人（2005）所说，否定标记并非是为了否定，而是淡化语义（rather than eliminating the stance，the negation marker only tones it down）。

语法结构是指语法角度研究语言成分之间的组合关系，从语法的视野研究英语“not + 形容词等”否定结构，抽象掉使用主体的特定意图，只是研究否定词的否定功能，具有语法规约性。如：含有动作谓词的行为构式的否定都要加 do not/did not/does not 等。修辞结构则是从修辞学角度研究，从语用修辞学的角度来看，低调陈述反叙结构的选择和使用受主体特定意图支配，其内部的句法、语义关系及潜在的功能价值呈现出各种类型，是语用者在特定修辞意图驱动下，对否定句的重新组合。低调陈述反叙否定句变量之后的具体表现是漫长的语法化过程的结果，形式结构具有相对封闭的特征。因观察角度、研究取向的不同而产生的语法结构和修辞结构是一个连续体。

第二编

低调陈述的认知本质

认知科学诞生于20世纪50年代的欧美，是研究从感知和行为到语言和推理的各种形式的人类智能的学科。认知（cognition）涵盖心智运算、心智结构、意义、概念系统、推理等丰富的内容，涉及信息的获取、表征并转化为知识，存储和提取知识，运用知识进行推理等心理过程（Lakoff and Johnson 1999）。沈家煊（2004）、王寅（2005）把认知分为狭义、广义和高级三个层次。狭义认知包括知觉、记忆、想象、言语及思维等一系列问题的解决；广义认知是解释事物对人的意义与作用的心理活动；高级层次的认知则被理解为一种吐故纳新、运用已有知识解决问题的图式—同化—顺应—平衡4个阶段的系统。20世纪50年代的第一代认知科学的二元论主张在身心分离的条件下研究心智；70年代的第二代认知科学以心智的体验性、认知的无意识性、思维的隐喻性为其哲学观点；第三代认知科学采用高科技脑成像技术和计算机神经模拟技术，阐释人的认知活动、语言能力与脑神经的复杂关系，揭示人脑高级功能秘密（齐振海、彭聃龄 2007）。芝加哥大学心理学家 John Lucy（2011）认为语言与人类智力发展的结合有两个作用：一是语言通过提供系统的概念思维的发展和主体间理解的建立所必需的实用工具来帮助成人的认知；二是通过限制其他语言和经验本身的理解来限制成人的认知。20世纪的科学研究是探索太空、潜入深海、破译基因、释放核能的研究时代，21世纪的科学转向人自身问题的研究，关心大脑是如何工作如何认知的，以及人类语言与认知的关系、意识问题、感知问题。21世纪认知语言学研究的重要特点是认知语言学家与心理学家的互动，特别关注语言与思维之间关系。当代语言学理论大体是沿着语言—认知—语言的路向发展深化。语言同认知、心智、意识、感知、意向性等问题构成现代语言学研究的热点、难点。任何一种理论都不可能永远解释所有的新情况，新理论出现后，原有理论的韧性则总是在保留已有的成果，力主从现有的发展状况出发去发展学科，因而代表科学认识的继承性。两者处于一种并行的状态，互为参照、互为映衬，且相互作用。认知修辞学科进步的动力正产生于替代理论与原有理论的比较之中，这应该是21世纪崭新的修辞语言视野。

低调陈述修辞具有狭义和广义之分，狭义的低调陈述指的是用否定词、词缀或双重否定等表达肯定语义，而广义的低调陈述包括一切旨在减弱说话者力度的手段（device for attenuating the strength of utterance）。语言具备提供信息、诱导劝说、触动人心等多种力量，修辞语言则更有可能产生难以置信的强大效果，从而帮助人们形成某种认识。当代意义上的修辞是一种有关人们如何运用象征性手段如低调陈述去影响人们观念和行为的实践和学问，而不仅仅指传统意义上的说服和规劝听众，促使他们接受或采取某种行动的修辞格。思维方式是人们进行逻辑，反映事物的方式，包括概念、判断、推理等。从认知思维角度来看，低调陈述不仅是一种装饰性的语言技巧（Herbert 1996），更是一种思维方式。从修辞视角来看，一旦低调陈述运用在具体的社会、文化、政治语境中，其内在价值和能力就会产生异乎寻常的力量。

第 四 章

低调陈述的实质

从心理学的角度来审视，修辞活动主要依赖于人类的三种联想能力，即相似联想（Association by Similarity）、对比联想（Association by Contrast）和邻接联想（Association by Contiguity）。（高长江 1991）低调陈述的实质是“对比联想”在起作用。说话人发出与语境不合的命题，希望听话人形成“感觉对比”。“感觉对比”指同类感觉相互作用而产生的一种变化。其作用是通过增强感觉间的差别，促进对某一物体的知觉，其生理机制是大脑皮层中兴奋和抑制的相互诱导。

4.1 对立

低调陈述表明与期待的对立（reversals of expectations）（Carney 1993）。Raymond（2000/1994）定义低调陈述是用弱化的语言传达讽刺含义（speakers conveyed their ironic messages by stating far less than was obviously the case），反映说话人期待与现实之间的对立（contrast between expectation and reality）。Grice 把低调陈述描写为与字面义的矛盾对立（a contradiction to what is literally said）（转引自 Yamanashi 1998）。Elizabeth（1977）指出，低调而不是夸张，经常似乎是转移注意力，就像它的姊妹修辞假省笔法（paralipsis）：假装忽略实际强调，它可以消除潜在对手的敌意、避免争执，加强说话的内容。也就是说，对立性是低调陈述的内在属性，低调陈述不是词语与世界之间某种简单、直接的不匹配，而是以其难以捉摸的特性体现世界的种种矛盾与对立。其定义就蕴含了对立：正话反说（affirming something through the contrary）（Palacios and Ignacio

2003）或反话正说（lessening for emphasis without the use of negatives）。事实上，“对立”存在于低调陈述的各个层面，具有类典型性。

4.1.1 字面意义与语境的对立

根据认知语言学理论，话语的理解或推理具有两个特性：一是基于人体本身经验（完形感知），二是从具体（语境）到抽象域（命题）的相互投射（inter－projections）（Lakoff and Johnson 1980；Langacker 1991）。低调陈述的认知机制是命题意义与语境之间的不对称映射关系，即：如果命题与语境重叠，话语为非低调陈述；如果命题与语境有出入或完全对立而无法重叠，则为低调陈述。如“James was just *a bit late* with his rent”（Raymond 2000），低调陈述的本质在于命题所涉及的范畴与语境范畴间的语义冲突（semantic clash）或张力（tension），在事实是“James was quite tardy in paying his rent that month”的背景下，该句表达的命题显然与语境有出入，理解这句话的言外之意，需要听话者能建构出与当时情景贴近的认知语境，以产生恰当的语境效果。

Dewsand Winner（1999）将正话反说的反叙法（litotes）称为 ironic praise，反话正说的弱陈法（meiosis）称为 ironic criticism，这恰如其分地反映了命题与语境间的这种对立关系。从另一个角度来看，理解话语的低调陈述意义的同时，也就理解了命题意义与语境之间的对立。如此一来，命题与语境的对立既是存在的前提，又是低调陈述的功能。这或许正是低调陈述的讽刺幽默所在。

4.1.2 心理对立

Herbert and Jennifer（2000）认为反语，如“Oh fantastic，there is no queue at all”和低调陈述，如“There seems to be *a bit of a queue*”具有相同语用功能，因为它们都是基于所期待的事件和所发生的事件之间的潜在对立。低调陈述与反语一样表示事件与所期待的潜在对立（a potential contrast between expected and experienced events），不过相对反语而言，低调陈述的对立性较弱。比如说“no queue or a relatively short queue at a theater”就制造一种与已发生的事“a long queue at the theater”的对立，从而使表达①有趣，②更具有批评力，③更能表现期待的事与发生的事的差异，④比直白地说（如：This queue is very long）更能够保护说话者。反语造成的对立比低调陈述更加强烈，因此，反语更能够发挥前三种功能，而低调陈述在最后一种功能方面发挥空间最大。

文学作品常用低调陈述刻画人物，Harris（1988）指出，诗歌通过句法、构词和语境获得低调陈述，强调各色人物对于社会习俗的期待，以及期待的落空。Utsumi（2000）的隐性显示理论认为低调陈述的前提条件是低调陈述环境，而他论证的低调陈述环境三要素——S 原有某种期望 E；在发话前 E 已落空；S 对期望与现实的不一致产生了否定的情感——实质上就是心理对立。如“My daughter got a passing grade for History. But her score *could be better*”（范家材 1992：180）。在低调陈述交际中，心理语境与物理语境之间的相互投射产生的不是一种静态的偏离，而是一种动态的变形，反映说话人的心理空间及其类属关系存在某种变异。上例中母亲用虚拟语气淡化自己对女儿的失望与不满，模糊自己的期望值。另一个典型的例子是把“a catastrophic meeting where a million - pound deal has fallen through”（一次导致百万英镑交易失败的灾难性的会见）描述为“That all went rather well，*don't you think*?”（事情进展还不错，难道不是吗?），也暗示其心理的期待值。而听话人能体会出说话人的心理语境与话语所处的物理语境不匹配，通过启动层创结构（emergent structure）（Fauconnier 1997）来解构自身原有的心理空间中的固化结构，对命题进行概念重组和配置，对两类语境的关系因子逆向调节而使之相匹配。实际上，听话人对低调陈述意义的感知源于对此类异变的洞察。

4.1.3 字面意义（LM）与说话人真意（SM）之间的对立

Grice（1975）对低调陈述著名的解释是：字面义与言下义的对立（contrast of what is said and what is meant）。即低调陈述的定义有二：LM 与 SM 相反；LM 与 SM 相异。低调陈述的感知不是由 LM 向 SM 的单项演绎过程，而是一种双向互动。LM 是阐释 SM 的模板（template）。正是它的存在，说话人才得以评估所期待的事实与所表述的事实之间的差异，从而领悟到低调陈述的妙趣。比如说“He is *a little…somewhat…not exceptionally bright*”（选自 Uri Shaham，personal communication19，December. 2002）。Rachel 等人（2005）认为，否定概念的肯定意义冲淡了否定标记词的否定性，是对不理想状况的较为肯定或不那么否定的描述（the affirmative sense of the negated concept dilutes the negativity of the negation marker, resulting in a more positive or less negative account of an undesirable situation）。上例说话人出于礼貌选择曲言，减缓了否定性，低调表达“He is an idiot”含义。

从认知层面来看，低调陈述由两个意义层组成：第一意义层 M1 是语句的字面意义；第二意义层 M2 是 M1 的功能。显然，这是两种视角并列的结果，如把 M1 视为某个概念，M2 视为另一概念，低调陈述就有两种对立的概念，形成两个看待同一事物的共时角度。这样，当 M1 投射到 M2 时或因 M1 本身的对立性，或因 M1 与语境之间的对立性，便在 M2 产生低调陈述意义（涂靖 2004）。

4.2 对现实偏离的抽象化过程

低调陈述是一种复杂的语言和思维现象，是对常规的反动和变异，是对立成分相互作用的结果。它以动态和辩证的方式反映人们对客观世界的认识，这种认识产生于交际双方的不同视角。语言是物理世界的反映，但是语言符号的线性和有限性使它与物理世界存在距离，即聂焱（2008：93）所称的“空符号”现象。而修辞语言，比如低调陈述、委婉语等，以满足情景适应的需要为基础，填补了只可意会不可言传的语言世界的“空档”。

传统修辞学认为修辞的原理是偏离（亚里士多德 2006：44，Wilson 1994：213），他们认为，修辞语言就是偏离常规的语言表达，利用语言偏离产生“陌生化”的修辞效果。Saussure（索绪尔 1980）解构主义理论使现代修辞学研究进入一个广阔多维的领域。现代修辞学认为，修辞话语就是偏离零度常规以产生特定的社会色彩的言语表达，是运用语言符号不断地创造隐喻或转喻、对现实偏离的抽象化过程（Leech 1969：121，Burke 1969：59）。低调陈述就是说话者以语境为切入点，从语言形式层面和语言运用层面，通过偏离来创造淡化掩饰的修辞效果。

4.2.1 低调陈述修辞偏离的理据——语言符号视角

王希杰（2009）认为，有限单维的语言符号与具体无限多维的客观世界不对等，造成“词不达意”的困境，甚或交际上的困难。而借助交际者的各种交际策略比如低调陈述以及语境的参与，可以克服语言形式上的不足与漏洞，解决语言符号的有限性所带来的“言犹未尽”的缺憾。根据认知语言学的观点，语言符号与客观世界不是一对一映射，也就是说，语言无法全貌表征思维对象。为保全对方面子以求理想的交际效果，交际者会运用低调陈述偏离手段，曲折表达自己的意思，以化解尴尬。如：美国著名演员艾莉森·珍妮在2007年的电影《Juno》（朱诺）中扮演布伦（Bren）一角，有一句台词“Oh, you think you're so special because you get to play Picture Pages up there? Well, my five year old daughter could do that and let me tell you, *she's not the brightest bulb in the tanning bed*”（我五岁的女儿也能做到，而且她还不是最聪明的孩子），这句低调陈述旨在嘲笑对方的傲慢无礼、自以为是。实际上《Juno》影片正是运用深藏不露、轻描淡写的方式诠释女权理念，从而让观众动容并欣然受教。再比如“Despite their advanced degrees and their own exposure to many different kinds of teachers, *they don't seem to understand how to relate to the students*”，作者用低调陈述委婉地批评一些大学教授精英主义的自高自大、独裁的教学方法，并不受大学生欢迎。

4.2.2 低调陈述修辞偏离的理据——生物学视域

根据现代生物学，人类本能地用熟悉的事物和结构影射相对陌生或不宜直言的事物，寻找它们的相似之处。如：“*It is the case of January and May*”，常规化语言以一个整体图式为单位储存在人的大脑中，偏离打破了常规化语言的平衡状态，将某一特征从背景中凸显出来，造成陌生化的低调陈述修辞效果。上例中一月转喻隆冬白雪以凸显叶落凋零从而隐喻白发老翁，五月转喻春意盎然以凸显叶绿花开从而隐喻妙龄少女，这种低调陈述回避了尴尬，保全了对方面子。

4.2.3 低调陈述修辞偏离的理据——语用层面

词语与具体的语境互动获得拓展的象征意义，这种词语的外延意义就是我们说的语用偏离（杨劲松 2012：32—33）。如“Retired marine Colonel John V. Brennan contracted with the secretive arms dealer to sell Iraq $181 million worth of uniforms. According to a lawsuit filed last March，former Vice President Spiro Agnew served as an ‘intermediary’ between the two. How much money did Agnew make in the deal? Soghnanlian，the dealer，says，‘He *did not go hungry*.’”（范家材 1992：180）军火商的答非所问就是借助语境突破常规，通过违背合作原则的方式准则，运用隐喻创造了幽默的低调陈述的修辞效果——淡化掩饰，委婉表示“副总统 piro Agnew 在这起军火交易中获益匪浅”。再如：“He had five sandwiches and a quart of milk for *his snack*”，在特定的语境下，有限的能指 snack 借助偏离手段，承载无限能指 five sandwiches and a quart of milk，创造诙谐嘲讽的内涵意蕴。可以说，低调陈述修辞彰显了言说者的意图，而偏离是交际者进行低调陈述修辞控效的基本原理。低调陈述修辞偏离手段与语言系统的开放性和生成性特点相吻合，它使语言符号从形式层面的静态意义中突围出来，与具体的语境互动后产生幽默掩饰的低调陈述修辞效果。

4.3 替代

广义的低调陈述实质大致分为三类：①表达词语的“替代”，如用“I am afriad”代替“I think”，用“hardly”代替“no”。②语义特征的“比较”，如“He didn't go hungry”，用“军火生意拿回扣”（He received kickbacks）与“吃饭没挨饿”作比较。③新语义、新概念的“创造”，如下例［1］品味美酒的甘醇创造性地应用到阅读书籍中汲取精神营养，隐喻书籍对我的影响力如同音乐给人们带来的震撼，终身受益；例［2］运用冰雪的融化描述傲慢情绪的消失。实际上，大多数低调陈述兼有三者的特征，“替代”蕴含着“比较”和“创新”，任何“创新”也都蕴含着“比较”和“替代”，只是程度不同、有所侧重。狭义的低调陈述以词语的替代为主，广义的低调陈述创新味重一些。如图 4—1 所示：

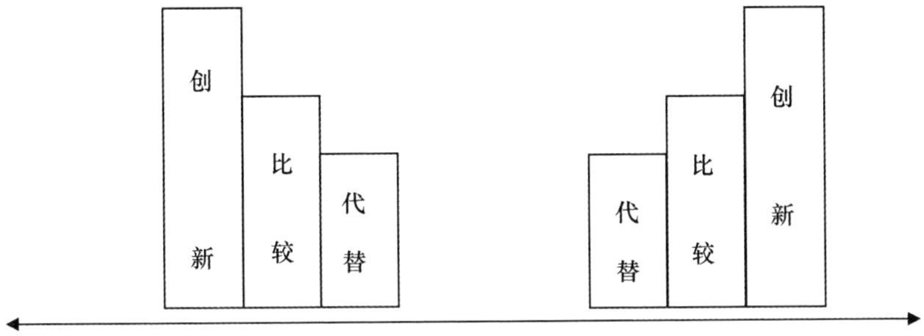

图4—1　低调陈述的实质

［1］Shakespeare, Thoreau, Emerson, plus important speeches of the day—this wonderful library had everything. Day after day I sat there *drinking in the smell of books*, the feel of them. The way of life that Maddox's library symbolized—the commitment to knowledge and the leisure to pursue it—stuck a chord in me that still resonates.（莎士比亚、梭罗、爱默生，加上当代重要的演讲文稿—这间书房里应有尽有。日复一日，我坐在里面，闻着书香，触摸着书页。麦德奥克斯的书房所象征的生活方式—对知识的信奉和追求知识的闲暇—拨动了我的心弦，至今余音不绝。）

隐喻式低调陈述：细致阅读书籍如同慢慢品味美酒。

［2］My icy arrogance quickly *thawed*, that first summer, as my respect for the conveyor－belt ladies grew.（在那第一个夏季，随着我对传送带女士们尊重的加深，我心中冰冷的傲慢迅速融化了。）

根据 Leech（1983：35）的定义，低调陈述是用一种弱化的或有节制的词语替代一种较直接的、唐突的言辞（A way of underplaying pragmatically disfavored aspects of meaning），故意轻描淡写，目的是减缓自我表扬和批评他人的力度（mitigate both self－praise and criticism of others）。这条定义概括了低调陈述的三个典型特征：①低调陈述以替代为生成基础；②低调陈述有表里两层意义——表为虚，里为实；③话语温和、低调，可满足说/写者减轻话语刺激程度或掩饰某种语言行为动机的心理需要。低调陈述生成过程是一个以替代为基础的同义手段选择过程。不存在替代关系的话语不是低调陈述。王希杰（1996）认为，“修辞活动就是同义手段的选择活动。修辞，是同义手段的选择规则的总和”。被视为零（zero）的语言形式是规范的、没有修辞色彩的语言形式，其交际效果也是零。处于同一聚合关系中的同义手段都能取代该零形式，传递相同的指称意义，但含义不同，交际效果也不同。

［3］ a. *I suspect* that John is sort of in love.

b. *I'm afraid* you don't see my point.

c. *They believed* there were inextricable links between poverty, environmental degradation and military activity.

“suspect”“be afraid”“believe”都低调表达“think”的语义。这几个近义低调陈述之间的调整却会改变说/写者意欲传达的含义，而改变了含义就等于改变了信息。可见，弄清替代与被替代之间的关系是确认低调陈述指称意义的关键，解释促成这种替代关系的诸因素有助于理解低调陈述含义，提高交际效果。

［4］ *I promise* I will give you a failing grade.

“promise”暗示“warn”，这个低调陈述的字面意义与其零度形式的意义有出入，违反了会话含义中的质量准则，这种低调说法，既让学生会其意，又给了他们面子，是一种礼貌策略。Hübler（1984：160）认为，不管批评和表扬是针对受话人还是发话人，都对说话人的面子有不利或有害的影响。在这种情况下，发话人可借助低调陈述修辞来维护受话人的面子，如：

［5］ *I'm afraid he has to exert himself in his study.*

当学生家长向老师问起孩子的学习情况时，老师向家长讲出了自己对该学生的愿望，认为该学生得在学习上加把劲，“be afraid”暗示“warn”，“he has to exert himself in his study”表达的是“He is lazy”语义。这个低调陈述的字面意义与其零形式的意义有出入，违反了会话含义中的方式准则。因此，自我表扬、批评别人、自我批评、表扬别人，以及过于激进和主观的言语都为使用缓和语势的低调陈述提供了语言学之外的条件。

同义手段是偏离零形式的结果，低调陈述与其零形式之间存在着种种联系：上位和下位的关系、笼统和具体的关系、互补关系、邻近关系、伴随关系、相似关系等。低调陈述和处于同一聚合关系中的其他低调陈述之间一般不能任意互换使用。例如，rather、quite、fairly 和 pretty 都能用来低调表达 very 语义，但这些同义手段之间的含义是有差别的：说/写者的态度、特定时间和场合、联想意义还有搭配等都存在不同程度的差别。同理：

[6] a. I fail to understand the poem.

b. I wish I understood the poem!

c. Who says I understand the poem?

这三个句子或是用动词，或是用虚拟语气，或是用修辞问句，低调表达“I don't understand the poem”语义。这种将否定意义蕴含在字里行间或句法结构上的表现形式，反映了说/写者的态度，措辞具有层级性，否定态度逐渐增强，体现出 climax 的效果。

4.4　标记性表达

低调陈述是标记性表达方式，比如“Sire of Men，*Nor* Tongue *ineloquent*”（Milton 转引自 Jahn 2002：26）。双重否定“Nor...ineloquent...”是无标记的语句结构形态“eloquent”的有标说法，即是一个有标记的语句结构形态。从意义上说，双重否定等于肯定。常见的无标记的语句结构形态引发的心理反应我们已习以为常了，成为“中性”反应。而有标记的语句结构形态中寓有说话人特别的交际意图与倾向，它想引起的是使受话人产生有别于“中性”的心理反应。

4.4.1　低调陈述标记性的特点

Givón（1995：28）指出，标记性有三个特点：结构的复杂性、使用频率的有限性、认知的复杂度。

（1）结构的复杂性

Giora（1995）的间接否定理论认为低调陈述是使用明确的否定标记的肯定形式，或使用明确的肯定标记的否定形式。首先，相对于普通语言，低调陈述结构明显复杂。Hoffmann（1987：28）认为低调陈述的特点之一就是迂回曲折（periphrastic），不必要地使用较长的单词、短语或不清晰的措辞，例如：

［7］ *That wasn't the worst dinner I've ever eaten.* （选自 Kennedy2003）

低调陈述的特征是对语言的不直截了当的使用（non – straightforward use of language）（Hackman 1978），上例就是违反了简洁准则，低调表达 it was delicious 的肯定语义。

（2）使用频率的有限性

低调陈述的标记性还表现在其认知上更为突出，在使用频率上却低得多。如果普通语言能够满足人们交际中对信息的需要，就会避免使用低调陈述。修辞语言是一个约定俗成又是动态的象征单位的集合体，人们的修辞语言知识和能力是一个过程，而不是一套规则。修辞语言形式的运用不完全由语法规则制约，而是由人的经验结构和认知方式决定。“修辞语言”的创造力是将已有语言单位按照认知规律用于新的情景，是对语法规则的有意违犯。如 1912 年南极探险家英国皇家禁卫军骑兵上尉劳伦斯·奥茨（Captain Lawrence Oates）和四位伙伴从南极点返回的路上，探险队陷入了非常困难的境地。奥茨受到了严重的冻伤，开始急剧衰弱。面对营帐外的暴风雪，奥茨说了最后一句话：“I am just going outside and *may be some time.*”（我要到外边去走走，可能要多待一些时候。）随后像一个英雄淡定地向死神走去，以牺牲自我换取了队友的生存希望（斯蒂芬·茨威格 2017）。

（3）认知的复杂度

低调陈述的标记性还表现在其心理复杂性（Clark 1979）。Bates（1976）指出，辨认那些需要较高信息加工处理的语言，例如低调陈述，对于在认知和社会方面有种种局限的少年来说，是一个很大的挑战，因为人们对事物的发展过程和事物之间关系的知识是低调陈述理解的一个重要依据。如：

［8］ Abject employee to boss：“Chief，I'm truly sorry!”

Boss：“Oh，very well，Thornapple，you are *not unforgiven.*”

Employee，walking off：“You never know just how to interpret him...”

（Comic strip “TheBorn Loser”，New Haven Register，21 Feb. 1990）

显然，老板使用双重否定并没有完全缓和雇员的不安全感（the not unforgiven employee's insecurity is not entirely eased）。理解上例低调陈述，

无论是在心理耗力、注意力以及处理时间上都要比非标记形式消耗多一些。

4.4.2 低调陈述的语义特征

低调陈述的语义特征表现在矛盾性、临时性、礼貌性和模糊性四个方面。

（1）矛盾性

矛盾性指的是句子的字面意义在逻辑上或与语境的矛盾性。低调陈述语义的矛盾性是一种表面现象，它实际上是低调陈述的标志和信号，低调陈述意义是基本语义与语境作用的结果。如用“He *did not play badly*”形容网球冠军的比赛，显然与语境不符；或被媒体誉为“伟大的沟通者”，也是美国人心目中伟大总统之一的罗纳德·里根的 1989 年告别演说“Farewell Address to the Nation”中有：“We made a difference. We made the city stronger，we made the city freer，and we left her in good hands. All in all，*not bad*，*not bad* at all.”这种字面意义与语境发生矛盾，成了低调陈述修辞现象的信号。再如用“He *did not go hungry*”来谈论中间商所得好处，把两个本来属于不同类属的概念通过某种句法手段并置等同起来构成一种逻辑语义上的冲突，又称范畴错置。低调陈述的理解正是透过这一表面的矛盾性而发现其隐含意义。钱锺书（1979：74）先生说：“夸张以不可能为能”，而低调陈述以能为不可能，理无二致。

（2）临时性

低调陈述意义的临时性指的是低调陈述意义的创造性和变化特征。新低调陈述的意义原来不是焦点词词义的一部分，低调陈述是低于词的所指的正常限制的异常情况，是上下文与词项字面意义（literal meaning）相互作用的结果。说话方一方面为了使听话方能接受自己的话语而有意运用低调陈述表达，如：1983 年上映并勇夺当年戛纳电影节评委会大奖的“Monty Pythons The Meaning Of Life”（《人生七部曲》）中，当晚宴的客人拜访残酷死神后说：“Well，*that's cast rather a gloom over the evening*，hasn't it?”（夜晚笼罩着一片愁云惨雾/蒙上了一层阴影）（Shooter 2008）；另一方面说话者也站在听话者的立场上，从对方有可能认可的角度用低调陈述表达，比如“Even though I wanted to say，‘Go get it yourself.’I knew it was my job *to be quiet* and do in a nice way what ever I was told”，根据语境，可以看出“to be quiet”低调表达的是“to be tolerant”的语义，这种纤秾得当、高妙纯净的修辞策略表明低调陈述主要体现在言语交际时的临时性表达上。低调陈述是会话中交际双方为了达到理想的交际效果和个人的目的而采用的一种会话策略，是以听话方为主的一种语言表达。由于其表达得体使受话人在心理上达到愉悦的情感，因此具有很强的可接受性（或乐于接受）和可认同性。在不同的言语场合，根据交际双方的需要，低调陈述的方式也就多种多样，灵活多变。

（3）礼貌性

Dr. Yuan Yi（2000）指出大约一半以上的批评和建议是采用维护面子的策略（face - saving devices），低调陈述是其中的一种常用方法。当发话人的批评或抱怨威胁到受话人的积极面子时，发话人可以借助低调陈述降低威胁力。如下例“You made *a kind of* a mess of it，didn't you?”（Teppo Varttalo 2001：34）“a kind of”是积极礼貌的标志词，减少了对受话人积极礼貌威胁的力度，同时也保护了发话人积极礼貌的面子。这种低调陈述功能是寻求与受话者之间的合作与一致。正如 Lakoff（1973）指出的，低调陈述是旨在减少人类交际中潜在的交际冲突和对抗，从而使人际交往更便捷的人际关系系统的一部分。Teppo Varttalo（2001）把这类低调陈述在科技文献中的频繁使用深究为是出于礼貌。不顾及礼貌不仅会造成作者和读者之间威胁面子的冲突，还与作者在学术界所建立的信誉息息相关。礼貌的意义就是使学术界保持谦谦君子式的和谐气氛，而低调陈述就是遵循了这种礼貌原则。科技作者们把低调陈述看作一种对自我确信的限制和尊重其他研究者观点的准则。

（4）模糊性

Teppo Varttalo（2001：131）指出，一些表不定程度的模糊副词如“quite，fairly，somewhat，slightly”和一些表近似的模糊副词如“almost，nearly”等能够降低评价的语气，淡化否定的口吻。例如：“In a more mature industry，growth will almost certainly come from refined products in more diversified lines.”（ECO2，E，“Big Plants，Little Variety”，Paragraph 4 [Conclusion]）在科技文献中，科学工作者常用这些副词来描写试验的结果以避免结论绝对，增加语义模糊性。用 Teppo Varttalo 的话就是“safely vague about the putative limitations of their research”。根据 Salager – Meyer（1994）的观点，学术界摒弃自负傲慢的品性，相反谦恭谨慎被视为美德。他主张作推断时应当淡化语气，而不应直截了当。他声称，人们使用低调陈述有意识地使语言模棱两可，从而使读者乐于接受，既增加了认同的机会，又减少了否定的危险。

4.5　模糊修辞

模糊性是人类思维的本质特征之一，作为人类“思维的直接现实”的语言就不可避免地带有模糊性的特点。模糊作为科学概念和系统理论是由美国加利福尼亚大学的控制论、计算机专家，模糊数学的创始人札德（Zadeh 1996）教授首先提出来的。札德说：“在自然语言中，句子的绝大部分是模糊集的名称，而不是非模糊集的名称。”他认为语言的模糊性是自然语言的一大本质特征。他主张正视事物中客观存在的模糊性，用符合模糊性特点的数学方法去认识和处理模糊性问题。札德模糊理论加深了人们对语言的认识，并在认知层面上揭示了语言的本质特征，丰富了人类对语言实质的认识。语言学渗入“模糊思维”，这是一个崭新的命题，因为人们以往认为语言学只能和明晰的、确定的、精确的、必然的东西相连，而与模糊的、不定的、近似的、偶然的东西无缘。恩格斯在《反杜林论》（1999）中指出，人类思维的本性是至上的，其实这种本性不是别的，就是模糊化思维所体现的人脑智能的“活性”。“活性”，即灵活性、可塑性、适应性、可靠性。“模糊思维”又具有同态模型的“韧性”。把模糊性看作人脑智能的“活性”的基本特征，是完全符合思维科学的事实和认识论的辩证法的。人脑的思维活动不是单纯的、机械的物理过程，而是整个神经网络系统的整体效应，是一种复杂的生理和心理活动的过程。

4.5.1　低调陈述模糊修辞的本质特征

低调陈述的广泛使用不仅具有典型的文化心理特征——中华民族的严谨内敛和英国人趋向于遏制情感的宣泄（reduced expressiveness），还具有模糊性。低调陈述话语客体的模糊性和主体的模糊性决定了低调陈述修辞的模糊性特点。

低调陈述话语离不开客体——现实生活。虽然我们在日常生活中追求的是明晰、精确，避免模糊不清，但是实际上时时、事事、处处都要求精确既不可能，也没必要。恩格斯（1971）说："绝对分明和固定不变的界限是和进化论不相容的……'非此即彼'是愈来愈不够了……除了'非此即彼'，又在适当的地方承认'亦此亦彼'……"世界上的万事万物是有模糊和明晰之分的，与明晰相对应的模糊主要是指相互联系、互为中介的事物或现象、概念在过渡区域所呈现出来的客观状态，也就是人们认识中关于对象类属边界和性态的不确定性，即事物之间有区别、不绝对清晰、"亦此亦彼"的属性。人类生活中不可能没有模糊概念，也不可能处处用精确概念代替模糊概念，如果那样的话，人的思维，人与人的思想交流将会无比贫乏。生活作为思维的内容它的模糊性促使人们必须用模糊思维考虑问题，从而更有利于把握生活、理解生活、表现生活。低调陈述话语也离不开主体——人的心理。人类心灵的感受和体验是十分朦胧而模糊的，它只可意会，不可言传。我国早在《易·系辞》中就有"书不尽言，言不尽意"的话。人脑具有模糊控制和模糊识别能力，人凭模糊的直觉可以稳当地握住任何一种不太重的东西，机械手靠精确数据做到这一点反倒十分困难。关于人的辨认能力具有模糊性质的问题，控制论的创始人维纳（2007）在谈到人胜过任何最完善的机器时说：人具有"运用界限不明确的概念的能力"。就人脑的思维活动而言，既有精确思维又有模糊思维，思索具有模糊性的问题就要运用模糊逻辑，运用模糊思维方式才能使问题明晰。模糊性思维是一种不易被人们察觉的潜在的思维形式，是对那些没有"绝对分明"界限的事物所作的整体抽象，它是人脑思维的基本特征，是人脑天生的物质属性。就模糊思维的对象来说，它是关于模糊事物的理性认识，它是通过有关对象的模糊信息用模糊的方式进行加工来揭露事物的本质。越是复杂多变的事物，模糊思维发挥作用的可能性越大。就模糊思维的逻辑基础来说，它建立在模糊逻辑的基础之上，使用模糊概念、模糊判断和模糊推理进行思维；就模糊思维的手段来说，精确思维可以作精确的量化，模糊思维虽然不能作精确的量化，但它也有其量的特性，有形式结构和逻辑顺序，用近似、模糊的方法在一定程度上加以形式化、数量化处理，并用物质手段加以模拟。人脑正是基于对客观事物的模糊思维进行分析，才由一种理性思维形式到达另一种理性思维形式——精确思维。而这一点正是人脑与电脑的根本区别所在：电脑的“思维”运作是一个机械的线性过程，而人脑思维的运作是一个能动的并行过程；电脑的智能建立在数据处理的基础上，依赖的是一种精确的符号系统，而人脑的信息系统本质上不是数学的，而是统计的，信息的意义由信息的统计性质来传输。

由于低调陈述话语客体的模糊性和主体的模糊性使得低调陈述修辞具有模糊性特点，低调陈述就是人脑运用模糊思维借助具有模糊性的自然语言所实现的对客观事物的间接反映。它具有两个层面：其一，低调陈述是一种运用概念的内涵与外延难以确定的模糊词语表达某种不便或不能明确表达的意思的模糊修辞，即低调陈述是选择具有模糊性的自然语言，利用词语的模糊性来表达事物的修辞。例如：

［9］How can we continue to produce first - class engineers if the most prestigious universities are unable to offer *decent* salaries to attract the best professors?

这里“decent”是“high”的低调陈述。无论是“decent”还是“high”都是模糊限制词，表达的是模糊概念。概念是思维的细胞，模糊概念就是模糊思维的细胞，对于模糊概念，人脑是利用模糊集合借助模糊语言来把握的，这是模糊思维的一条重要原理。大学教授的薪水多少才能称为“体面”？它与“不体面”的差别带有“亦此亦彼”或“非此非彼”的特点，没有截然分明的界限，也就是说，两者之间存在一个“模糊区间”，无法一刀切。我们可用隶属度方法定量描述“decent”这个模糊语言的模糊语义，即用［0，1］中的实数值表示某些成分在某种程度上属于这个语义集合。我们假定人均月薪是6000元，那么，大学教授“体面”的薪水所表示的语义中心成分是确定的，即10000元至12000元，但是离中心成分远一些的边缘成分（如8000元或6000元）是否属于“体面”则是不确定的，即是模糊的。这种模糊语义隶属度往往要受各种条件（如时间、地点、对象等）变化的作用。也就是说，不同时代、不同地区，对于大学教授“体面”的薪水所要求的具体数目是不同的。发达地区如上海、北京、深圳大学教授“体面”薪水的数目就要明显高于不发达地区大学教授“体面”薪水的数目；同样，21世纪大学教授的

“体面”薪水要高于20世纪大学教授的“体面”薪水。

模糊语言与模糊思维有一种密不可分的关系，低调陈述话语理解需要用模糊思维调控，即模糊思维存在于低调陈述话语理解活动之中，整个过程是一个动态的流变过程，是一个由不定型逐渐趋于定型的过程，也是由模糊到清晰的过程。例如“*You are late for the last time*”。通常人们为实现言语行为，总要考虑交际对象的态度、性情等因素，并非总是用直来直去的言语，而是拐弯抹角地用些间接的言语。在这里，说话者用低调陈述委婉地辞退听话者。说话人没有直露其意，而他的真正意图跃然“语”上，其绝妙之处在于它所传递的言外之意似乎介于“陈述事实—警告—辞退”之间，全凭听话人运用模糊思维能力去推理、猜测。理解低调陈述话语是一种复杂的模糊的随机的偶然的，但又趋于明晰的确定的必然的心理现象。同听一句话，会有不同的理解，就如同欣赏同一篇文章，感受却不同一样。我们常说“一千个读者心目中，就有一千个哈姆雷特”。因此理解低调陈述话语需要用“亦此亦彼”的多值判断，而不能用“非此即彼”的二值判断。低调陈述往往是说话者用模糊语言创作，听话者用模糊思维理解。总之，低调陈述是模糊思维在自然语言中的具体体现，是使模糊思维和模糊概念物质化的手段。理解低调陈述话语的过程是一种十分复杂的心理活动，它实际上就是一个模糊思维过程，一个信息加工过程。

4.5.2 低调陈述模糊修辞的构成形式

低调陈述模糊修辞是对模糊语言的运用，模糊语言包括模糊词语和模糊结构两个方面。具有不确定外延的词语均为“模糊词语”。模糊词语在低调陈述言语中比比皆是。如果需要，可以强行给它们暂定出针对某一特定语境或需要的精确语义。

（1）模糊词语

a. 用模糊词语婉指精确词语。如“Didn't she swear she'd never again believe *anything* in trousers?”（“Betrayed Spring”）“anything”的语用是轻描淡写，说话者有意识地把自己不相信的对象模糊化。

用同属于一个集合的模糊程度小的词语婉指模糊程度大的词语。如“But in most cases there are men, usually with an *unhealthy* appetite for alcohol”。“unhealthy”和“bad”是同属于一个集合的模糊词，但显然“unhealthy”的模糊程度比“bad”要小得多。说话者用“unhealthy”指“bad”，达到了低调、淡化的目的。

b. 用精确词语婉指模糊词语。辩证唯物主义告诉我们，对立面的矛盾双方总是互为依存、彼此渗透的，并在一定条件下相互转化。语言中模糊性和精确性之间的关系亦是如此。模糊语言只要具备条件便可以表示精确的含义。反之，精确语言在一定条件下反映的却是模糊概念。语义精确向模糊转化的现象主要表现在数词上，即有的清晰概念蕴含着某些不言自明的细枝末节，以精确形式传递模糊意义。像这样的模糊现象我们称为模糊蕴含。如“This was the *last straw*”，说话者是在用精确数字“last straw”含蓄传递“忍受”和“不能忍受”之间临界点的模糊量，低调表达“I can't put up with it any longer”的语义。这种低调表达要比直白生动得多。

c. 用一个精确词语婉指另一个精确词语，即比喻关系。著名语言学家 Friedrich（2015）说：“语言就其本性和本质而言，是隐喻式的；它不能直接描述事物，而是求助于间接的描述方式，求助于含混而多歧义的词语。”如“I met my *waterloo* in the exam”，说话者用精确词语“waterloo”暗喻“考试一塌糊涂，失败了”的语义。

d. 运用模糊限制词。模糊限制词主要是对话语的程度、范围、语气等方面起限制和调节作用。如“For a time，I was a *pretty* lonely，friendless and sometimes frightened kid”，模糊限制词“pretty”低调表达了“very”语义，改变了模糊语义的隶属度（量的改变），也使被限制词“lonely”的精确语义模糊化（质的改变）。

（2）模糊结构

a. 委婉否定。语言总是处在不断运动之中的。句子的意义有时向其反面转化。例如：英语中的“too…to…”或“more…than…”结构就是委婉否定。“My wife's dad grumbled that it was typical of my selfish generation to think *more* about our commuting time *than* a significant archeological site.”当人们在表达态度、提出看法时，用反话正说的低调陈述比较结构“more…than…”，避免了明确的否定，使语气显得灵活和留有余地。

b. 虚拟语气。“I wish the whole thing *had never happened. If I had been* alert to his feelings about the matter, *I could have prevented* the whole unfortunate incident…”虚拟语气也包含模糊语义，说话者用虚拟语气含蓄地表达遗憾之情、懊丧之意。

c. 双重否定。“*Hardly* a meeting or conference takes place today *without* some talk about the challenge of change.”字面上，双重否定表示强烈的肯定语义。说话人不直接用肯定形式，从而产生言外之意，这也是一种典型的模糊结构。

d. 直接缓和语。有些时候说话者适当使用缓和型模糊限制语，如“I'm afraid”“I fear”，能使自己的话语显得委婉不锋芒，减少与他人的冲突，这种谦逊的会话准则促使交谈顺利进行，又能使谈话者的话语更具客观性。Brown and Levinson（1987）认为，说话人在表达可能构成对听者威胁或粗鲁的观点时，有礼貌的一种方法就是含糊其词（…one way for speakers to be polite when expressing a point which might be constructed as threatening or rude to the hearer, is to be vague）。如“*I'm afraid*, you do not see my point”，话语结构中加上缓和型模糊限制语，使原来话语的肯定语气趋向缓和。

Skelton（1988：37）指出英语中有很多表达方法可以闪烁其词，规避风险（there are a very large number of ways in which one can hedge in English），低调陈述就是表示模糊语义的其中一种方式。一方面，低调陈述是利用语言的模糊性来提高语言的表达效果的艺术，低调陈述模糊修辞在交际中可以起着“润滑剂”的作用，可以帮助人们避免正面冲突，如果用于批评人、挖苦人，它可以起到一种绵里藏针的效果；另一方面，由于低调陈述是运用模糊思维和模糊语言的修辞，对交际者而言，具备对低调陈述模糊语言的模糊思维、推理、判断能力是十分必要的，模糊思维是言语交际成功的前提。

4.5.3 低调陈述模糊修辞的特点

低调陈述表达是一种运用得较普遍的言语现象，中外学者对低调陈述表达进行过广泛的探讨，认为低调陈述这种特殊的言语表达手段，一般具有表达内容的礼貌性、表达形式的含蓄性、表达语义的不确定性等特点。低调陈述是运用模糊语言外延不确定来进行表达的一种模糊修辞，它具有简约性、模糊性、灵活性和和谐性四个方面的修辞特色。

（1）简约性

Zadeh（1996a）说："描述的不确切性并非罪责，相反，它倒是一种赐福，使得用较少气力便能传送足够的信息。模糊地描述还有利于记忆，也就是说，不确切性有利于提高效率。"

[10] Some priests, nuns and researchers spend a great deal of time shepherding or observing shopping – bag ladies and are doing what they can to better the life of the lady hermits who are *down*.

说话者巧妙地使用模糊词语"down"来描述流浪女士们的窘困状况，从而突破社会约定俗成的种种限制，既达到自身话语的语用淡化目的，又使表达简洁精粹，富有弹性，做到了用较少的语言代码来传递较多的信息。

[11] 宋恩子：我出个不很高明的主意：干脆来个包月，每月一号，按阳历算，你把*那点*……

吴祥子：那点意思。

宋恩子：对，那点意思送到，你省事，我们也省事！

王利发：那点意思得多少呢？

吴祥子：多年的交情，你看着办！你聪明，还能把*那点意思闹成不好意思*吗？（老舍：《茶馆》）

宋吴两人避开了精确的然而却是烦琐的表达方式，用简约的模糊语"那点意思"和"不好意思"这种低调陈述，无耻地对王利发进行敲诈勒索，使表达简洁概括，既有鲜明的观点，同时又给受话人留下一个活动的空间。包月数目究竟为多少，说话人没有也不可能给出一个具体的标准，从而把给多少的主动权交给受话人。受话人则运用模糊思维，发挥主观能动作用，根据说话人的意图，结合实际，对说话人的语言加以补充、完善，从而提升语言运用的效果。

（2）模糊性

波兰语言学家沙夫（Schaff 1979）说："交际需要词语的模糊性，这听起来很奇怪。但是假如我们通过约定的方法完全消除了语词的模糊性，那么，正如前面已经说过的，我们就会使我们的语言变得如此贫乏，就会使它的交际的和表达的作用受到如此大的限制，其结果就摧毁了语言的目的，人的交际就很难进行，因为我们用以互相交际的那种工具遭到了损害。”如：

［12］“But，*if I were you*，*I would stand* by the nephew. He has more to give.”（Jane Austan. Pride and Prejudice. 1999）

说话者为削弱话语刺激性，协调交际双方彼此冲突，有意识地使用语用模糊，这句话语对听话人可以表达两个或两个以上的言外之力：建议—警告—威胁……听话人很可能将其理解为一种“威胁”，而说话人事后仍可能说这只是出于友好的动机而提的一项建议，对听话人的行为造成的损失可以不承担任何责任。说话人采用此策略语言，对于自己，可避免对听话人的面子损伤，因说话人的言语行为比较模糊，使听话人有可能从另一个角度对之加以理解；对于听话人，既可躲避潜在的面子危险，又可以得到改过自新的机会。英国语言学家 Leech（1983：148）认为，语用模糊，即谈话话语的这种不确定性，使话语的言外之力不明确是带有动机的，是为了交际双方的共同利益。说话人让听话人对其话语的意图有两种或两种以上的解释的目的是让听话人为其承担由该话语引起的后果的一部分责任，使自己处于进退自如的主动地位。有时低调陈述模糊语言的运用为人们更加巧妙、更加便利地传递情感、思想，提供了广阔的天地。如：

［13］贾蓉看了说：“高明得很。还要请教先生，这病与性命终究有妨无妨?”先生笑道：“大爷是最高明的人：人病到这个地位，*非一朝一夕的征候了*；吃了这药，*也要看医缘了*……”（《红楼梦》第十回）

先生没有提供简洁的方式去说话，而是转弯抹角、咬文嚼字地说话，从而使贾蓉推断出先生是在用“非一朝一夕的征候了”“也要看医缘了”这些晦涩含糊的词语含蓄地表达“此病难好”的意思。

（3）灵活性

与精确思维比较，模糊思维具有不同特征，其中灵活性是它最大的特点，也是最大的优点。低调陈述是模糊思维在自然语言中的具体体现，人们经常借助低调陈述模糊思维的灵活性，在描述事物时不追求条分缕析地刻画事物，而着眼于事物的整体特性和主要方面，用近似的方式勾勒出事物的轮廓，估测事件的进程，作出近似的、有灵活性的结论。如“It is a case of *January and May*”（转引自：余富斌 2000），“January”所处的季节是"winter"，"winter"的特征是"snow"，"snow"的颜色是"white"，"white"用来指人是"white - haired man"；"May"代表"flower"，"flower"的典型特征是"beautiful"，"beautiful"则是"young lady"的外貌。中国文学历来崇尚可意会不可言传的境界，这"情趣之文"如换成"A white - haired man marries a beautiful young lady"，文学韵味就会丧失殆尽，变成索然寡味的简单陈述。这里借助隐喻式的低调陈述，意蕴比直言更深，情味更浓，更能启发读者的联想。正如《孟子·尽心章下》里所说："言近而指远者，善言也"。由于低调陈述模糊语言中心区域清晰而边缘没有泾渭分明的界限，与相邻概念的义域部分重叠，伸缩幅度大，故借助低调陈述模糊语言义域部分重叠的特点，能增强语言表达的灵活性，把话说得委婉含蓄。

［14］直到咽气的前几天，才肯对长富说，她早就象她母亲一样，不时的*吐红*和流夜汗。(《鲁迅全集》第二卷)

"红"本身是模糊词语，作者用"红"暗指"血"，就是借助模糊语言"红"和"血"义域部分重叠的特点，来灵活地表情达意。就语言所表达的客观所指而言，作者是模糊了红和血两种迥然不同事物的界限。在这里，作者用模糊语言并不是故意把话说得晦涩难懂，正好相反，作者依照特殊的语言环境采用的灵活对策，把自己要表达的内容准确无误地表达了出来。

(4) 和谐性

低调陈述借用模糊语言的不确定性，来表达某种不便明确表达的意思，使语言交际显得更加委婉，维系了人类精神生活的和谐。正如William Payne Alston（1964）所说："在某些语境中……我们使用一个在某一方面具有含糊性的词项要比使用缺乏这种含糊性的词项更为有利。"人们在言语交际中为了调节人际关系，创造和谐气氛，大量运用低调陈述模糊修辞来创造一种和谐美，使语言显得文明、礼貌、有分寸。如下例：

［15］TV reporter：Would you mind telling me frankly what you think of our programs?

One of the audience：Well，some are interesting，some *could be better*，and some are almost *sort of* rubbish.

观众用模糊语"could be better"和"sort of"减轻了"断言"的程

度，柔和的批评潜藏着直言不讳。表达不卑不亢，十分得体，表示了对对方的尊敬，使对方容易接受，这也是言语交际中常见的创造和谐的手法。在人们的交往中，会有许多情况，比如在表达某些敏感性的内容时，要求不能直截了当，而必须含糊地运用模糊语言。如下例：

［16］（对四凤）：孩子，你可放明白点，你妈妈疼你，只在嘴上，我可是把*什么要紧的事*都放在心上。（曹禺《雷雨》，转引自：杨春霖、刘帆 1995）

“什么要紧的事”指的是四凤与大少爷之间的暧昧关系，这里说话者选择的不是清晰的语言，而是带有体味、意会、妙悟性质的低调陈述模糊话语。这种说到而不点破、含而不露的委婉含蓄表达，既保持了气氛的友好和谐，又达到警告对方的目的：希望你好自为之。

模糊语言学是一门新兴的朝气蓬勃的语言科学，它的出现不仅极大地拓展了语言学的研究领域，而且在修辞界产生了强烈的冲击波。伍铁平（1999：346）说：“在修辞中模糊能起到精确所起不到的作用。”王希杰（2009）也说：“从修辞的角度来研究模糊语言和模糊言语，是摆在我们面前的一个十分重要、十分迫切的任务。这一研究所获得的成果，将会形成修辞学的一个新的分支学科。”

第五章

语用现象

莱布尼兹（1999：39）指出，定义某一事物有两种方法。一种叫名词性定义（nominal definition），另一种叫真实性定义（real definition）。前者可以帮助我们辨认某一事物，而后者告诉我们该事物是如何产生的。传统修辞学对低调陈述的定义是名词性的。由于传统修辞学只关心低调陈述的辨认，因而也就只能停留在对此进行分类的层次上。当修辞学试图发现低调陈述的产生机制时，它已经超越了词的层次，进入了话语的层次。有关低调陈述句的理论就成了低调陈述意义产生的理论。

Saussure（索绪尔 1959）区分语言和言语，把语言作为一个纯一的系统。而只有考察言语和语言的冲突，我们才能发现语言的创造性。我们知道，低调陈述涉及意义变化，只有在言语中，在语言的具体实现过程中，低调陈述的意义变化才可能出现。当低调陈述不再新鲜时，它就进入标准用法，成为固定词语。这样，开始的多义相当于语言，活的低调陈述相当于言语，而成为日常用法的低调陈述则代表言语向语言回归，其后的多义又相当于语言。也就是说，语言和言语之间形成了一种循环。传统的修辞学理论最大的缺陷就是忽视了低调陈述从根本上讲是一种思想之间的交流（intercourse），是语境之间的互相作用（transaction）。Salvatore（2001）认为，正是因为过去人们过于关注修辞分类，使得像低调陈述这样的修辞被排除在语境和说话者意图之外。Lakoff（1973）研究的低调陈述主要限于语义范畴，而 Robin（1990）的研究已进入语用领域。Herbert and Jennifer（2000）曾把低调陈述和反语一起归入语用的范畴。Kreue（2000）在探讨反语修辞时，也认为辨认诸如反语和低调陈述这类修辞，首先要寻找说话者的意图。

5.1 低调陈述的语用修辞

低调陈述是一种语用修辞（pragmatic figure），是涉及说话者和听话者的修辞（speaker – hearer related figure）。低调陈述话语处理常常依赖语境知识的支持，这种语境知识一般是参与交际的双方或多方所共有的。语境认知是修辞交际过程中，修辞主体对言语环境中影响话语组织建构和话语理解的各种因素的信息感知、知觉、分析、认识以及判断。其认知的范围应该是与修辞交际密切相关的各种因素。大的方面包括文化背景、社会政治、民族心理等，小的方面包括交际对象的角色、动机、情绪、态度、性格、气质、经历，以及交际双方或多方的角色关系和言语交际的微观场合等。选择、调取、综合、处理这些知识是低调陈述话语处理中不可或缺的认知过程。

低调陈述信息模糊的成因很多，有语言之内的，如笼统、否定、模糊等；有语言之外的，如语境、预设、礼貌原则等。但其共同特点是：淡化信息单一性、明确性，强化多向性。结果拓宽了信息的不确定空间，增大了信息处理难度，但相应丰富了表达手段与效果。当然这种效果是双刃剑，有其积极一面，如礼貌、简约等；也有其消极一面，如误导、信息量不足等。这就需要听话人根据认知语境、推理过程从低调陈述模糊信息的话语本身提取或扩充自己对此信息的假设图式，即对话语作出某种可能性的解释，然后从构成这些认知语境的一系列假设中去进行恰当的筛选，最终得出正确的结论。例如：

［1］ He *doesn't play badly.*

信息在语境中不是孤立、静止的，而是与其他隐性相关信息处于动态关联的“信息场”之中。这句正话反说的低调陈述，如没有认知语境的干预，会造成多义或歧解，既可理解为球打得“一般”，也可理解为球打得“非常好”（貌似贬抑，实则肯定）。这两种理解在缺乏足够语境情况下均可成立。如何使受话人在语境帮助下排除前一种可能，把这种不确定性，不封闭性的否定话语理解为低调陈述，从而使交流成功，这需要建立在相呼相应、认知模式相契合的基础上：受话人需激活信息场中最邻近的信息元，把否定形式变换为肯定形式，降低模糊度，使信息明朗化。

［2］I *suspect* that John is *sort of* in love.

Teppo Varttalo（2001）认为像上面的句子，如没有语境的介入，很难判断究竟是低调陈述，还是一种对事实的真实陈述。Hübler（1984：10）指出在语言的使用中，所有话语都有对立的可能（there are oppositions to all sentences），运用低调陈述为潜在的对立提供了缓冲这一过渡机会，是减缓对对方否定可能性的一种语用手段。低调陈述出现的最小单位可以是一个词。当然孤立的词严格意义上讲不能称为低调陈述，只有在具体的语境中才能判断一个词是否用作低调陈述。如观赏绝妙景色时，内向性格的英国人会这样表示他的好感："*nice*！"在这一特定场合，这个词是个低调陈述，说话者以弱说代替强说，轻描淡写，含蓄内敛。与反语相同，低调陈述可以是字词式低调陈述，也可以是情景式低调陈述。也就是说，低调陈述还是一种在更广阔语境出现的一种话语现象。如"He *did not go hungry*"（转引自：范家材 1992），孤立地看，这个句子既不是低调陈述，也不是非低调陈述。因为我们不知道话题是什么。但是，如果这句话是用来谈论中间人在一笔上亿元的交易金额中所得的好处，即话题是关于中间人从中赚了多少，那么它只能作为低调陈述来理解。说话人从较为具体、易于理解的源域映射到难以启齿、不宜直说的目标域，目的是激活听话人对与吃有关的各种心理体验，重建他们的认知兴趣中心，激发他们的语言创造能力，从而使他们创造性地去接收信息，即通过对一般特征的回忆，来过滤和重新构建听话人对另一个语义系统的知觉和范畴化。说话者采取委婉平和的低调表达方式，幽默而不堕入恶趣，朴实而不接近枯燥。同时也反映了说话者看待事物和体验生活的感触。因此充分的语境知觉与对语境信息的合理加工、处理，构筑了低调陈述话语建构的适切和话语交际效果提高的基础。语言语用学的工具丰富了低调陈述修辞话语认知所需的语言感性和理性知识，有助于低调陈述修辞话语整体认知分析模型的建立。

5.2 会话含义特例

低调陈述语用研究可以划分为三个层次：①语用学的低调陈述理论

研究层面；②低调陈述修辞语言使用的可能性和有效性条件；③低调陈述修辞话语管理和调节意识。运用于日常生活、社会交际（包括一些特殊的社会交际活动，如政治、经济、军事、外交等）中的低调陈述，大都具有“平和动听”的作用，目的是使对方易于接受，借以达到避免刺激，缓和气氛，掩饰窘态，表示谦虚，讲究礼节的目的。在文艺作品中，人们常常借用低调陈述描写人物和事物，追求“含蓄、曲折、富有情味”的艺术效果。

5.2.1 低调陈述是会话含义特例

会话含义理论是 Grice（格莱斯 1975：45—48）语用理论的核心内容，也是语用学发展的一个新里程碑。由于 Grice 的会话含义理论的合作原则（Cooperative Principle，CP）及其四准则（量准则：不多说、不少说；质准则：说真话；关系准则：有关联；方式准则：要清楚明白）有着深刻的哲学内涵以及较强的涵盖力和说服力，因而在语用学界产生了广泛的影响。Grice（1975：312）认为低调陈述是会话含义的一种特例。他明确指出，夸张法和低调陈述是从两个不同的方向违反同一条准则，夸张法把话说得比真实情况过头，可谓言之过甚，甚至达到荒谬的程度。低调陈述则相反，把话说得不足一些，“言之不足”从另一个方面违反了“说真话”这条质准则。

[3] *Things might have been different if I had talked a bit more.*（如果当时我再多说一点的话，结果或许会不一样。）

根据上行反事实思维（也称上行假设），对于过去已发生的事件，想象如果满足某种条件，就有可能出现比真实结果更好的结果。说话人违反质准则借助虚拟语气委婉表达否定语义和遗憾心情。

[4] “Happiness is the process, not the place,” he said via email. “So many of us think that when we get everything just right, and obtain certain goals and circumstances, everything will be in place and we will be happy...But once we get everything in place, we still need new goals and activities. *The Princess could not just stop when she got the Prince.*”（“快乐在于行程，不在某个地点，”他在电子邮件里说。“我们许多人认为，只要我们把什么都做好，达到某种目

标和境地，生活里的一切各就各位，我们就快乐了……但是，一旦我们真的完成了一切，我们仍然需要新的目标和活动。公主得到王子后并不会停止努力。”)

说话者选用弱化语义的情态动词过去式，表面上最后一句话语似乎很突兀，违反了关联准则，但通过上下文语境，读者很容易领悟到作者是通过打比方含蓄强调快乐的生活需要永无止境的追求。再如：

[5] She claimed the unemployment figures were *not* entirely *unexpected*. (她声称失业率并非完全出乎意料。)

有标记的双重否定表达式显然违反方式准则——“简练”。

[6] I should apply for the post *if I were you*, I think you stand a good chancc. (如果我是你的话，我一定去申请这个职位，我认为你大有希望。)

说话者违反数量准则——只提供实现交际目的所需的最少的语言信息——选用虚拟条件状语从句，在委婉平和规劝对方的同时，传递出一种具有感染力的情感意义，确实善解人意，婉转动听。

Alba（1995）认为低调陈述如同反语是礼貌理论框架中的隐性策略（Off Record Strategies），是通过违反关联、数量、质量和方式准则的非正式策略来实现的（the conveyance of understatement by off – record strategies violating maxims of relevance, quantity, quality, and manner）。Grice（1981：5）认为无论是低调陈述还是夸张以及隐喻都是故意违反真理准则（deliberate violations of the maxim of truthfulness），比如“He was *a little intoxicated*”低调表达“He was very drunk”语义；“The road is so hot you could fry an egg on it”夸张表达“The road is very hot”；“You're the cream in my coffee”暗示关联比较。以上三句都表现出与事实不相吻合。

5.2.2　低调陈述会话含义的特征

低调陈述含义具有可推导性、可取消性、不确定性、不可分离性、非规约性五类特征，其中后四种以可推导性这一特点为根本前提。

（1）可推导性

低调陈述所表达的含义是违反合作原则下四个准则之中的一个或多个准则、由听话人经过语用推理而得出的结果，这种推理有别于纯粹由句子的逻辑内容或语义内容产生的推理，他要求说话人和听话人具备两方面的知识：合作原则及其准则以及语境。也就是说，低调陈述的句义是经由语用推理来把握的，低调陈述的语用推理过程是在一定的认知语境影响下、围绕合作原则所涉及的会话准则、进行信息加工的有序过程（关于这一点已在上文的例子中得到阐释）。

（2）可取消性

低调陈述含义可以取消，因为低调陈述的推理是一种非论证性推理，它与纯粹的形式推理——论证性推理不同。非论证性推理得出结论的有效性是没有保障的，它的推理过程是按一定的思维规律集语言和非语言知识于一体的过程，是日常生活中人们所作的比较随意的推理。如果我们在原来句子的基础上添加一些话语，或者附加了某些前提，从而改变了语境，则句子原来具有的低调淡化语义就可能消失。如：

[7]“*You are late for the last time*。”（C. Chaplin）

说话人用违反方式准则委婉地表达“你被解雇”的语义，但如果说话人加上这么一句：“you promise，don't you?”那么原来的低调含义便马上消失了，变成了“保证下次再也不迟到”的低调语义。

（3）不确定性

低调陈述所表达的语言含义具有不确定性。因为听话人认知结构不同，同一语言信息未必能推导出相同的结果，它往往随语境的变化而变化。如“After that terrible accident，the taximan resolved never to *touch* a drop of alcohol again”，这句话的语境确定了“touch”的语义是“drink”，如果换成下面一句话“Her husband's rage doesn't *touch* her any more”，语境的改变，“touch”的语义也发生了变化，变成了“affect”的语义。

（4）不可分离性

低调陈述含义的第四个特点是不可分离性。低调陈述含义是利用合作原则的各项准则，让对方根据话语的语义内容推导出来的。因此它依附于话语的内容，而不依附于话语形式。我们不可能通过同义互换将依附于话语内容的语用含义从话语中分离出来。低调陈述在特定的语境中产生的淡化模糊含义，无论使用什么样的同一结构，含义始终存在。也就是说一句话所具有的含义是以这句话的整个语义内容为基础的。如：

[8] Retired marine Colonel John V. Brennan contracted with the secretive

arms dealer to sell Iraq $181 million worth of uniforms. According to a lawsuit filed last March, former Vice President Spiro Agnew served as an "intermediary" between the two. How much money did Agnew make in the deal? Soghnanlian, the dealer, says, "He *did not go hungry.*"

为避免直接回答，经销商（dealer）用闪避的方式低调回答，具有讽刺含义：在这笔交易中中间人 Agnew 赚钱不菲。只要说话人和听话人共有的知识不变，也就是说在同样的语境中，我们还可以用其他同义说法来表达同样的含义，如："He did not suffer losses"，"He was not at a disadvantage"，"He was not in an unfavorable situation" 等。

（5）非规约性

最后，低调陈述所表达的语言含义具有非规约性（关于这一点已在低调陈述语义特征中的可取消性、不可分离性里得到印证）。低调陈述是通过合作原则中各项准则，通过话语的字面意义，结合语境推导出来的。也就是说，先有字面意义，才有低调含义。字面意义在话语中是不变的，而低调含义却可能各式各样，随着语境的变化也可以变化或消失。

5.3　低调陈述的语用内涵

5.3.1　指称蕴含

Saeed（1997）认为指称是一种意义蕴含。低调陈述指称修辞语用含义具有独特的内涵和指称内容，既能传达说话者在当时情景下的复杂心理，同时也能激起读者从个人经验到社会心理的层层联想和共鸣。

[9] 宋恩子：我出个不很高明的主意：干脆来个包月，每月一号，按阳历算，你把那点……

吴祥子：*那点意思*。

宋恩子：对，*那点意思*送到，你省事，我们也省事！

王利发：*那点意思*得多少呢？

吴祥子：多年的交情，你看着办！你聪明，还能把*那点意思*闹成*不好意思*吗？

低调陈述指称语用修辞"那点意思""不好意思"在对话中不仅显露

说话者无耻狡诈的性格，也折射出人物心理状态、信仰、态度，是人物间关系的相互矛盾和剧情冲突的映射。

5.3.2 话轮选择

话轮是日常会话的基本单位，是社会交往过程中交际者在任意时间内连续说的话。

[10] Black：So. Mr. Wang，you do agree that our price is satisfactory?

Mr. Wang：I hope we can agree on the price，but before we do，*we may have to travel across mountains and rivers.* Are you ready for that，Mr. Black?

王先生为使谈判继续下去，借隐喻式低调陈述，委婉地表示价格有商量的余地，目的是引出相应的衔接话轮，保证有支持性的后续话语。这种话轮的选择反映了商务谈判灵活机动随机应变的会话特性。

英国 BBC 记者汉弗莱·霍克斯利（Humphrey Hawksley）受伦敦经济运转情况中心的委托来到美国海滨城市西雅图，调查和了解在世界不同的地方发财致富究竟有多么容易或多么困难，以及人们是否还相信美国梦。下面是记者在一家慈善机构与一位正在用餐的落魄失意者之间的对话：

[11] "The American dream，" said one of the men，his eyes dartingly alive，his nose so skewed it must have been broken many times in different fights. "I guess you are talking about a home，wife，children and all that."（"美国梦，"其中一位男子说，他的眼睛炯炯有神，鼻子歪得厉害，一定是在数起斗殴中被打断过多次。"我猜你说的是家、妻子、孩子，以及诸如此类的东西吧。"）

"Do you have it?" I said. （"这些你有吗?"我说。）

"No. No，I don't. *I had my opportunities*，but I lost."（"没有，我没有。我曾经有过机会，但我失去了。"）

被采访者用"I had my opportunities"低调表达自己也曾有过家、妻子、孩子，这种掩饰性的回答淡化了如今失败的窘境。

5.3.3　话语角色

话语角色指交际主体发话者与听话者在语言交际中组成的不同关系。话语活动参与者对谈话内容所承担的义务和责任大小不同导致话语角色的转换。

［12］ Jane Eyre：I will not live as your mistress.

Rochester：*Is that all that's important to you，to be Mrs. Edward Rochester?*

Jane Eyre：*Can you really believe I think that?*

Rochester：*What am I supposed to believe?* You say you love me. *How can you think of leaving me then?*

话语角色是一对恋人，对话中双方均使用低调陈述修辞策略：一连串的修辞问句，在当时的语境条件下多维度、多层次地折射出：①爱情比形式上的夫妻关系更重要；②男女主人公之间的默契和共识——追求纯真的爱情；③双方勇于承担责任，对爱情的力量深信不疑。

5.3.4　话题转换

话题是社会交往中会话双方信息结构的主旨概念。对话双方在会话中一般会遵循合作原则和礼貌原则。

［13］ Lady：I want a dress that will knock everyone dead.

Sale girl：We have some lovely evening dresses over here for *insecure people.*

Lady：In secure people?

Sale girl：Oh，yes. Didn't you know that clothes are one of the main ways woman compensate for in security?

Lady：I'm *not insecure.*

出于礼貌，销售姑娘使用意味深长的低调陈述“insecure”淡化“不自信”语义，顾客女士敏感地意识到店员所指，运用双重否定使话锋突转，从衣服话题转移到谈论自己的个性，暗示了自己的观点：穿漂亮衣服与心理自信没有什么大的关系。两处低调陈述的选择体现了具体社会环境下的交际者的动态心理和信仰态度。

[14] "I find it beautiful," I said. "A man *can never have too many* ties."（"这条领带很漂亮，"我说道："男人的领带愈多愈好。"）

"And a woman *can't have too many hats*," she answered. （"女人的也是愈多愈好啊，"她答道。）

妻子巧妙地运用否定句型的变体，在转移话题的同时委婉表达自己的见解。

[15] A：Do you like these apricots?

B：I've *tasted better.*

说话者 B 变换语言结构，用比较句表达否定含义，这种含蓄礼貌的批评通常被认为是一种规约化的表达。

5.4 低调陈述语用化的规律

语用化和语法化共同构成语言的规约化，这是一种宏观视角。低调陈述语用化过程产生具有特定语用功能的预制语块——语用标记语（Pragmatic Markers，PM），这也是低调陈述的原型。低调陈述语用化的规律表现为内因与外因的对立统一、话语功能与文化理念的统一以及连续、逐渐的演变特征。

5.4.1 内因与外因的对立统一

在低调陈述语用化初始阶段，情况符合 Horn（1984）的 Q 原则和 R 原则，两股力量的矛盾使特定的语言结构形式产生低调会话含义，这种话面意义与语用意义分离对立的创新用法在反复使用中逐渐固化，原有的语义淡化，形成公式化的语用标记语，即记忆中存储的形式与功能对应的认知图式，语言的外因（认知、语用）与内因（句法、语义）逐渐同一，说话人的省力与受话人推理的费力之间的矛盾趋于缓和，说话人可以进行检索式解读从而节省处理努力。

5.4.2 话语功能与文化理念的统一

低调陈述语用化过程实际上是基本的交际和话语功能与特定的文化

理念统一的过程。Kate Fox（2004：66—67）认为低调陈述是冷面幽默，非常英国式的反语，英国人大量使用低调陈述是因为他们严格地禁止热切、夸张表达、情绪化和吹嘘，因此，他们描述“a debilitating and painful chronic”（身体虚弱、长期痛苦的疾病）为“a bit of a nuisance”（有一点麻烦）；“a truly horrific experience”（真正可怖的经历）为“well, not exactly what I would have chosen”（不完全是我会选择的）；“a sight of breaktaking beauty”（惊人的美景）为“quite pretty”（相当好）。反复或高频使用同一或类似表达式，从而在大脑中形成认知图式，进入语言共核便固化为预制语块形式的PM，即低调陈述的原型。

5.4.3　连续、逐渐的演变

“I'm afraid”最初的命题意义用以表示犹豫、不肯定语气，后来表达间接低调陈述自己观点，这是起始于利用不同的命题语义或用词表达同一交际意图的渐变过程。低调陈述语用化演变过程，具有把各个标记个例联接在一起、你中有我、我中有你的渐变性质，如：“I suppose”“I imagine”等与“I'm afraid”一样都可以用来表达“I think”语义，最终规约含义载体完全固化为预制语块“I'm afraid”。从清晰到模糊，从表层到里层，有一种不断演变的特性。

5.5　低调陈述语用标记语的特性

低调陈述预制语块以不断变化的句法、语义、认知特性和逐渐固化的语用功能循环地输入低调陈述语言的整体子系统，同时与低调陈述语言的分析子系统相互对照、补充和融合，使整个低调陈述语言系统不断得到充实和完善，因此，低调陈述语用标记语具有动态复杂特性。

5.5.1　可变—固定

从历时的角度，随机使用的某一语言经过语用推理产生特殊的低调含义，这种用法最初按句法、语义规则可以自由组合从而具有可变性，随着低调含义规约化的进展，可变性越小固定性越大，当低调含义最终变成规约意义的预制语块，可变性最小固定性最大。低调陈述结构类型：

1）曲言法，2）弱陈法，3）模糊限制词，4）情态动词，5）虚拟语气，6）比较级。从共时的角度，这六种低调陈述类型构成一种固定性由最大（曲言）到最小（比较级）、可变性由最小（曲言）到最大（比较级）的连续统：曲言法—弱陈法—模糊限制词—情态动词—虚拟语气—比较级。这一连续统的变化与低调陈述语用功能的不同类型及其信息量大小基本上是对应的：在可变性较大的一端，情态动词、虚拟语气和比较级是以表达情感态度、影响他人为人际交往目的，这样的预制语块除表达一定的信息意图（如建议做什么），还有一定的交际意图（如请求、抱怨等）。"You *might drive a bit slower*"，信息意图是请求，交际意图是责备；"I've *tasted better*"，交际意图是抱怨。使用时可以进行相应的填充和处理，表现出一定的可变性；在固定性较大的一端，曲言和弱陈的语用功能多为表达个人主观性看法，是组织语篇和表示逻辑关系的预制语块，可以说此类词组是语义化产生的新词。

5.5.2 整体—复合

低调陈述不仅是一种意义和句法结构的整体，也是语用功能的整体。从历时的角度，低调陈述语用化过程将预制语块（即 PM）固化为记忆中存储的整体功能代码，同时又程度不同地保留原先的或产生新创的句法、语义特性。比如"It's *not bad*"作为一个整体用来表示对事情或事物的看法，作为复合体也有可分析的句法结构（S + V）和指称（It）加谓项（is not bad）的命题内容。这种复合性使该原型句可使用肯定形式，但不改变该句的语用功能（对事情的评议和表态）和规约意义（对事情或事物的高度褒扬）。曲言借助反语（正话反说）的整体性表述决定了其语用功能，复合性的特点又使局部可发生变化。正如建筑空间不等于简单的材料之和，它是一个完形整体，同样，任何语言心理现象也是完形，我们只能把它当作一个整体和完形来研究。亚里士多德（2003）说："整体不等于各个孤立部分的总和"，作为整体的低调陈述曲言在语用功能上控制并在语义上依赖作为其构成成分的词语组合，体现的是系统辩证论中整体不等于部分之和的关系，两者既对立又统一。就如同如果我们把古诗"枯藤老树昏鸦，小桥流水人家。古道西风瘦马，夕阳西下……断肠人在天涯"中的枯藤、老树、昏鸦、小桥、瘦马等分离开来，也就无法产生哀愁寂寞、宇宙荒寒、惆怅无边的意境。

5.5.3　简单—特异

简单性和特异性是低调陈述语用化过程对于具有语用含义的结构形式进行筛选、淘汰和变异的结果。比如正话反说的曲言以其结构的简单满足了使用者处理省力的要求，并且还具有相当的关联性和使用效用。但同时这种曲言预制语块又区别于普通结构形式、具有与特定低调语用功能对应的形式标记，这种特异性与 Filmore（1982）的句式语法强调语言形式与语用功能具有规约联系的假设是异曲同工、殊途同归。比较：Not bad.（＝outstandingly brilliant）（Kate Fox 2004：181）Just so so. 两句话都是表示对事物的看法，前者以特异的正话反说形式与后者的普通结构相互区别，隐含着对事物的高度褒扬，这种具有特定语用功能的形式标记的曲言反映了低调陈述预制语块形式的简单常受到特异性的制衡，从而保持必要性的区别特征，即特异性。

5.6　低调陈述预制语块的语用功能

以理论和实用角度为出发点，我们将低调陈述 PM（语用化标记语）的语用功能概括为以下 5 项独立的语用功能。

第一，人际交往。如用陈述句“*It's a good idea to finish a job*”含蓄请求对方帮忙；用“*a bit of a nuisance*”（有一点麻烦拒绝）委婉拒绝；用“*Well, I expect we'll manage somehow*”（我希望我们用某种方式可以做到）轻描淡写表示同意“Yes, certainly, not”（是的，当然，没问题）。

第二，情感与态度。如用“*well, not exactly what I would have chosen*”（不完全是我会选择的）表达“a truly horrific experience”（真正可怖的经历）以掩饰自己的震惊；用“*You might drive a bit slower*”压低声音地抱怨对方开车太快；用“*not bad*”（不错）描述“an outstanding performance or achievement”（出色的表演或成就），淡化说话者由衷的称赞。

第三，语篇功能。（1）对话语表态。如“This is *no small problem*”通过否定其反面来表达肯定的意思。

（2）组织和连贯话语。“*I don't think* you have to be ruthless to get ahead in business”（我认为事业上取得成功未必需要冷酷无情）；“I suppose”“I'm afraid”“kind of”等也具有相同的组织和连贯话语功能。

第四，描述或评价。如南极洲是“*rather cold*”（相当冷）；“a sight of breaktaking beauty”（惊人的美景）为“quite pretty”（相当好）；撒哈拉沙漠是“*a bit too hot for my taste*”（对我来说有点热）；“an act of abominable cruelty”（可恶的残酷行为）是“*not very friendly*”（不是非常友好）；“an unforgivably stupid misjudgement”（不能原谅的愚蠢的判断）是“*not very clever*”（不是非常聪明）；“a horrendous, traumatic and painful experience”（可怖而痛苦难忘的经历）为“*not very pleasant*”（不是非常令人愉快）。

第五，文化显示。曲言和弱陈以其固化的语境假设和语用推理展现特定的英国文化内涵——矜持、谦虚、幽默。如任何特别令人愉快的物、人或事件（any exceptionally delightful object, person or event）在其他的文化里会用上一大堆最高级的极限词，但在英国是“nice”（好）；“an outstanding performance or achievement”（出色的表演或成就）为“not bad”（不错）。

根据系统辩证观点分析探索低调陈述预制语块在历时与共时、动态与静态、功能与形式等对立平面上的不断创新和规约，揭示低调陈述修辞系统内编码意义与语用含义、自由组合与固化语块相互排斥与依赖、分化与同一的演化表现，这也是对认知修辞各种语用推理和语言交际模式的一种理论支撑和必要补充。低调陈述语用化规律是认知修辞学的具体化、精确化、深刻化，研究能够丰富和发展修辞学的认知，为认知修辞学发展增添新内容、提供新形式，其研究成果对于应用语言学领域如语言教学、词典编撰以及认知心理学都有深远的促进意义。

第六章

认知的语法单位

修辞在希腊诞生时，其价值不仅在于准确表达观点，而是在公共言谈中教化他人，达成共识。（陈汝东 2001）也就是说，原始初期的修辞意识，不是展开在我与我的思想之间的技艺性文饰活动，而是展开在我与他人之间的具有生活实践意义的交往活动。古代修辞学最重要的特点在于，它有意识地把言谈的接受者考虑在内，尤其重视使接受者达到某种被预期要达到的见识，修辞的目的是通过言语塑造人的想象方式和感受事物关系的基本能力，使人认识真理，使真理深入人心，这是修辞具有认知性的重要原因之一。在这个意义上，修辞绝不是单纯的文饰技巧，相反，修辞与思想共生，在塑造知觉模式和思维倾向方面比逻辑更具原始性和重要性。对于修辞的认知性价值，亚里士多德（2006：96）掌握得最透彻，他认为："修辞术是辩证法的对应部分，因为两者关心的对象都是人人皆能有所认识的事情……"亚里士多德把修辞与辩证法并列，两者都具有认识功能和说服功能。因此，修辞离不开认知，它既是一种认知行为，又是一个认知过程。修辞认知是整个社会认知系统的一个有机组成部分（陈汝东 1998）。这一理论观点不仅来源于社会学和社会心理学的"社会认知"理论，更重要的是来源于认知心理学关于"研究认知活动本身的结构和过程，并且把这些心理过程看作信息加工过程"（王甦、汪安圣，2006：4）的理论基点。

认知语法在探讨语义时，借助符号形象，所处理的是句法结构与语义结构的结合体。Langacker（1991）把认知语法单位定义成"语言使用者已经彻底掌握、在自如运用时不必考虑其内部构件和构件组合关系的结构"。无论语法单位多么复杂，它都是一个"事先包装好了的组合体"，语言使用者已经把它用得滚瓜烂熟。也就是说，认知语法包括明确的符号单位（词语或更大的规约表达）和组装后得到语言团体承认的语言使用图式（schema），图式化了的符号单位，是比较简单的表达单位组装成比较复杂的单位的结果。如果语法内已有的单位与目标结构一致，此时语法承认用法。语法符号单位作为语言形式可用来表达思想，如果要表达的思想正好与已规约化了的符号单位的语义结构吻合，由于该符号关系已达到了单位状态，语用者就无须进行任何组构努力，该语义结构就会自动地激活有关的语音结构，整体投入使用（熊学亮 1997）。Kreue（2000）认为理解诸如低调陈述和夸张这种具反语特点的修辞需要说话者和听话者双方共有的图式知识。因此我们认为，低调陈述是认知语法中的基本语言单位，是一种语用规约化现象（conventionalization），它包括语用因素习惯化和语法化（grammaticalization）两个方面。习惯化表示的是语言使用的倾向，但这种倾向在具体语境和场合下可能会有所改变；语法化表示的是语言形式与其意义之间关系的固定化，这种固定形义关系不受语境和场合的影响（熊学亮 1997）。

6.1 语用规约化

根据含义的约定俗成特点，低调陈述可分为规约和非规约两大类：含义已凝固于特定符号中的同义手段是规约性的低调陈述；随情景而变的临时同义手段则是非规约性的低调陈述。规约性低调陈述是认知语法中的基本语言单位，是一种语用规约化现象（conventionalization）。认知科学（Fauconnier and Turner 2002；Langacker 1987）告诉我们，低调陈述这种或然程度从历时的角度考虑有一个递增关系，递增到一定程度，就可以产生符号和所传递意图之间的新的符号关系，而这种意图又不是符号的初衷意义。在低调陈述初始阶段的使用中，语言和所传递的意图之间，存在着某种需依赖推理的非恒定关系，但随着时间的推移，语言和意图之间的推理可以递减，语言和意图之间的解释状况趋向恒定，产生某种“超符号”关系。这种“超符号”关系以语言使用团体的社会和心理默契为基础，社会心理默契以知识结构的方式储存在大脑中，在语言交际时，这种知识结构在必要时会自动激活，投入使用，参与语言的生成和解释活动。

6.1.1　低调陈述语义的概念化

从生物学角度来说，每一起认知语言事件，都会在神经元上留下神经化学印迹，刺激越多，印迹就越深，而长期没有刺激，印迹就可能逐渐消失。某一事件通过刺激达到了一定程度的印迹，就固化成单位状态，如上面所提及的低调陈述用法就是一个相对简单的单位，由于经常使用，它们已构成了人们的认知思维定式（mindset），可以自动投入或激活，激活本身也是一种认知事件。Langacker（1991）认为如果某一语言单位的使用，老是和一特定语境发生关系，该语言单位和该语境就会自然而然地联系起来，有关语境内容就会编入该语言单位，或者说该语境的特征就会转移到该语言单位上去，成为该单位语义特征的一部分，这一过程被称作概念化（conceptualization）。低调陈述语言使用过程就是语用者根据语境，选择合适的语言单位以迎合概念化的要求，形成一种解决问题的过程。是语用者在具体交际场合内为达到具体交际目的而组装起来的低调陈述符号表达（如上文所提到的否定提升、双重否定、虚拟语气、委婉否定等）。低调陈述所使用的语言结构要么可以直接理解——语用因素语法化结果，要么可以通过由抽象化（图式化）或范畴化等认知过程干预而产生的结构来间接理解——语用因素习惯化结果。图式是通过语言常规和有关语境特征产生的，可构成语法网络。因此，低调陈述语义是概念化和经验化的等义词，是人们（认知）处理语言信息的结果。

（1）语用现象习惯化

习惯化表示的是语言使用的倾向，但这种倾向在具体语境和场合下可能会有所改变。如用修辞性问句表达强烈的肯定或否定意思，用“*How many of your teachers asked you*?”“What original ideas do you have?”表示“No many of your teachers asked you…”否定语义，这一现象涉及的是否定表示肯定、肯定表示否定；或者用双重否定表示肯定，如“But ‘building down’ is *not some kind of impractical idea*. It makes sense. There is so much space underground: It can accommodate a lot of traffic, storage, and people”；用虚拟语气提出建议“There are other techniques that *might* help you with your studying”；用肯定形式的“too…too…”和“more…than…”结构表

示委婉否定“Mary was *too angry to notice* where she was going. That's how she took a wrong path and got lost”或“Recently I heard a young man tell a girl that she possessed the same ethereal beauty as Greta Garbo. ‘Flattery will get you everywhere,’ she responded. That one, I thought, was *more than passable*”（最近我听到一位年轻人赞美一个女孩，说她像明星格丽泰·嘉宝一样，美如天仙。“奉承让你走遍天下，”她回答道。我想，这个回答相当不错）。这些都是语用现象习惯化的结果。这类使用已趋于规约化，这种语用规约化造成的结果是我们已很少再把它们与低调陈述联系到一起，也就是说，人们对这类低调陈述现象已熟视无睹，它不同于语言形义关系固定的语法化，在某种特定的场合可被打破。

（2）语用现象语法化

语法化表示的是语言形式与其意义之间关系的固定化，这种固定形义关系不受语境和场合的影响。如用“I *didn't half* like that”表达“I extremely like that”语义，修辞学家称为反叙法（litotes），Osten Dahl（2011）认为像这种类型的低调陈述已有语法化倾向。低调陈述语用因素语法化主要表现在用“I am afraid”表达“I think”；或用弱副词“rather”“quite”“pretty”等来表示“very”强语义的低调陈述词语，也称弱陈法（meiosis）。如用“It may be *a little difficult*”表达“What you propose is totally impossible”的否定语义；以及语句层次上的“否定提升”现象（neg-raising），如“With his lack of experience, *we don't think* he stands a chance of winning”，否定成分出现在主句中，而否定的对象却是从句谓语，原先人们用主句否定的方法去否定从句，是一种淡化处理，而现在人们用主句否定的方法去否定从句，往往是一种遵守语法的做法。以上都是语用因素语法化的结果。再比如汉语中用“他不要太……”句式表示“非常”等强调性修饰语义，这种用否定句式表达肯定意思的低调陈述，人们似乎不经过任何推理就可以获得其肯定意义。这也是语言意义语法化所致，这种习惯用法现象，除了语法结构的因素（如句型和感叹词语的选择等），还和语音、表情等因素有关，所表达的意思，只能在比较具体的语境中才能定夺。比如说：“*可不要太当真噢！*”在特定语境内，所表达的意思可能是太当真，或当真过头了，说话者正话反说的目的是希望听话者少当真以免引起麻烦，话语带有劝诫、警告等含义。相比之下，用

"*He did not go hungry*"在一定的场合里表达"He made considerably big money"的意思，则是极量推理的结果，即一定要结合语境才能推出含义。此时语言表达和含义之间有多种解释可能，这种低调陈述表达尚未习惯化或规约化，因而也根本没有语法化的可能。

6.1.2　低调陈述的认知机理

在言语交际各场合所运用的低调陈述修辞性话语，语用学简称为"话语"（utterance）。低调陈述含义是话语的隐性表述，话语的字面表达是低调陈述话语的显性表述。隐性表述是交际者想要表达的意向内容，意向态度制约着交际者提炼何种更含蓄更委婉的表达式，而这种显性表述所蕴含的意义在特殊的语境下，听话者运用认知策略或方式加以阐释和补足。比如：一天在工作时停车，你的车溅了克莉丝汀一身泥，当你下车的时候，克莉丝汀走到你的车前。你看着克莉丝汀问她的衣服为什么这么脏。克莉丝汀回头看路上的泥坑回答说"*You might want to drive a bit slower*"。面对你的问话，克莉丝汀要说的本意是"你的车溅了我一身泥"，这是意向内容。但克莉丝汀不想让一无所知的你太过尴尬，这又是她的意向态度，于是克莉丝汀选用低调陈述修辞来掩饰她对你的责备和不满。你通过相邻关系推衍出克莉丝汀话语含义"你开车太快，溅了我一身泥"，规劝你以后开车慢些。这是依附于意向内容、意向态度的低调陈述表达式。

客观世界经过人类主观世界的过滤由语言表述出来，而语言的运用又取决于对常规关系的把握。作为小型知识集分布在人类大脑中的知识结构就是我们所说的常规关系，由相邻或相似关系把包括在常规关系里的多层级支系统和分系统纵横交错地联通成为反映事物之间关系的类层级知识结构。可以说，审视常规关系的两个维度就是相邻或相似。低调陈述修辞背后的机理就是灵活地运用相邻或相似关系，其低调意义的生成，是想要表达的隐含语义在掩饰淡化的意向态度的制约下通过相邻或相似关系的中介推衍出来的。从词语层面来说，低调陈述修辞就是换一个更掩饰更委婉的说法，这样的言语活动，通过对语言素材的提炼与替换，获得具有交际价值的掩饰或淡化描述世界客体的特殊表达方式。

6.1.3 低调陈述词汇化的机制

在语言交流丰富的人类社会环境中，人们用来觉知、运动和认知的普遍学习机制推动了复杂的修辞语言诸如低调陈述表征的出现，即低调陈述修辞语言习得是普遍学习机制与复杂环境相互作用的结果，是一个动态发展过程。根据 Skehan（1998），低调陈述修辞语言经历词汇化、句法化和再词汇化三个阶段，低调陈述修辞语言学习从积累根据语境编码的范例开始，句法化过程作用于大量范例的驱动，然后再对句法化后的语料进行综合加工成为新的范例，这种再词汇化过程是隐性的，很大程度取决于范例的频率与质量。在认知建构主义框架下，我们所理解的低调陈述修辞语言是在大量语块即范例积累的基础上抽象出低调陈述修辞语言规则的缓慢的隐性知识发展过程的结果。如图 6—1（长方形指习得机制，椭圆形指获取的知识）所示：

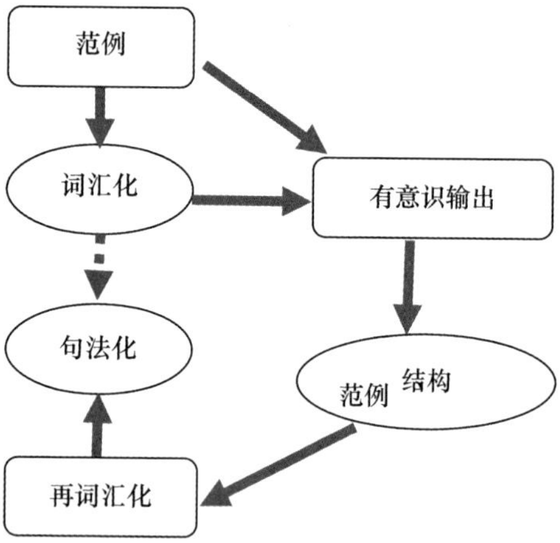

图 6—1 低调陈述的词汇化

词汇化从积累根据语境编码的范例开始，词汇化和句法化之间的虚线箭头表示两者之间没有直接联系，作为纽带的有意识输出使词汇化知识间接作用于句法化知识系统，也就是说，从长时记忆中提取零散低调陈述性知识并将之整合成不断扩大的句法整体，这种有意识的输出和改编使低调陈述语块或范例在构成新的更大的句法结构过程中起着脚手架的作用，积累到一定数量后就能启动再词汇化机制，最终形成低调陈述原型句法框架（参照 Ellis 2005：328）。

Raymond and Jessica（1997）认为低调陈述具有认知、语言和社会因素，传递特殊的语用含义。低调陈述是在特定时间里、特定场合下说/写者使用的一种积极的语用策略，是在违背合作原则、符合礼貌原则的基础上生成的同义手段。无论是规约的还是非规约的，低调陈述的含义完全相对于它们的零度形式的意义而存在。低调陈述虽然含蓄内敛，但语意明晰；尽管表达模糊，但毕竟言语由衷。只要能对低调陈述和它的零度形式间的关系有所了解，对制约选词的因素比较敏感，就不难推导出低调陈述的指称意义及其含义。解读低调陈述可以从以下几个方面来考虑：①结构形式是什么？低调陈述的表现形式丰富多彩，主要构成形式有词汇、语法和辞格三大类。明确结构形式有利于确认指称义。②符合了礼貌原则的哪一项次则？这些会话原则可以为理解会话含义，辨明说/写者的意图提供切入点。③交际是在什么场合下进行的？这一点应包括时间、地点、与该语言行为相关的人。注意到这些因素有助于确认语域，体会话语中的低调表情意义。

6.2 低调陈述的认知特征

低调陈述认知研究是基于语言使用者的。国外低调陈述认知研究最早的是 Hübler 1984 年的专著 *Understatements and Hedges in English*，Hübler 认为就低调陈述意义理解的实时认知过程而言，低调陈述的字面义、应用的语境、听者的百科知识以及基于体验的人脑独特认知机制构成了其赖以有效进行的根本因素。John and Gibbs（2000）把低调陈述定义为：a description of the state of affairs as clearly less important than it appeared in context。Herbert and Jennifer（2000）指出反语具有层级性（gradations），低调陈述是较弱的一种反语形式（weak verbal irony）。低调陈述的否定标记并非为了否定某个观点，而是为了淡化语义，暗示字面义与言下义之间的差异（Giora 1995）。作为一种非直义句，低调陈述的淡化掩饰性并不是符号本身所具有的特点，而是涉及人对低调陈述的认知处理，抛开认知推理就无法真正了解其实质。Demorest 等学者（1983）通过对 6 岁、8 岁、11 岁儿童的修辞语言理解能力进行的测试研究，发现儿童对低调陈述、反语、夸张、比喻等之类修辞的理解力是随着年龄的增长而增加，从而进一步论证理解修辞既要求听话者具有从话语中辨认出差异的逻辑推理（the logical task of recognizing discrepancy from facts），也需要听话者拥有识别说话人交际目的的社会认知能力（the social cognitive tasks of identifying speaker's communicative purpose）。Cavanagh（1996）也认为，孩子们对低调陈述修辞的理解有一个认知发展过程。社会语言学研究表明低调陈述具有多种交际功能，涉及人类的认知心理和语用策略，其本质和运作机制比较复杂（Seckman and Couch 1989）。Janet Holmes（2011）曾把低调陈述定义为情态认知的一部分（part of epistemic modality），认为低调陈述不仅是一种语言修辞手段，是建立在淡化、模糊基础上的词语（或短语）表达式，更是人类最本质的一种模糊思维认知方式。

对低调陈述认知特征的阐述，我们可以参照李鑫华（2000）在《英语修辞格详论》中所述："从语用学的角度来看，'低调陈述'的语言功能可分为两部分，'低调'侧重于'感染'的（affective）功能，'陈述'偏重于认知性的（cognitive）功能，低调陈述是在'表事'、'表情'两种语域中都有偏重的修辞格，综合起来看，低调陈述既陈述一个事件给人以信息又用'低调'表达说话人的感情色彩。让受话人在获取信息的同时又感觉到委婉、含蓄的气息，而且这种气息又依语境的不同分别会具有讽刺、审慎、幽默等等的意味"。冯翠华在 1996 年所著的《英语修辞大全》里，也把低调陈述划分为两种：曲言（Litotes）和弱陈（Meiosis），认为低调陈述的理解需要了解社会文化因素以及情景语境。基于语言使用者的低调陈述研究认为，低调陈述理解是理解者基于自身体验的认知活动结果，低调陈述加工的本质体现的是语言使用者的创造力，其中基于体验的大脑独特的认知机制是关键，是决定性因素。

世界上的万事万物是有模糊和明晰之分的，与明晰相对应的模糊主要是指相互联系、互为中介的事物或现象、概念在过渡区域所呈现出来的客观状态，低调陈述运用的是人们认识中关于对象类属边界和性态的不确定性，即事物之间有区别、不绝对清晰、"亦此亦彼"的概念。这是低调陈述的认知基础。对于 Hübler 所定义的低调陈述，Quirk（1985：

597）称之为“downtoner”，Stubbs（1983）称之为“mitigation”，而 Channell（1994）和 Meyers（1997：33－44.）则称之为“vagueness”。

［1］Whales are *more or less* mammals.（Teppo Varttalo，2001：6）

Brownand Levinson（1987：145）认为像“more or less”这种类型的限制词可以“modify the degree of membership of a predicate or noun phrase in a set”。Lakoff（1973：471）把这种类型的低调陈述定义为是“words whose meaning implicitly involves fuzziness—words whose job is to make things fuzzier or less fuzzy”。使用低调陈述的情况，是因为说话者的矜持和审慎，通过对事物的淡化处理，使语气委婉，从而更好地传达他的意思，获得更好的交际效果。例如：

［2］TV reporter：Would you mind telling me frankly what you think of our programs?

One of the audience：Well，some are interesting，some *could be better*，and some are almost *sort of* rubbish.

观众为礼貌起见，用低调陈述来减弱对他人的批评，使刺激性的信息点趋于宽泛，将对方的反感情绪降到最低限度。显然这种轻描淡写比直接批评委婉含蓄得多，原因在于说话者巧妙地宽泛虚化信息点，避开了逆耳的字眼。这种表层信息与含义间隔着一层缓冲带，在半遮半掩、轻重虚实之间巧妙地掌握火候，让受话人揣摩体会语言背后微妙含蓄和善意的用意。受话者须结合语境和认识经验分析、补充、联想和推理，充分调动模糊性思维才能准确抓住低调陈述含义。另外，人们运用低调陈述是为了使文字表述多一点变换，给听话者或读者留下多一点的想象空间并增加一点幽默、讽刺意味，可以增强话语的表达力，使人印象深刻。例如：

［3］Even though I wanted to say，“Go get it yourself.” I knew it was my job *to be quiet* and do in a nice way whatever I was told.

正在大学攻读戏剧专业的 Patricia 利用暑期去一家假日旅馆打工，人生的第一课便吃尽苦头。根据语境，我们可以看出“to be quiet”是“to be tolerant”的低调陈述，这种创造性地运用低调陈述，用得传神，耐人咀嚼。看似轻巧随意的遣词，却有着丰富的“言外之力”，衬托出一个女孩在上人生第一课时所表现出的意志与力量。

Teppo Varttalo（2001）认为低调陈述具有模糊和不精确语义，表明发话者希望控制他或她对自己所讲话语的准确性（the sender wishes to control his or her commitment to the accuracy of what is being said）。低调陈述是模糊性认知结构通过语言这个最重要的思想文化载体固定下来的形式之一，是人脑运用模糊思维借助于具有模糊性的自然语言所实现的对客观事物的间接反映。著名学者 Richard and Roger（1994）指出："好的语言是一种完满的实现，能表达人的感知本身不能表现的事情。语言是不同领域的交汇点，不仅是认知的表现形式，而且是它的组成部分。源于日常经验的认知系统构成了语言运用的心理基础。"这一论述深刻阐释了语言和认知的关系，同时也为低调陈述模糊性思维作了恰当的注解。低调陈述是人们运用模糊思维对于模糊事物的一种理性认识，它是通过模糊信息用模糊的方式进行加工来揭露事物的本质。人们用低调陈述来解释、评价、表达他们对客观现实的真实感受和情感，这就构成了人类的低调陈述模糊思维体系。

6.3 低调陈述的认知维度

低调陈述修辞语言是理性思维和感性意识的外化表现之一，"弱化"和"掩饰"构成了低调陈述修辞语言的两个最基本的向度。在开放的语境下，低调陈述修辞语言通过突破语法的限制，竭力扩充着自己的表现疆域，突破着它潜在的极限，将微妙的情感隐含在错位安置的文字组合里。低调陈述修辞语言的"弱化"映照出世界在我们心灵投射的景象，低调陈述修辞语言的"掩饰"复现人类繁复微妙的心理。通过低调陈述修辞语言的"弱化"和"掩饰"，我们逼近自身的情感和心灵。

6.3.1 主体性的理性主义

主体性的理性主义强调主体对客体的优越，客体被主体的征服。本质上的主体性表现出的是主体对客体的自主、能动和创造的属性，这也是人类主体区别于世界客体的特殊性。理性至上的主体性使得人类的情感和理智分裂，价值和目标分裂，造成人类的焦虑不安、人格割裂。人的世界是由客观世界、内在世界和主观创造世界三者组成的，低调陈述修辞语言是人的基本存在方式之一，因此同人的世界在外延上一致。钱冠连（2005：104）指出："语言是人类最后的家园"，然而在主体的理性主义氛围里，作为叙事客体的语言成为缺席的他者。面对人类对语言须臾不离的依赖状态，我们不禁要叩问生存的意义，更要探寻生命的价值。

低调陈述修辞语言是人类的交际和认知工具之一，作为一种特殊的在者，变为"陈述"的低调语言拥有自己的构成单位及其相互关系联结起来的系统，具有自身运作的逻辑和某种规律。低调陈述是解决社会交流中具体问题，诸如面子、礼貌、威胁等的一种手段，人们以低调陈述行事，通过低调陈述来适应现实。因此，作为特殊在者存在的低调陈述对人行使决定或制约功能。通过低调陈述我们回顾过去并规划未来，我们与世界充分交谈，从这种意义上说，低调陈述不是客体而是主体，为人们遮风挡雨，使人们更好地认识自己。人们在低调陈述话语中主观认识的表现或自我印记的流露，就是低调陈述修辞语言主观性的体现。根据认知语言学，低调陈述修辞语言的识解是通过主客观互动，在体验世界的基础上，认知加工的结果。

6.3.2　主体间性

主体间性概念把人类认知的对象世界，特别是精神现象看作主体而不是客体，关注主体与主体之间的共在关系，并确认自我主体与对象主体间的共生性、平等性和交流关系。修辞语言与人类的交往是相互依存的关系，人类的具有社会性的交往生成低调陈述修辞语言，低调陈述调节人类在共同劳动中所形成的各种关系，并对这些关系进行区分或认定。低调陈述决定了人类的自我意识的产生。我们通过低调陈述表达人与世界的和谐文明的关系，我们以低调陈述修辞语言的方式拥有世界，并理解世界。从这个角度来说，低调陈述不仅仅是观念的表象，它是人类感知世界的工具，与人类生存的可能性联系在一起，是人类的某种生存方式。根据当代社会理论的观点，低调陈述修辞语言是社会和人的基本沟通手段之一，也是人的生活的基本形式之一；它体现权力运作的脉络，并总结生活世界的经验；表现为人类行为和思想产生互动的象征性中介体系（高宣扬 2005：138）。

低调陈述的主体间性对于现代修辞学建构具有重要意义，它解决了认识何以可能、审美何以可能也就是修辞何以可能的问题。作为自由的存在方式的低调陈述既是主体间性的结果，也是主体间性实现的途径。客体的世界变成有生命的主体，主体之间的对话、交流和沟通，直至理解和认识，修辞就是这样的理解认识过程。现代修辞学的建构应该建立在主体间性的哲学基础上，才能够达到体验生活、理解世界、领悟生存的精神境界。

20 世纪 90 年代以来，人们对于低调陈述的研究逐渐突破单一的修辞格的分类与描写，走上多学科、多角度研究的发展道路。现代语言学对于低调陈述的理解是宏观的。低调陈述是跨越语言的、渗透于所有语言之中、屡见于生活中的语言形式，它不应当只局限在修辞学所关涉的静态心理机制，而应当用动态的方式解析低调陈述话语建构的心理机制以及理解低调陈述过程中的认知机制。我们对低调陈述的认识是一个从狭到宽、从表层到深层的发展过程。低调陈述从说话人一方来说依据的心理基础是淡化，从受话人接受低调陈述话语的角度看，依据的心理基础是演绎和推理。它固化于人大脑的意识深处，成为人类认识活动的原型。它的发生是一个被激活、调用的过程。也就是说，应该把低调陈述和人的认识过程相联系，而不应该把低调陈述仅限于是语言内部的修辞手段。低调陈述不单单是一种语言现象（因为语言只是人类认知活动的一部分，绘画、音乐、雕塑、建筑等都是人们认知活动的产物），更是一种人类认知现象。

6.4 低调陈述的预设意义构式研究

作为当今国内外语言学界的一门前沿学科，构式语法的发展已有一定的历史，但是在认知语言学理论框架下研究构式语法方兴未艾。与传统语法迥然不同，构式语法采用的是自上而下研究句子意义的路径，因此拓宽了语法研究的空间，更加接近句子意义的生成本质。不合逻辑的修饰关系是自然语言的属性，低调陈述是这种属性的典型例子之一。认知语言学对低调陈述修辞的研究超出了言辞层次，成为对人们认知能力和思维特征的研究，使我们获得了开拓性的认识。作为一种新的语言研究方法论的构式语法，关注语法形式背后的语义问题，强调形式与意义的结合体，认为“构式表示与人类经验有关的重要情景”，“是语言系统中的基本单位”（Adele E. Goldberg 1995/2003/2006）。本节以构式语法为理论框架，探讨低调陈述内部组成成分的句法和语义特征，分析低调陈述修辞的认知理据。认为反叙（又称曲言，Litotes）的“否定词以及否定词缀”语法化机制，被修饰形容词的词义泛化机制；弱陈（Meiosis）的“掩饰性”语义特征使构式中规约项背景化，凸显了或是“被否定的形容词”，或是“被弱化的形容词”这两个变量。在语境中，这种语义关系为低调陈述构式整体的规约性语义“不协调性”创造了构建条件。

6.4.1　Litotes 构式的内部句法结构

Litotes 就是以反说代替正说，即通过使用否定词表示间接肯定，称为反叙或曲言。形式上，英语句式“否定词 no，not，never，none + 形容词”是按照语法规则组织起来的否定句，根据组成成分可预测意义：否定后面的表语成分。然而在特定的语境下这种英语句式具有掩饰功能，其特殊的肯定意义独立于组成成分的意义之外，我们称之为低调陈述修辞中的一种：反叙或曲言，由于反叙受制于一系列句法形态和语义的限制，并且其规约性语义不能直接从其组成成分的字面义推导出来，因此英语反叙符合 Fillmore（1999）“构式”范畴。Litotes 构式的规约性语义在语境中被凸显，其内部结构有两部分：一是规约项否定词，虽然具有虚指语义特征，却拥有稳定的语法结构；二是系动词 be，在该构式中完成时态、人称、数等语法功能；三是被否定的形容词，是变量。

（1）否定构式的变体

根据 Adele E. Goldberg（1995），构式是指某一语言形式（pattern）或功能不能从其组成成分或已知的结构中得到预测，但符合人们的认知规律意象图式的基本特征。根据构式语法，构式蕴含焦点成分、话题性以及语域等信息，语义和语用没有明确的界限。反叙“Not + 形容词”构式虽然表现出客观命题时词语之间的非正常搭配，不符合否定构式的语义规则，超出人们正常的认知经验或概念，但它是否定构式中的一个不同变体，是一种新颖的变式——低调陈述辞格。表层不合句法、语义，深层句法、语义之间的矛盾与张力，构成低调陈述反叙这种兼跨句法、语义以及语用的特殊构式。可以说，反叙“Not + 形容词”构式是为追求淡化掩饰这种特定的表达效果，从而对句法规则、认知规则创造性运用的结果。对于听话人而言，理解该构式需要语言内和语言外两方面知识，通过揣测说话人的主观性内容来解读其客观性内容。

（2）降低语义等级

刘大为（2010）认为，修辞表达异常的认知经验，以强制性共现的方式满足语义共现要求，这种特殊的语义组合方式——辞格构式是人类自然语言的一种特殊机制。比如，作为语义等级低的低调陈述修辞构式，其特点是“不实之词”，与“言过其实”的夸张相反，低调陈述修辞构式是“轻描淡写，正话反说”。

（3）降低句法等级

按照认知语言学的观点，原型构式是高度语法化的凝固句法构式。相对于使用频率高、理据性强的否定原型构式，反叙“Not + 形容词”构式改变原型构式的语义功能，以否定形式表示肯定意义，现为构式意义较难激活也较迟习得的边缘性范畴，属典型的“异构”构式。从语用的角度来说，否定原型构式可被视为无标构式，反叙“Not + 形容词”构式属于原构式的有标变体，即在遵守原构式命题意义的基础上，通过打破句法规则和语义规则，增加特殊的语用修辞信息。

6.4.2 Litotes 构式的规约性语义

[4] Retired marine Colonel John V. Brennan contracted with the secretive arms dealer to sell Iraq $181 million worth of uniforms. According to a lawsuit filed last March, former Vice President Spiro Agnew served as an “intermediary” between the two. How much money did Agnew make in the deal? Soghnanlian, the dealer, says, “He *did not go hungry*.” 在一起秘密军火交易中，前副总统阿钮尔作为中间人所得好处自不待言，面对法庭的讯问，军火商答非所问，所体现的“语义不协调性”是 Litotes 构式的最根本的语义特征，其语用意义是掩饰、淡化、委婉、含蓄，通过法庭讯问这个特殊的语境嵌入而凸显出来。因此认知因素与语境因素的共同作用是理解 Litotes 构式“语义不协调性”的关键。

（1）“Not + 形容词”构式的语义观

沈家煊（2006）指出“词无定价，离句无价”。所有词语都有绝对值和相对值两个层面的语义值，绝对值是指词典描述或规定的固定词汇意义。词汇在运用中表现出的与绝对值有距离的临时语义，认知语言学称之为“浮现意义”（emergent meaning），这就是相对值，是词典无法涵盖的部分。如上例“He didn't go hungry”，“hungry”的相对值是由于“构式压制”（construction coercion）和结构隐喻所致，其“浮现意义”具有更高的浮动性和相对性。根据构式语法的观点，构式有其自身独立于组成成分的整体意义，虽然组成成分的意义对构式的整体意义的形成有影响，但构式的整体意义也制约着组成成分的意义。

（2）“Not + 形容词”构式的语用观

我们认为否定句也可以有“无标记否定结构”和“有标记否定结构”（参照：Horn 1989；庄智象 1986）。有标记否定结构有标记强弱之别，无标记否定结构有显性“否定”词（not）或隐性“否定”词（hardly 等）。当然，“有标记否定结构”的“否定”在特定语境中需要灵活地或隐喻地解读，如“He didn't go hungry”，这种“有标记否定结构”，说话者含蓄掩饰，听话者觉得晦涩难懂，双方付出的心力都较大。

（3）“Not + 形容词”构式的认知观

Adele E. Goldberg（2006）的“构式语法”是语义、认知和语用集于一体的结构——语义分析。

［5］a. I *couldn't care more*（我很在乎）表达“I care a lot/deeply”语义。

b. I *couldn't agree more*（我完全同意）等于“I totally agree”。

c. I *couldn't please you more*（我尽量使你高兴）等于“I did my best to please you”语义。

d. I *couldn't be more right*（我再对不过了）等于“I am totally right”。

以上低调陈述的反叙例子是“低原型性否定句”，其形式与内容的“对立”产生“构式效果”，也就是说，该否定句对句中动词或形容词的意义、使用以及论元结构具有临时调整作用。从构式语法的角度来说，否定词“not”是语用调焦词，也是虚指。

6.4.3 Litotes 构式的构建条件——not 的语义虚指特征

从句法的角度看，系动词 be 在构式中因语义泛化而被背景化，失去句子的核心地位。否动词 not 因其否定语义特征的弱化而成为该构式的信息焦点。在语言的进化演变过程中，not 的语义虚指特征，be 的语义泛化机制，体现了 Litotes 构式中的“语义不协调性”，为 Litotes 构式的规约性语义的构建创造了条件。否定词的基本用法是否定意义，不定意义是前者演化而来的次要用法。与否定词在语法化过程中在语义、句法环境和主观性三方面的单向性路径假设一致：①意义：否定→遍指→虚指；②句法环境：自由→较少强制→较多强制；③主观性：客观→主观性较弱→主观性较强。否定词从否定用法演变至非否定用法的语法化过程中，意义、句法环境及主观化的演变是相辅相成、互相作用的。即否定词的语义指称越不确定，句法限制就会越强，主观性也表现出来，直至演变成句法标记，固定于 Litotes 构式之中，其作用：第一，表达语言使用者的各种情感和态度。在 Litotes 构式，［＋否定］语义特征消失，作为虚指，表现为“正话反说”。如：“We made a difference. We made the city stronger, we made the city freer, and we left her in good hands. All in all, not bad, not bad at all.”（Reagan R. “Farewell Address to the Nation”. Washington, DC, GPO, 2009）说话者用 Litotes 表现出谦虚低调的态度，同时掩饰自豪与欣喜的情感。第二，承载着言语主体的言语行为，比如当你试图说服客户消费的时候，你会说“Well, *it's not bad*, considering”（总的看来，还不错）。语义上 not 不具有否定信息的否定功能，正是 not 的指称内容不定，消除了“否定信息”的句中焦点地位而被背景化，从而成为 Litotes 构式规约性语义构建的前提条件。反叙 Litotes 表层不合句法、语义，其实深层合乎句法、语义，是兼跨句法、语用和修辞的特殊句式。从认知的视角，是心理显著性、凸显性的效应表现之一。

第三编

低调陈述的认知视角

基于体验哲学（Embodied Philosophy，EP）建立起来的认知语言学（CL）的基本原则是心智的体验性、认知的无意识性和思维的隐喻性。王寅（2013：19）将其概括为“现实—认知—语言”这一核心原则。“现实”指人类的身体和物理空间；“认知”指思维、精神和心智。认知语言学的核心原则中前两个要素“现实”和“认知”反映了哲学中两大阵营：感性论和理性论之间的关系。感性论侧重从人类感知角度认识和理解世界，强调现实世界的互动体验；理性论侧重从人类的认知和意识角度认识和理解世界，强调人类的理性思维。感性论和理性论与“现实—认知”如出一辙。基于体验哲学的认知语言学主张回归现实的生活世界，彰显新时代的人本精神，所建立倡导的研究思路，比如原型范畴理论、互动建构论、语义模糊性、隐喻认知论、整合性原则等，彻底反思索绪尔和乔姆斯基语言学理论的弊端，抛弃了以“言语、内部、共时、形式”为中心建立起的语言学理论，颠覆其“关门打语言”的策略。王寅（2013：21）认为，知识是以语言的形式储存的，对现实世界的互动体验和认知加工形成了语言和知识。这与唯物观的基本原理相吻合。罗素（Russell 2003）指出，人类具有“实践”和“思维”两种主要能力，人类通过“实践”获得知识，人类的“思维”又对获得的知识本身进行思考。王寅（2013：22）认为认知语言学的核心原则同样演绎了罗素的观点，根据认知语言学，一切知识来自“互动体验”和“认知加工”，前者就是罗素所说的“实践”，后者就是罗素所说的“思维”。王寅认为双方都指出了人类知识的两大来源，都通过语言分析阐释了哲学中的认识论问题。认知语言学的核心原则代表了20世纪语言学革命——Saussure（索绪尔 1959）的结构主义（structuralism）、Chomsky（乔姆斯基 1965）的转换—生成语法（Transformational - generative Grammar，TG）、认知语言学的基本发展脉络，全面、深刻地体现了语言理论研究中的继承性和发展性。

低调陈述因其极尽淡化掩饰之能事使它常常有意无意地被借助成为曲折阐明真实含义、协调人际关系的一个重要手段和工具，它可以变相地指责、嘲弄、讽刺、幽默和戏谑等，具有调节气氛、减少摩擦、缓解冲突之功效。Osten Dahl（2011）在论及夸张语言时认为，与夸张相反的是，在有些情况下，特别是涉及否定评论时，说话者避免使用过强词语却是有好处的。因此“It may be *a little* difficult”完全可以表达“What you propose is totally impossible”的语义；同样如此，“That’s *not so bad*”也可能是最高的褒奖。Teppo Varttalo（2001）也认为像下面的句子“*I suspect* that John is *sort of* in love”，如果没有语境的介入，很难判断究竟是低调陈述，还是一种事实的真实陈述。英语低调陈述修辞现象当中的原型是曲言（meiosis）和反叙（litotes），语言学界对低调陈述修辞现象的研究也多局限于此。随着20世纪80年代认知语言学开启了研究和认识的深入，原本只限于修辞学研究的低调陈述也进入跨世纪、综合研究时代。现有的研究多集中在低调陈述的类型、使用动机、特点、构成手段和语用效果等方面，主要是从文体修辞、社会心理、文化和语用等角度进行研究（Hübler 1984，Raymond 2000，Herbert and Jennifer 2000，范家材 1992，李国南 2001，李鑫华 2000），但对其充分的解释仍付之阙如。我们要追问：原来具有否定功能的否定词在低调陈述中的功能是什么？低调陈述的意义是如何被识解的？为什么某些语法结构在低调陈述中会发生功能游移？低调陈述修辞研究只有在认知语用学大背景的观照下才能得到更为有效的研究与梳理，低调陈述修辞研究的认知语用学维度非常必要。

第七章

语用原则

礼貌原则（Politeness Principle，PP）和面子理论（Face - saving Theory）有宏观的国际共通性，但它们在一定的语言文化土壤上的言语和言语实现的条件和方式是千差万别的。说话人不仅要考虑对方面子，还需斟酌自己的言语目的、双方的语用距离（pragmatic distance）以及权势（关系）等。人们还可以采用非言语手段（如温和的语气、升调、微笑）和物质手段（如献花、给/借钱、请客），与低调陈述言语手段并用。本章分析低调陈述与语用原则之间的关系。除了场合及对象因素、合作原则和礼貌原则是交际中不可忽略的重要因素，是确认低调陈述的指称义、辨明含义和意图的重要途径外，从社会语言心理学来说，低调陈述产生于面子需求，即用温和言辞，避免正面冲突，保全双方面子。在实际的言语交际中，说话人之所以使用低调表达，除了基于对合作原则尤其是礼貌原则中的面子因素的考虑外，还有很多其他因素，如个人对信息的了解程度，交际对象的个体特征，交际场合以及修辞效果等。Hübler（1984：169）认为，在特定语境下，辨认和阐释低调陈述是语言学家所无力解释的问题，需要借助于更广泛的领域。基于这些因素，本书所涉及的低调陈述与语用原则之间的关系就存在相对性，要根据具体情况具体分析。

7.1 礼貌原则

Grice（1975）的“会话含义”理论学说中的合作原则解释了低调陈述话语的字面意义和它的实际意义之间的关系，解释了低调陈述语言含义的理解机制，那么人们为什么要违反会话准则来低调陈述呢？英国著名学者 Leech（1983）在前人 Brown and Levinson 研究的基础上，从修辞学、语体学的角度提出了与 Grice 的合作原则相益补的礼貌原则（politeness principle），帮助“会话含义”学说解答了这些问题。Leech 把礼貌原则划分成六类：得体准则（Tact Maxim）：减少表达有损于他人的观点；慷慨准则（Generosity Maxim）：减少表达利己的观点；赞誉准则（Approbation Maxim）：减少表达对他人的贬损；谦虚准则（Modesty Maxim）：减少对自己的表扬；一致准则（Agreement Maxim）：减少自己与别人在观点上的不一致；同情准则（Sympathy Maxim）：减少自己与他人在感情上的对立。Leech 礼貌原则深化了会话含义的研究，合理地说明了人们有意违反合作原则低调陈述的原因。Hübler（1984：156—159）也认为低调陈述是一种消极礼貌策略，说话人使用低调陈述可以“最大限度地提高受话者对命题内容的接受认可度”（to maximize the emotional acceptability of the propositional content presented to the hearer for ratification），并且还可以给读者以想象的空间。如“He *did not go hungry*”，说话者经销商为恪守礼貌原则的“赞誉”准则——尽量少贬低别人，而有意违反合作原则中的“关系”准则。经销商用答非所问的办法，既保住了中间人 Agnew 的面子，又间接地表达了“中间人在这笔交易中赚了不少钱”这个含义。

［1］Yes，I *don't play too badly*.

假如这是一位世界网球冠军说的话，他这样说是为了避免炫耀自己，显示出谦逊的态度，符合礼貌原则中的谦逊准则：相对缩小自身与他人的分歧，尽量缩小对自己的赞扬，尽力夸大对自身的贬损。低调陈述实际上是一种回避策略：使你的观点模糊，以寻求与对方的和谐。例如：

［2］We *don't hold it proper* that…

这是转移否定（Transferred negation），又称为委婉否定。否定词“not”从从句中转移到主句中，在形式上是否定其谓语动词，加强和扩大了否定范围，而在意义上还是否定从句的谓语动词，只是降低了否定力度，避免过分直露给对方造成伤害和不礼貌，这显然是一种礼貌策略，其目的是恪守礼貌原则的“一致”准则——减少自己与别人观点上的不一致，尽量增加双方的一致。Brown and Levinson（1987：101）认为，对受话者表示积极礼貌的一种方式是向对方传递：你的需求在某些方面与对方的需求是一样的（“one's own wants［…］are in some respects similar to the addressee's wants"）这样一种信息，从而避免不一致。低调陈述就是其中的一种回避策略：使你的观点模糊，在对方主张不明确的情况下以寻求与对方的和谐。

低调陈述是言语交际活动中高度合作的象征，人们通过低调陈述的方式可以向世人展示一个体贴的自我形象。低调陈述表面上看不符合会话的合作原则中的诸多准则，实际上却符合礼貌原则中的各项准则。使用低调陈述，能使交谈双方的言语显得得体、慷慨，能使交谈者的态度变得谦逊，能使交谈者多赞誉别人、同情别人，尽量与别人一致；低调陈述的使用还可以无形中调节人际关系，使交际双方处于友好和睦的氛围中，能维护交际双方的"社交均势"（the social equilibrium），能使交谈变得文明礼貌。正如 Aijmer（1986：15）所说，如果交际的目的是保持交际双方的关系，那么低调陈述就是一种表示亲密和融洽的策略。

7.2　面子理论

"面子"问题是社会学家 Goffman（1967）提出来的。Goffman 认为"尊重自我的规则和顾及他人的规则的相互作用使交际人在交际过程中表现的既顾全自己的面子，又顾全他人的面子。" Brown and Levinson（1987）认为根据发话人与受话人间的社会距离、权势差异以及言语行为威胁面子度三个相互独立、受制于文化的变量，理性的发话人能够确定威胁面子行为（face threatening act）的严重性，进而采取相应的礼貌策略，完成信息传递并实现礼貌意图，也就减少了双方交际时的面子损失。而 Leech（1983）的三大语用原则（让人得益，给人以选择，委婉））都暗含着对对方的尊重，而要尊重对方，就意味着要尊重对方的自尊，这和 Goffman 的面子说其实相差并不太远。

7.2.1　减少面子危险的策略

Hübler（1984：156—157）认为危及面子的行为无处不在（The danger of acts possibly being harmful to the face lurks everywhere），低调陈述是减少面子危险的策略之一。他认为发话人意欲实施对对方面子危险的言语行为时，一般来说，必然要借助于不惹恼对方的语言手段，诸如低调陈述修辞。低调陈述是间接言语行为，具有强调间接性的功能：委婉平和，有礼貌地回避或阻碍对对方面子的危险，而这种功能是潜伏在言语行为的意图中的。因此，低调陈述所具有的礼貌和掩饰两大功能，可以从 Goffman，Leech 和 Brown and Levinson 的"礼貌原则"理论中找到其理论依据。为了使言语交际顺利进行，交际双方不仅要遵守格赖斯机制的四条合作原则即量的准则、质的准则、关系准则和方式准则，还要遵守礼貌原则。也就是说，说话人为了恪守礼貌原则，可能会违反合作原则的任何一条准则。

[3] Soon I would be on my own, making my own decisions, doing what I wanted without *someone* looking over my shoulder...

根据 Levinson（1983），在言语行为的施为中，指示词语的运用是一种面子功夫（facework），如上例［3］，说话者用"someone"婉指"parents"，恪守了礼貌原则的"得体"准则——尽量减少表达有损于对方的利益，从而避免了父母亲的面子受到威胁。因此，低调陈述就是为了把不礼貌信念的表达减弱到最低限度，它的使用使言语交际顺利进行，低调陈述是满足交际双方面子的语言行为手段之一。

[4] He is *a little ... somewhat ... not exceptionally bright.* (Uri Shaham, 2002, personal communication, December 19)

在表达自己的否定态度时，为避免过分直露，给对方造成伤害和不礼貌，人们往往使用低调陈述修辞策略，如例［4］，Brown and Levinson 把这种否定形式称作"消极礼貌策略"（negative politeness），是避免直接威胁对方面子的表达方式（avoid the direct expression of a face - threatening act）。自我表扬、批评别人、自我批评、表扬别人以及过于激进和主观的言语都为使用缓和语势的低调陈述提供了语言学之外的条件。

7.2.2 估算威胁面子行为的严重性

就威胁面子的程度，Brown and Levinson（1978：79）提出了一个公式：W = D（S，H）+ P（H，S）+ R，W 是测量威胁面子行为（FTA：face threatening act）程度的数值，D 是测量发话人和受话人之间的社会距离，P（H，S）是衡量受话人对发话人的权力大小（权势差异），R 是衡量施加威胁面子行为 FTA 的程度（言语行为威胁面子度）。Hübler

（1984：162）解释为：肯定（表扬）和否定（批评）与社会价值限度范围内的社会期待准则背离得越远，就越威胁面子。Hübler 还举例加以阐释：批评别人“absent – mindedness”（心不在焉）要比批评别人“a lack of intelligence”（不聪明）更不会伤及面子。对于 D 和 P 以及它们对面子威胁程度没有一个固定的关系，各种因素需要加以分别考虑。如果发话人和受话人之间互相很熟，无论是批评还是表扬都更具有威胁力；相反，对一个陌生人来说，就不构成威胁力。来自地位高的人的批评和表扬对面子威胁程度未必大于来自地位低的人的批评和表扬对面子威胁的程度；而来自老板的批评和表扬一般可能比来自同事的批评和表扬更受重视；朋友的批评和表扬比父母的批评和表扬更具威胁性。Hübler 最后得出结论：根据以上这三个相互独立、受制于文化的变量，理性的发话人能够确定威胁面子行为（FTA）的严重性，进而采取相应的维护面子的策略，即低调陈述修辞。

Hübler（1984：166）把为维护面子的低调陈述修辞手段按其有效性的程度不同依次排列为：predicate negation（谓词否定） > detensification adverbs of degree（程度副词） > modal expression（情态表达式） > assertory question（断言问句）。他认为由以上四种的任何一种方法所组成的低调陈述就如同经过细致调试的乐器一样，结合使用这些方法会进一步增加其效果。这就使得说话者不仅仅是能运用负面面子功夫去抵消威胁面子的行为，还可以根据威胁面子行为的严重程度来选择有效的维护面子的低调陈述修辞策略。换句话说，维护面子的策略可以和威胁面子行为的严重程度相一致。如图 7—1 所示：

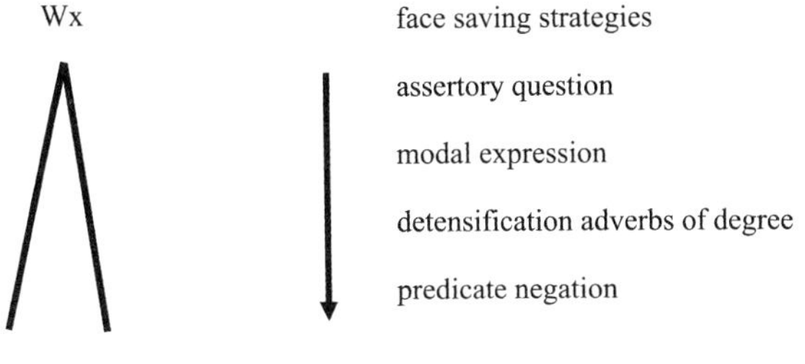

图 7—1　维护面子的策略

下面是一则发生于经销商 A 与卖方代表 B 之间的国际商务谈判：

[5] A：*I'd like to get the ball rolling* by talking about prices.

B：Shoot. I'd be happy to answer any questions you may have.

A：Your products are very good. But I'm *a little worried* about the prices you're asking.

B：You think we should be asking for more?（laugh）

A：（chuckles）That's not exactly what I had in mind. I know your research costs are high，but what I'd like is a 25 % discount.

B：That seems to be *a little high*，Mr. Smith. I *don't know* how we can make a profit with those numbers.

A：Please，Robert，call me Dan. （pause）Well，if we promise future business? Volume sales? that will slash your costs for making the Exec - U - Ciser，right?

经销商首先用情态表达以及隐喻式的低调陈述淡化否定，暗示对于卖方的价格有商榷的余地；接着用“a little”低调表达对对方所报价不能接受的语义。卖方代表则针锋相对，也用弱化词“a little”表示无法接受对方的25%的打折，并进而用转移否定委婉说明无法接受打折的原因（如25%的打折，就不能盈利）。在这个例子中，谈判双方不断地调整自己的语言，通过使用情态表达（modal expression）、弱化词（detensification）和转移否定（predicate negation）等低调表述得以使谈判维持下去，以免过度损害对方的面子，出现交际中断的场面。

7.3 低调陈述礼貌策略的语用功能

低调陈述既是一种句法现象，更是一种语用现象，是体现礼貌原则的一例。在运用低调陈述这一语言形式时，说话人对礼貌原则的考虑明显高于对合作原则的考虑。下面我们结合实例，归纳分析低调陈述作为减少面子危险策略时几个主要功能。

7.3.1 变动性

有时说话者加上一个限制语从而改变了话语结构的原意，或根据具体情况对原来话语意义作一定程度的修正，或给原话定出变动范围。

［6］One of the differences between humans and lynxes is that humans can see that the principle of balance operates between lynxes and snowshoe rabbits, as between humans and topsoil; Another difference, *we hope*, is that humans have the sense to act on their understanding.（王同顺 1999：123）

作者用插入语“we hope”变动了话语结构的原意，暗示否定含义：Humans do not have the sense to act on their understanding，从而很好地遵守了“礼貌原则”中的“赞誉准则”，使批评更易于被接受。

7.3.2　缓和性

Johnand Gibbs（2000）指出，低调陈述充满着谅解情感，是旨在减少人类交际中潜在的交际冲突和对抗，从而使人际交往更便捷的人际关系系统的一部分。低调陈述的恰当使用可以起到调节人际关系的作用，缓和言语行为威胁的力度。例如：

［7］*I'm afraid* your bid is *somewhat* on the high side.

在商务交易中，买卖双方经常会为交易价格而起争执，谈判桌上不欢而散的事情屡见不鲜，但有些人能有效地使用低调陈述，从而缓和了交易气氛，给自己，同时也给对方创造交易成功的机会。上例中说话者用模糊限制语“I'm afraid”和“somewhat”营造了似乎对对方更为有利的氛围，减少了双方在感情上的对立，从而在一定程度上赢得了对方的同情和理解，为交易的成功提供了机会。这种缓和性低调陈述是交际的润滑剂，削弱对他人批评的锋芒或抵触，缓和紧张气氛。

7.3.3　认同性

求同是指在交际中言行上尽量减少与别人在观点上的不一致和感情上的对立，尽量减少对方的分歧和反感以增加双方的一致。Leech（1983）在定义礼貌原则的作用时指出“（礼貌原则）是为维护社会的平衡以及友善的关系，假设会话人首先以合作的姿态进行会话”。这些原则及其准则是：有意违反合作原则而产生婉转含蓄，因而也就减低贬损，增加褒惠，取得求同的预期效果，以满足受话者心理上求同的需要，使交际得以顺利进行。例如：

［8］ Many forecasts *assume* that if something can happen technologically, it will happen when it can be done economically.

Salager－Meyer（1994）指出，学术界摒弃自负傲慢的品性，谦恭谨慎被视为美德。他主张作推断时应当淡化语气，而不应直截了当。因此科学工作者常常出于探求的目的或基于自己的推断而大量使用低调陈述修辞，如上例，作者为了保证客观，没有使用绝对的断言，而是用模糊限制语“assume”把所述观点作为一种暂时性的推测和不十分肯定的估计来陈述，期待获得读者的认同。Overington（1977）也认为，科技语言是修辞性语言，具模糊性、说服性，使用低调陈述能使语言模棱两可，既增加了读者认同的机会，又减少了被否定的危险。

7.3.4 补偿性

为了遵守礼貌原则，使言语交际顺利进行，发话人应尽可能地多让对方受惠，少让对方受损。但在语言交际中，发话人免不了要对听话人不尽如人意的地方发表不同意见，甚至提出批评。在这种情况下，发话人利用低调陈述语言的模糊性来“补偿”听话人的“损失”，使其不致影响言语交际的正常进行。例如：

［9］ The girl had a good figure but a *plain face*.

出于礼貌，说话人在描述姑娘的脸时，为了减少对她的贬损，用模糊性的词语“plain”来“补偿”“损失”，淡化了“不漂亮”语义。在这里，礼貌已不是一个道德上的概念，而是交际中的策略，说话者遵守了赞誉准则和得体准则。

低调陈述是一种间接言语行为，根植于18世纪的伦理哲学。从社会心理学来说，低调陈述产生于面子需求，是用温和言辞避免正面冲突、保全双方面子的语用策略，是语言使用中人们协调人际关系的一个重要手段。根据发话人与受话人之间的社会距离、权势差异以及言语行为威胁面子度三个相互独立、受制于文化的变量，理性的发话人能够确定威胁面子行为的严重性，进而采取相应的礼貌策略——低调陈述，完成信息传递并实现礼貌意图，进而减少双方交际时的面子损失。

7.4 会话冲突中的低调陈述修辞话语

我们认为低调陈述修辞话语作为语境线索激活特定的语境因素，对交际内容、人际关系、交际期待进行适当的语用调节。低调陈述修辞话语的本质特征表现为：①语义上的模糊、幽默、冷嘲；②语用上的调节、掩饰、含蓄；③句法上或是正话反说，或是弱说代替强说。

7.4.1 主要类型

（1）免责性低调陈述

这类低调陈述针对的是可能产生负面影响的言语行为或事情，交际者的目的是免除或减轻说话人的责任，减少或弱化对他人面子或情感的伤害可能产生的负面效果。如“*He did not go hungry*”，就是低调陈述中间人在一笔上亿的交易金额中所得的好处，话题是中间人从中赚了多少。这种即时性的低调陈述依赖于特定的语境而生成含义。再如：对未来中国社保体系的建设，十八届三中全会公报提出“*建立更加公平可持续的社会保障制度*”，比较句蕴含着过去的社会保障制度框架中存在很多不公平和不持续的因素，低调陈述在“公平”和“可持续性”这两大原则的指导下，社保制度将进行改革并矫正诸多失误之处。

（2）施为性低调陈述

施为性低调陈述提醒对方注意说话人将要实施某个言语行为，话语有“言外之力”。如“*You are late for the last time*”，说话者要考虑交际对象的态度、性情等因素，用低调陈述所传递的言外之力似乎介于“陈述事实—警告—辞退”之间。

［10］如果美国政府不履行它在中美贸易协定、多种纤维品协定和纺织品协议中所承担的义务，那么，任何人也不能肯定中美两国之间的贸易不会出现逆转。（《人民日报》1984 年 8 月 20 日）

这句双重否定的低调陈述造成的语义模糊性，体现了外交环境下的策略的灵活和原则的坚定的有机结合。

（3）评价性低调陈述

交际者为防止会话冲突升级，选用评价性低调陈述从而隐含说话人的批评、指责、劝阻等语用用意。

［11］ It was *a case of January and May.*

认知语境的干预可理解为“A young lady marries a old man”。这种情景式低调陈述幽默委婉，反映了说话者看待事物和体验生活的感触。

［12］ *批评家不能把“应该”当做自己的信仰，也不应该把作品只当做自己的“行头”去唱自己的戏。*（林景华《批评家的角色》，转引自：杨春霖、刘帆 1995）

这句低调陈述委婉地指责文学批评家墨守成规、死搬教条，不尊重作家意图。

7.4.2 语用调节功能

在会话冲突中，交际者选择低调陈述对内容、人际关系、交际期待等意识进行语用调节以便维持和谐的人际关系和充分意图表达。

（1）调节交际内容的理解

为了减弱或缓和交际双方在观点、态度等方面的对抗性，说话人会选择低调陈述既调解内容的可接受度，维护对方面子，又可以含蓄地表达自己理解的视角。如 1995 年英国广播公司马丁·巴希尔（Martin Bashir）访谈英国王妃黛安娜（Diana）时的一段对话：

［13］ Martin Bashir：“Do you think Mrs Parker – Bowles was a factor in the breakdown of your marriage?”

Diana：“Well，there were three of us in this marriage，so it was *a bit crowded.*”（from an edited version of Martin Bashir's interview with Diana，Princess of Wales，broadcast on BBC Panorama，November 20 1995）

黛安娜用“a bit crowded”含蓄表达自己的否定态度。

［14］ 孟明稽首曰：“君之惠，*不以累臣衅鼓*，使归就戮于秦；寡君之以为戮，死且不朽，若从君惠而免之，三年，*将拜君赐*。”（《左转·僖公三十三年》，转引自：杨春霖、刘帆 1995）

“不以累臣衅鼓”和“三年，将拜君赐”分别表达“处死”和“三年后将来报被擒受辱之仇”语义，这种貌似恭敬的外交辞令，在调节话语内容理解的前提下，缓和了双方的对立和冲突。

（2）调解人际关系

在社交互动中，面子是一个敏感因素，它建构“自我形象”，选用低调陈述是关照他人面子需求的积极语用策略。例如：

［15］TV reporter：Would you mind telling me frankly what you think of our programs?

One of the audience：Well，some are interesting，some *could be better*，and some are almost *sort of* rubbish.

［16］周萍：我没有这么想过，我看你是四凤的哥哥，我才这样说，我爱四凤，她也爱我，我们年轻，我们都是人，两个人天天在一起，*结果免不了有点荒唐*。然而我相信我以后会对得起她，我会娶她做我的太太，我没有一点亏心的地方。（曹禺《雷雨》）

周萍运用免责性低调陈述“结果免不了有点荒唐”掩饰两人的亲密的男女关系，也顾及四凤作为未嫁姑娘的面子需求。

（3）调节交际期待

在社会交际语境中，说话者对话语的内容和对方的行为会有一定的期待，这种期待会限制和引导对方的恰当理解和相应的行为。交际者利用低调陈述调节交际期待，明确自己的交际意图和语用用意，促使听话者理解和接受自己的观点或态度。如“It's a good idea to finish a job”，老板运用低调陈述调解交际期待，引导听话者理解自己的交际意图：请求。

［17］江姐停顿了一下，微笑着说：“我还想和你谈个问题。成钢，*你为什么还不给你妈妈找个好媳妇?*”（罗广斌，杨益言《红岩》，转引自：杨春霖、刘帆 1995）

江姐用修辞问句“你为什么还不给你妈妈找个好媳妇?”表达期待，这种施为性低调陈述激活和调节成钢的交际期待，使对方欣然接受自己的观点，同时也刻画出江姐亲切、幽默的性格。

在会话冲突中，低调陈述可以有效地、多维度地缓解交际双方的矛盾和对立。低调陈述修辞话语在交际中的语用调节功能表明，语言使用者为实现交际目的，有意识地选择低调陈述进行适当的协商和调整。低调陈述修辞话语的使用体现修辞语言选择和语境因素的双向顺应性。对会话冲突中低调陈述修辞话语积极地语用调节功能的分析，可以帮助我们深入认识修辞语言、大脑认知和社会现实之间的复杂的互动关系。

7.4.3 机构会话中的低调陈述修辞特征

机构会话是指会话行为的内容涉及会话参与者的机构身份，它不完全是由会话行为所发生的场合决定，它可以发生在任何场景，只要这种机构性谈话是以任务为驱动的。从机构会话的视角分析研究交际者如何选择低调陈述修辞以言行事，完成不同的社会行为的。从会话分析角度对机构性谈话中的低调陈述修辞选择进行探讨分析，不仅有利于我们深刻地理解低调陈述修辞识解机制，而且有助于我们更好地把握社会机构和交际身份在机构性谈话中的具体体现。

（1）目的性

机构会话是在相对限定的常规形式下，受交际目的影响的一种言语行为。例如：

［18］Black：So. Mr. Wang，you do agree that our price is satisfactory?

Mr. Wang：I hope we can agree on the price，but *before we do*，*we may have to travel across mountains and rivers.* Are you ready for that，Mr. Black?

王先生为实现公司规约的特定商务谈判目标选择隐喻式低调陈述，委婉地表示价格有商量的余地，在引出相应的衔接话轮的情况下，维持并发展了机构会话中的双方地位、身份和状况。

（2）限定性

机构会话的两个限定因素包括“自上而下”的强制方式和“自下而上”的协商方式。如“*It's a good idea to finish a job*”，老板在请求下属加班这种特定的阶段，选择灵活、可协商的低调陈述修辞，重构了“老板”与“职员”的机构身份，展现了机构会话中身份关系的动态性、可塑性、制约性。

（3）开放性

拥有不同文化背景、语言资源和社会身份关系的交际者使得机构会话呈现出开放性和动态性特征。交际者的社会身份关系在机构会话中相互关联、相互渗透。例如：

［19］Lady：I want a dress that will knock everyone dead.

Sale girl：We have some lovely evening dresses over here for *insecure people*.

Lady：Insecure people?

Sale girl：Oh，yes. Didn't you know that clothes are one of the main ways woman compensate for insecurity?

Lady：I'm *not insecure*.

选择使用低调陈述修辞是交际者顺应特定机构会话的手段之一。低调陈述修辞手段可以实现话轮设计中所要执行的行为或活动，话轮设计会随着社会机构或交际者的机构身份的变化而改变。在机构会话的序列组织中，交际者的交际身份和角色（如例［19］中的信息提供者等），以及交际者的社会身份和机构身份（如上例"*It's a good idea to finish a job*"中的男性老板等）得到了建立和维持。以任务为取向的机构会话的整体结构有一定的规则和顺序。在机构会话中，如果某一方代表某个社会机构，参与者在话轮转换、话语修正、话题的选择、谈话进行与结束等方面就会具有不同的决定权。

第八章

原型效应

同语言学如出一辙，修辞学也是对字、词和语法特征以及感知的描写，是对人类修辞语言体系和模式的研究。（参照：Wilson 1994；Aristotle 2007）起源于认知科学原型理论的认知修辞学把修辞学理论建立在心理学的基础之上，研究人类思维表征以及心理表现，相对于传统的线性的修辞系统理论复杂的规则排序和词汇推导，可以简化很多悬而未决的问题，更能反映人脑修辞系统的形成机制以及人类修辞系统的本质特点。以认知修辞学为理论依据，探索蕴含在修辞体系下的认知表征，论证修辞学中的词汇语法是认知性的，是大脑的一个产品。作为智能活动的修辞语言是人类认知过程的产物，同时也体现了人类的认知能力。

原型理论认为大脑记忆中的大量的个人经验片段的集合组成原型集，人类以原型集的方式归类记忆经验。根据原型理论，在修辞学中，人类并不只是抽象不同的词和词组的形式特征，而是按照感觉记忆他们的单个事情，最终在大脑中形成非常详尽的可预测的和不可预测的词汇语法特征。也就是说，修辞单位是一种认知能力，它基于人类的感知、范畴化识别、心智表征等能力。作为人类认知活动的重要组成部分，范畴化是人类的一种高级认知活动。王寅（2009）将范畴化描写为：是一种基于体验、以主客体互动为出发点、对外界事体（事物、事件、现象等）进行主观概括和类属划分的心智过程，是一种赋予世界以一定结构并使其从无序转向有序的理性活动，也是人们认识世界的一个重要手段。目前广泛应用于认知科学诸领域的原型范畴理论（prototype theory，亦称类典型理论）是认知语言学提出的重要观点，产生于当代语言学和哲学界对于经典的亚里士多德（1997）范畴学说的批判，尤其是 Wittgenstein

（维特根斯坦 1958）的对于语义范畴“家族相似论”（family resemblance theory）的深刻揭示。原型范畴化理论吸取了家族相似性理论中的不同范畴之间的关系不是离散的而是连续体的观点，认为范畴外部的边界是模糊的，但是改进了范畴内成员的地位平等的观点，指出范畴内成员的地位是不平等的，具有等级差异。原型理论说解释的实际上是一种以语言的日常应用为导向的言说者的内在心理图式，强调语词意义的日常应用，认为意义是人体对各种事物的体验，它关注的是语言使用者对语义范畴的体验。

8.1　低调陈述的范畴化分析

原型范畴理论为我们理解低调陈述修辞现象提供了新的视角。低调陈述范畴化分析在两个方面具有一定优越性：①低调陈述范畴化能比较满意地解释这样一个事实：听话人通常毫不费力地理解低调陈述原型成员的言外之意，尽管这一解释也以推理过程为基础，但不耗时。②传统的低调陈述划分无法系统描写低调陈述中间成员和边缘成员所包含的言外行为理解中所涉及的推理图式及其认知理据，比如需要考虑社会因素的影响、权势或社会距离，运用原型范畴理论可以更有效地区分一些具有细微差别的低调陈述言语行为，可以增强在认知语言学框架中的低调陈述语用推理模式的解释力。

原型理论在低调陈述修辞研究上有广阔的应用前景。对现有的低调陈述研究理论的梳理和总结表明，低调陈述是如何表征又是如何理解的是低调陈述研究的核心问题。从历时角度讲，低调陈述表征及低调陈述理解模式的研究经历了从重形式到强调意义直至引入认知理论的演变过程。在低调陈述运用的漫长过程中，某些低调陈述的变异性固定、为人熟知，只需要付出较少心力来理解顺应，而另一些低调陈述晦涩难辨、变异性随境而生，人们必须付出较多的心力才可能成功顺应、达到交流目的。

低调陈述范畴原型成员起初来之于概念的创造性使用所造成的语义演变，这一变化被广泛使用后，该表达就失去了原来的描述内容，话语发出者最初并不认同的真值描述变为表达的确切意义，并被记录在语汇中，这一认知过程的经验主义意义在于所指对象的可及性增加，它不需要大脑复杂的推演，仅仅从记忆中进行检索提取，表现为词汇上的曲言法和弱陈法，它们为中心成员和原型样本（prototypical exampler），构成了低调陈述范畴的基本层次，是人们首先认知的，可视为低调陈述范畴中无标记性成员，是中间成员和边缘成员（标记性成员）在认知上的参照点（Cognitive Reference Point）。在人类认识事物的动态过程中，低调陈述修辞范畴各成员依家族相似性的典型程度围绕原型不断扩展和延伸，模糊限制词、虚拟语气、比较级以及修辞问句为中间成员，享有不同的成员地位并构成低层次范畴；其他边缘成员的抽象程度不断提高，也就越脱离它的原型，比如转喻式低调陈述和隐喻式低调陈述。人们为理解各种低调陈述的交际意图所付出的推理努力构成的是一个由小到大的连续体，它们的集合就是一个原型范畴（见图8—1）。

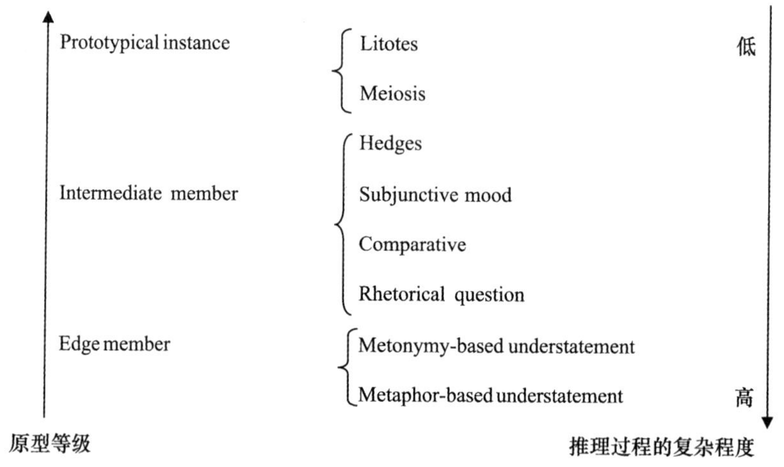

图8—1 低调陈述的范畴

8.2 低调陈述的原型成员

低调陈述的原型成员是低调陈述修辞意义具有局部稳定性的基础，

代表了传统的低调陈述修辞格中习惯性或规则性的一面，有曲言法（litotes）和弱陈法（meiosis）。

8.2.1　曲言法

用否定词“no”“not”“none”“never”或否定词缀表示间接肯定，即通过否定其反面来表达肯定的意思，有时也称反叙法。比如我们经常用“I *did not half like* that”表示“I extremely like that”；“*no fool*”等于“wise”；“*not slow*”表达“very quick”语义；“*not glad* ”就是“very much distressed”意思；“*no ordinary* city”就是“a very impressive city”之意；我们不直白地说“a person is attractive or even very attractive”，我们或许会说“*not unattractive*”，这种低调陈述形式是用否定加否定的形式，表达肯定的语意，语法书称它为双重否定句，作用是加强语气。如“I do *not disagree*”低调表达完全赞同；“not - unpretty”“not inconceivable”“not disenjoying”分别表示“attractive”“conceivable”“enjoying”肯定语义；“He was *not unfamiliar* with the works of Dickens”表达的是“He was well acquainted with the works of Dickens”之意；“She is *not so unkind*”等于“She is kind”。

8.2.2　弱陈法

弱陈法就是弱说代替强说，即运用“a bit”“almost”“hardly”“kind of”“rather”“pretty”“scarcely”“quite”“something of”“sort of”等副词修饰做表语或定语成分的形容词，如我们常说“*a bit* hungry；*a little* silly；have *a kind of* uncomfortable feeling”。其作用或是缓和陈述命题的果断性，如“Last paragraph is *quite* ambiguous”；或是减少批评和建议的否定力度，如用“It may be *a little* difficult”淡化“What you propose is totally impossible”的否定语义。

低调陈述范畴的理解包括知识存储、语义激活和语境参与三个过程。低调陈述原型成员的知识是系统地以“图式”形式组织起来，这些信息已为语言社区的所有成员共享，储存在我们的长期记忆中，因此听话者通常能毫不费力理解低调陈述原型成员的言外之意，如“Ted was *a little tipsy*”是淡化“Ted was very drunk”的含义，“That's *not so bad*”完全是最高褒扬。因此，①正话反说；②含蓄内敛、弱说代替强说；③有意违反语用原则，达到语用不诚实。这三个条件同时满足就构成原型低调陈述。但从原型范畴的角度来看，这两种句式不属于相同的原型等级，由于“no half”具有高度的语用功能单一性，理解它们的言外之意，听话人不需要多少额外的推理，它们是低调陈述范畴的中心成员，而“quite”和“a little”是表示低调陈述还是事实陈述，语境起着非常关键的作用。当问及一个失去腿的军官的感受时，如果他回答“*Stings a bit*”，或者称彻头彻尾完完全全的灾难（a complete and utter disaster）是“*We seem to have a bit of a problem*”，这些无疑都是典型的低调陈述。

8.3 低调陈述的中间成员

根据原型范畴理论，隶属于低调陈述修辞范畴中的各成员之间并不存在共同特征，但具有纵横交错、互相重叠的属性组合，即所有成员享有低调、淡化这些共同属性，从而形成家族相似性。在低调陈述范畴中，原型成员是那些约定俗成的低调陈述成员，它们是中心构式，充当低调陈述范畴的组织结构，低调陈述的中间成员是原型成员的衍生结果，衍生理据基于相似性网络和低调属性。中间成员和边缘成员是原型成员基础上的延伸，有模糊限制语（hedges）、虚拟语气、比较级和修辞问句，它们以次概念串形式（cluster）存在，并束集在中心构式周围，形成一个辐射模型。

8.3.1 模糊限制词

用动词“be afraid”“suspect”“guess”“suppose”等低调表达“think”语义，如“*I suppose* that the conclusion has no relation to the topic”；或用“Well, *I expect we'll manage somehow*”低调表达“Yes, certainly, no trouble”语义（Kate Fox, 2004：181）。

[1] I might be one of them, *I reasoned*, but I was not like them.（我推想着，我也许是她们中的一员，可是我和她们是不一样的。）

[2] Although he didn't speak Spanish（other than “Mujeres, trabajo, trabajo!” Women, work, work!）, he *seemed to sense* he was being

laughed at. [尽管他不会西班牙语，（除了“女人们，干活，干活!”）他似乎能感觉到大家在取笑他。]

[3] And although mymind tells me that, scientifically speaking, water cures are rubbish, *I feel* something happening to my body and *suspect* that the 300 million Europeans who embrace such remedies *may* not be as wrong – headed as our own medical establishment would have us believe.（虽然理智告诉我，水疗毫无科学价值，我却感到自己的身体正在发生某种变化，内心隐隐怀疑信奉水疗的 3 亿欧洲人或许并不像国内的医疗机构宣传得那样执迷不悟。）

以上三例中“I reasoned”“seemed to sense”“I feel”都是低调表达“I think”语义。

8.3.2 虚拟语气

说话者可以用虚拟语气表示委婉肯定或否定语义。如面对真正可怖的经历，说话者低调说“well，not exactly what I would have chosen”；“I would certainly go if I had the time”则是委婉拒绝；在“If I had been alert to his feelings about the matter，I could have prevented the whole unfortunate incident…”这句话中，谓语动词过去时显示了说话人与听话人之间的“心理距离”，语法结构的异常成为低调陈述的指征。

[4] *I would have preferred working* in a dress shop or baby – sitting, like my friends.（我更情愿像我的朋友们那样在服饰店里上班，或是为人照看小孩。）

虚拟语气委婉否定。

8.3.3 比较句

用比较句“I've known more comfortable cars”表示“Your car is uncomfortable”含义，或用“I've tasted better”表示否定含义，这种语用否定需要结合语境才能判断究竟是低调陈述还是事实陈述。

8.3.4 修辞问句

[5] Between sobs she asked, “*Haven't I been a pretty good girl today*?”

（她一边呜咽一边问：“难道我今天还不够乖吗?”）

修辞问句委婉表示肯定语义“I am a pretty good girl today”。

低调陈述修辞范畴的本质特征是稳定性和动态性的和谐平衡，正是这种平衡性使语言系统能够在保持系统的相对稳定的前提下不断地出现创新与变化，即在这种既稳定又灵活的低调陈述范畴结构基础上不断将新的成员纳入原有的体系。随着低调陈述范畴的扩展，其边缘变得越来越模糊，离原型成员越远的边缘成员，与原型成员的认同率越低，认同率低到一定程度，其对其他修辞范畴的认同率开始上升，于是出现与其他修辞范畴诸如反语和委婉语的交叉。

8.4 低调陈述的边缘成员

Waldron（1985）认为“范畴化是对相似性和连续性的记录”。虽然低调陈述修辞范畴中的原型成员是有限的，但边缘成员从理论上讲有无限延伸的可能性。低调陈述范畴是由于语用实践而形成的原型到边缘的连续体，一端是低调陈述范畴原型成员，另一端是低调陈述范畴边缘化成员的创造性使用，它们充当低调陈述修辞范畴化过程的起始点，并根据家族相似性原则类推到中间成员。从低调、淡化的角度来说，原型成员语言性较强，边缘成员语言性较弱，语言性较弱的边缘成员要通过语境的激活才能凸显出来。低调陈述的边缘成员完全是临时性的、偶发性的，受到语境的强大影响与制约，包括转喻式低调陈述和隐喻式低调陈述。

8.4.1 转喻式低调陈述

Sweetser（1990：156）指出：语言范畴化不仅取决于我们对世界中不同存在物的命名，而且取决于我们通过隐喻和转喻建构对世界的感知。人的大脑不是无限容量的仓库，而是具有创造力的，其创造力就在于它能借助已知的、更加简洁、高效、易于理解的事物或语言形式来认知和命名新的事物，这是低调陈述修辞范畴中边缘成员形成的原因和基础。这种转喻和隐喻的运用源于使用者在两种不同的事物中发现了它们的共性，创造性地用一种事物的本质特征来影射另一种事物，听话者通过大脑的相似联想，对两种事物的感知发生相互交融，从而使被影射的事物获得了一种新的解释、评价和表达。如“He had five sandwiches and a quart of milk for his *snack*”，根据 Lakoff（1987）提出的理想化认知模型（ICM），该句是事物与部分（thing - part）理想化认知模型，说话者用部分“snack”转喻整体“a big meal”，话语既揶揄幽默，又取得了淡化掩饰的效果。“*It's a good idea to finish a job*”转喻“Please help me finish an important project”，根据 Lakoff 范围（scale）理想化认知模型，这是肯定被指代事件。如将“decades of violence in Northern Ireland”（北爱尔兰数十年的暴力事件）描述为“The Troubles”（麻烦事），将“a schoolboy who has set fire to his school”（小学生纵火事件）称为“prank”（玩笑或恶作剧），将“the American Civil War and its aftermath”（美国内战及其后果）说成“The Recent Unpleasantness”，将“slavery”（奴隶制）描写为“Peculiar Institution”，将“fatally wounded”（致命伤）描述为“a scratch”，这些都是用转喻的方法掩饰事态的严重性，说话人的真正用意是做到政治上正确（Politically correct）。

8.4.2　隐喻式低调陈述

边缘成员的语义激活主要来自与外部认知语境的关联强度，与语境关联最强的语义理应被首先激活。关联理论把语言的交际基础看成交际双方共享的认知环境，认为话语是语用者把片段性的话语充实成完整的命题形式的推导过程，词汇歧义由认知语境排除。认知语境标准作用于各种百科知识（互相明示的），比如社会信仰，它形成说话双方都互相明示的部分，并能在双方交谈中对认知的成本、效益发生作用。认知语境标准能为低调陈述范畴边缘化成员的理解提供解释框架，低调陈述范畴边缘化成员由于语境的变化呈现实时性、在线性（0n - line）、一次性（one - off）。在认知语境对语义的选择过程中，某个义项得以凸显，如在“I met my *Waterloo* in the exam”这句话中，说话者用“Waterloo”（滑铁卢）隐喻“a failure in an important exam”，再如在“It is a case of *January and May*”句中，说话者用冬春两个季节分别隐喻白发老人和妙龄少女，低调表达“A white - haired man marries a beautiful young lady”语义，这种不仅仅是概念之间的映射，也是指示外部个体的新颖方式，所构建的语境以及携带的信息远比直接提及委婉含蓄得多，达到了淡化、掩饰、幽默的目的。

人们对物理世界的感知和经验被映射到其他抽象概念，成为转喻和隐喻意义的基础，抽象概念是空间和物理世界基础上的延伸，而低调陈述范畴的发展反映了认知的这种转喻和隐喻性质。转喻式低调陈述和隐喻式低调陈述是两个认知域之间概念映现的激活，认知语境的关联理论规约着两个认知域之间所激活的概念映现，决定着哪一个概念映现在某一特定的语境下被首先激活，这种认知语境对语义的选择，称为语境参与，它的实现标志着低调陈述范畴理解的完成。

对范畴化认知背景的深入理解从很大程度上改变了我们原来把各个修辞看作由界限分明的词语和句法组成的看法。从认知的角度看，像低调陈述修辞这样的各种具体的结构形式都是通过原型范畴在概念上进行组织的，低调陈述范畴与其他修辞范畴之间的疆界不是泾渭分明的，而是模糊的，存在交叉性、亦此亦彼性。低调陈述不仅仅是一个简单的语用修辞现象，低调陈述的识别、使用与理解是极其复杂的心理认知过程。比如，当你说“I think there may be some additional factors that you may not have accounted for”，究竟是否认对方观点，低调表达“Your analysis is far too simplistic，no one will take such an idiotic theory seriously”之意，还是一种事实的陈述？正如 Duthel（2008：98）认为，低调陈述更不会惹恼或冒犯他人，更能说服他人，因为当别人觉得你是在责备他或是对他表示不屑时，他怎么可能会在意我们的评头论足呢？因此，低调陈述的范畴化分析给我们的启示是：低调陈述的描写与解释非一种理论能达到完美的地步，如何吸收多样性和丰富性的理论精华，将它们有效地整合在一个尽可能综合的理论框架下来探讨低调陈述的本质性问题，是摆在我们面前的任务。

第九章

低调陈述与转喻

传统修辞学对低调陈述的研究多局限于词汇层面，对其分类较为具体（Hübler 1984，范家材 1992），从当时的认知水平来看，这些直觉性的低调陈述分类法在一定程度上有助于人们认识和使用低调陈述，但其缺陷是缺乏概括性，有较多的重叠或疏漏。依据原型范畴理论（Wittgenstein 1958，王寅 2009），从认知—语用的视角对低调陈述进行分类，我们认为低调陈述如同隐喻和转喻一样，存在规约化梯度（scale of conventionality），即"常规低调陈述—即时低调陈述"连续体模式，常规低调陈述和即时低调陈述没有严格界限，其区分是标量的、模糊的，是一个连续体（continuum）。

9.1 低调陈述转喻的构成机制

已经完全在语言或认知上约定俗成的低调陈述表达属于常规低调陈述，如反叙和弱陈，也称"规约低调陈述"（default understatement），位于连续体的一端。规约度高的常规低调陈述可以为我们的认知和交际提供便捷的心理可及性，有如一个有效的语用策略，可帮助交际双方节省编码和解码的能量；中间为过渡性区域，包含了从即时低调陈述向常规低调陈述规约化进程各个阶段的低调陈述表达，如语法上的虚拟语气和比较级等，这部分低调陈述表达在人们的思维和认知上并没有形成广泛的共识，它们只能不同程度地唤起人们对已知目标的识解，我们把它们统称为半规约化低调陈述（understatement in the transitional range）；而顺应当时语境所产生的临时性低调陈述表达属于即时低调陈述，也称"非规约低调陈述”（non - default understatement），位于连续体的另一端。即时低调陈述新颖、形象生动，是言语使用者为顺应当时语境的需求而产生的一种应变性语用策略，它们应语境而生，其识解也较大程度地依赖于语境。作为一种流变的符号表征，非规约性的低调陈述总是最为敏锐地反映着社会心理的变迁，随着社会语境的变化而变化。引起非规约低调陈述的不光有社会、历史等外在因素，还有人的认知思维等内部原因，而心理感知上的凸显作用就像是一座桥梁沟通了内外两个世界，将低调陈述的可能性与必然性有机地融合起来，统摄于转喻机制之下。理解非规约性低调陈述时，或是名词和形容词激活一个与之相关的百科知识集，供语言使用者依据语境提取合适的知识，如“He had five sandwiches and a quart of milk for his *snack*”；或是语法结构的功能转变，字面义为显性意义，为理解与其所指事物相关的属性提供心理通道，其动因是经济性和礼貌性。假如你和 Peter 同在一家大电脑公司共事，一天 Peter 要求你帮忙完成一项重要计划，你说有个约会没法帮忙，Peter 看着墙上的钟回应：“*It is a good idea to finish a job*”。间接言语行为的一个重要特点就是借助一种言语行为模式来间接地执行另一种言语行为。Peter 实际上是在用低调陈述转指请求：help us finish a job。脚本中段内的借代关系本质上是基本概念转喻影响的（Panther and Thornburg 1997），“说话者希望听话者做某事”（wish of S that H performs an action for a linguistic action）的概念转喻是 MOTIVATION/REASON FOR ACTION（动机/原因代行动）。Panther and Thornburg（2003）认为，会话话轮之间的“填补式”推理模式，实际上都以“言语行为脚本”为基础，考虑的是在认知心理框架或领域内成分之间的某种互为代替的概念转喻关系（conceptual metonymies）。换言之，在语言使用过程中，词语仅可激活言语行为脚本中的一个成分，但是由于该成分与其他成分和脚本整体之间存在着互为结构的关系，可以在推理时以脚本中诸成分所指的概念为对象，行使借代功能，从而保证话语的深层连贯（熊学亮 2002）。上例中，说话者不直接要求，只是说明这一事件的结果，而由听话人根据常识来推测说话者是否希望看到这样的结果进而推断说话者的真实意图：请求。说话者通过执行一种言语行为（陈述）来完成另一种言语行为（请求）。选择多大间接程度的表达是由认知背景、现时语境和个人因素决定的。请求同事帮助完成一项重要的计划，这是话语选择的认知背景，这样的认知背景决定了请求者选用间接表达方式。而现时语境的作用表现在，他的同事以有约为理由拒绝了对方请求。个人因素表现为请求者希望他的同事能先帮他做事，然后再去赴约。三种因素共同作用决定了说话者利用提及事件理想认知模型的某一部分而传达一种“会话含义”，从而取得了“旁敲侧击”或“王顾左右而言他”的特殊效果。

低调陈述属于表情类言语行为（expressives），即说话人在表达特定命题内容的同时还表达自己的某种心态，诸如抱怨，它的言外之意是 S 希望 H 注意到自己错误，从而采取措施去补救。如：被你的车溅了一身泥的 Christine 向你的车子走来，一无所知的你却问他为何衣服如此污浊，Christine 回头看着路上的泥坑回答道：“*You might drive a bit slower*”，这样的低调陈述既回答了你的问话，表达了希望你以后开车慢点的愿望，也反映了 Christine 对你行为的理解和宽容，以减缓彼此间的敌意。认知心理学认为，人们在使用语言时，并不是把所有的信息都用语言表达出来，有显性语言（explicit）和隐性语言（implicit）之分。因此人们首先要利用显性语言，运用已有的知识网络对其进行模式识别、完善，然后根据这个模式再进一步完善细节。低调陈述转喻中，显性语言就是经过思维的曲折后呈现相对凸显的低调陈述，是源义，如上例“You might drive a bit slower”；隐性语言就是试图掩饰的淡化义，是目标义，如上例表达的“You drove too fast”语义；曲折是指掩饰和淡化，借助转喻模式得到解释；源义作为载体（vehicle），去激活目标义，从而实现目标义。

低调陈述含义是由于交际受制约转喻的信息最大化、经济最大化、认知凸显和社会需要原则所支配而产生的。出于表达的需要并取得修辞效果，人们用“to be quiet”代替“to be patient”；因委婉需要，用弱陈法和曲言表达自己的想法，如“*I suspect* that John is *sort of* in love”；受礼貌因素的驱使，人们用“snack”表示“five sandwiches and a quart of milk”。修辞、委婉和礼貌等因素可称之为制约低调陈述转喻的社会需要原则。

经验主义的认知观认为人的感知器官及运作环境直接影响思维与语言，外界事物只有被人的大脑感知才能获得意义，推理与联想受制于人的认知能力、社会文化和经验，人的理性富于想象力，并与人自身有内在的联系。在语用与心理语言学的文献中，转喻不再只是一种以修辞和文学为目的的语言手段，而是与根植在人类心智内的意象保持一致（Lakoff 1987，Raymond 1994）。随着认知语言学的创立，尤其是在 Lakoff and Johnson 于 1980 年出版了 *Metaphor We Live by*（《我们赖以生存的隐喻》）之后，转喻由修辞层面上升到认知层面，这是转喻研究的革命性突破。转喻的典型表达方式是“以此言彼”，英语的公式是 X stand for Y。Langacker（1999）认为转喻的实质在于心理上通过一个概念实体把握另一个概念实体。Lakoff（1987：77）认为，转喻是认知的基本特征之一，它选取事物易理解（well - understood）或易感知（easy - to - perceive）的一方面来代替事物的整体或事物的另一方面或部分。Panther and Thomburg（1999）把转喻分为三类：指称转喻、述谓转喻和言语行为转喻。指称转喻是用一概念代指另一概念，述谓转喻是指用一种表达式来借代另一种表达式，言语行为转喻是用一种言语行为来借代另一种言语行为。就认知功能而言，转喻主要用于指称和推理，它不仅仅是指修辞领域涉及的借代，更多的转喻思维存在于非指称转喻中，不能从语言现象中辨认，如低调陈述、委婉语、间接言语行为等。转喻基于邻近联想，转喻的邻近性产生于语言之外的客观体验和词的转义，所以，转喻具有文化依赖性，涉及的是相同经验域的不同关系。转喻突出事物间的偶然联系，给人以陌生感、新奇感；同时转喻的意义模糊而又综合，提供多种解释的可能性，激起了人们的丰富联想。认知语言学家认为，转喻与隐喻在本质上是一致的，都是人类感知社会、建构经验的强有力的认知思维工具（Dirven 1993，Taylor 1995，Ruiz and Franciscode 2000，魏在江 2007）。

9.2 低调陈述转喻的构成手段

在语言学中，修辞现象是十分复杂的语言现象，能够找到统一的理论解释并非是一件容易的事情。对于修辞现象，传统研究归纳出上百种类型：委婉语、低调陈述、移就等。相对于认知语言学来说，传统的研究成果显得较为简单，只是对不同的修辞进行了归类，对各个修辞的变化很难说是深入的探索。随着认知语言学的发展，一些学者利用概念转喻对委婉语进行解释。我们认为，可以把概念转喻的相邻性作为解释修辞变化的原则，概念转喻可以对包括低调陈述在内的各种修辞进行统一解释，帮助我们深入了解修辞变化的一般规律。从认知转喻角度，我们可以将低调陈述定义为用弱化掩饰的一类事物（源域）给难以启齿、不宜直说的一类事物（目标域）提供心理可及的认知操作。在语言的词汇、语法层面都存在转喻生成低调陈述的情形（参见：卢卫中、孔淑娟 2006）。

9.2.1　词汇转喻手段

在词汇层面，以转喻认知模式生成低调陈述的方法很多，其中主要有模糊限制语（hedges）、“整体—部分”联想激活、范畴和其属性的 ICM（Category - and - Property ICM）三种类型。

（1）模糊限制语是用来表达模糊意义的词、短语或小句。它可以改变话语结构的原意，或者根据实际情况对原来话语意义作某种程度的修正，或者给原话定出一个变动范围，从而避免武断、惹怒听话人，达到缓和语气、礼貌待人的目的。如“I *suspect* that John is *sort of* in love”，在特定的认知框架中，转喻的指称功能帮助听者根据自身的感知体验来理解和阐释“I suspect”和“sort of”与它们上位范畴词之间的相邻关系，从而弱化或掩饰不宜直接提及的概念特征，使听者的注意重点分散转移。模糊与明晰相辅相成，以前者指代后者显然是一种转喻形式。

（2）以事物的一部分激活人们对领有该部分的整个事物的认知，或以部分个体激活一定范围里的全体。例如“He had five sandwiches and a quart of milk for his *snack*”，根据 Lakoff 事物—部分（thing - part）理想化认知模型，说话者用“snack”转喻整体“a big meal”，“snack”这一概念实体为“a big meal”这一概念实体提供心理途径，源域中的概念“snack”凸显了点心小吃的简单和优雅，同时掩盖了目标域概念关于大餐的意义，话语既揶揄幽默，又起到了淡化掩饰的效果。

（3）范畴也可以看作由属性和特征构成的整体，所以范畴和其属性之间可以相互转指。如：“Even though I wanted to say, ‘Go get it yourself’, I knew it was my job *to be quiet* and do in a nice way whatever I was told”，to be quiet 被转喻地理解为 to be patient，该转喻目标域在文化中形成一个理想草图：忍耐就是一声不吭、安安静静。转喻充分利用了我们

对这一行为特征的了解，通过指涉其特征，激活其行为序列。转喻是通过个别事物代表一个类别，某一特定事例、特征或特点来代表一般的功能，从而使其指称沟通了抽象和具体。转喻认知方式在延展语义方面是概念性的，是我们日常概念系统的一部分，并且被人们在认知世界里自主地无意识地使用。

9.2.2 语法转喻手段

比较常见的语法低调手段主要有：虚拟语气、反叙法、比较级。

（1）虚拟语气。有一种过去时叫态度过去时（attitudinal past tense），该时态使用表示意愿及精神状态的动词，反映说话者探寻式的态度。如："*I was wondering if you could* do me a favour"，过去时具有远称性和虚拟性，说话人进可以攻，退可以守；进行时具有生动性和形象性，听话人有亲切感，这种表示意愿和态度动词的过去时和进行时，具备"以此代彼"的转喻特点。

（2）反叙法。美国总统Obama曾在演说中用"not - so - young"指代老年人、中老年人，用正面的特征"不是很年轻"指代具有负面特征"老人"，从而使他显得彬彬有礼。同理，"*That wasn't the worst dinner I've ever eaten*"表示"It was delicious"语义，"He is *not exceptionally bright*"表达"He is an idiot"否定含义，都是借否定形式表达同义的肯定形式的转喻替代用法。

（3）比较级。①"Do you like these apricots?"②"*I've tasted better.*"②句不愿意直接表达否定看法，转而借用肯定形式的比较级来间接表达，实现了低调陈述的表达效果，这是基于转喻认知机制的句法表达手段。

转喻运作的基础是事物之间的邻近性和关联性，而话语的缓和、淡化和掩饰是低调陈述的突出特点，因此，人们经常借相近、相关的其他事物来表达某事物，从而实现低调陈述的目的和愿望。

9.3 隐转喻式低调陈述的语用功能

Langacker（1987）认为，语言交际受相互竞争的信息最大化和经济最大化原则支配。信息最大化原则要求说话人尽最大可能准确地传递最多信息，经济最大化原则要求说话人尽最大可能简捷地传递信息。低调陈述的理解和使用的复杂性正体现以上原则，是上述信息最大化、经济最大化、认知凸显和社会需要相互竞争的结果，同时又能协调并实现这些原则。低调陈述语义选择不但受认知原则的制约，而且受语用策略的制约。认知原则作用于低调陈述转喻方式有多种，当说话人出于语用目的而故意违反认知原则时，低调陈述转喻表达式就会实现不同的语用功能。

9.3.1　社会文化功能

根据 Brown and Levinson（1987）的礼貌原则，人人都有保全面子的需要。言语交际也是社会行为，受到一系列社会因素的影响和制约。低调陈述是一种策略表达，说话人用听话人可以接受的信息来代替所要传递的信息以顾及交际双方的地位、权势、距离、性别、交际场合、内容等因素。如面对法庭质问前副总统 Agnew 作为中间人在军火交易中赚了多少，军火商 Soghnanlian 说："*He did not go hungry*"，越是不愉快的事情，人们越是不愿意正视，从而引起心理上的关注，这种回避的初衷反而带来凸显的结果，如上例。就主句的低调表述来看，源域包含吃饭场景，目标域包含中间人场景，"He did not go hungry" 被映射到充当交易的中间人场景中，语境正是军火交易，它触及的是军事战，但往往以经济战的面貌出现，这样，低调陈述恰好表现了话题本身的禁忌和掩饰的本质属性；另外，没挨饿是相对概念凸显，为的是激活目标概念，而话语真正凸显的不是源概念而是目标概念——暗示军火交易中 Agnew 充当"中间人"收入不菲。语言的经济原则、社会需要之所以能够实现，是因为人类的转喻思维具有自动填补完型的作用。低调陈述在交际中能够起到重要的变通作用，编码文字的语义结构替代并激活概念结构中潜在的相关信息，使人们能够实现低调陈述话语的完备表达及其对话语的理解。

9.3.2　人际交流功能

我们用语言谈论自己对世界的经验，包括我们的内心世界，用语言来描述事件和实体，我们也用语言与别人互动，建立和保持与他们的关系，影响他们的行动。语言的人际功能就是讲话者作为参与者的"意义潜势”，是语言的参与功能。通过这一功能，讲话者使自己参与到某一情景语境中，表达自己的态度和推断，并试图影响别人的态度和行动，此功能还表示与情景有关的角色关系，包括交际角色关系，如提问者与回答者、告知者与怀疑者等之间的关系（胡壮麟 1994）。例如：TV reporter：Would you mind telling me frankly what you think of our programs？One of the audience：Well，some are interesting，some *could be better*，and some are almost *sort of* rubbish. 特定语境中不同类型的听话人会在一定程度上影响说话人的语言选择。在上例中，说话人使用低调陈述转喻的言说方式，即选择凸显的、易感知和最有价值的部分信息，从而准确快捷地同时又能以听话人可接受的方式传递所要交流的全部信息。

9.3.3 信息增值功能

Verschueren（2000）认为意义完全外显是不可能的，话语意义（utterance meaning）总要大于句子的字面意义，整体大于字面之和。当人们谈论令人不快或敏感话题，或谈论有可能威胁对方面子的话题时，往往倾向于采用语用模糊的表达方式（Radden and Kovecses 1999）。如你在商业会议上陈述一个重要计划，你的上司说：“*A little more time might have helped*”，话语隐含的意义会有许多，诸如你的计划问题不少，这样的想法去年就有人尝试过却没有成功，你需要进一步就这些问题进行调研，等等。我们把这种低调陈述称为“委婉的回避策略”（euphemistic avoidance strategy）。Quirk（1985）等人为此提出了“精良简约”的语用原则。简约就是在交际中进行有效的言语选择。说话人必须有选择表达内容的能力——尽最大可能传递最多、最重要、最凸显的信息，并以此代表所要传递的全部信息（蔡晖 2004：44）。

9.4 隐转喻式低调陈述

认知语言学认为隐喻和转喻是我们思维扩展的重要手段，我们能自动地和无意识地获得这些思维隐喻模式和转喻模式，利用隐喻和转喻进行思维（Lakoff and Johnson 1999，张辉、周平 2002，Panther and Thornburg 1997）。传统修辞学把低调陈述看成一种辞格，一种人们在交际中惯用的装饰（pretense）（Clark 1996，Raymond 2000）。不同于传统修辞学的语言工具论，从认知语言学的语言本体论的角度，考察低调陈述修辞机制，我们认为转喻和隐喻都是人类重要的思维方式，是人类认识客观世界的重要手段。它们根植于人们的基本经验之中，构成我们日常的思考和行动方式（Lakoff and Johnson 1980：37）。低调陈述意义的建构在很大程度上依赖于我们所具有的隐喻和转喻能力。交际受信息、经济、认知凸显和社会需要等原则制约，说话人或是运用来源域里的知识结构来彰显目标域里的知识结构，即用隐喻；或是选择凸显、易感知的部分代替整体或整体的其他部分以及用具有完形感知的整体代表所要传递的信息，即用转喻进行交际，因而产生低调陈述意义。

9.4.1　隐转喻式低调陈述对环境的构建作用

有些隐喻不是建立在身体经验的基础上，而是建立在纯粹的文化考量和认知过程的基础上，文化内涵通过与源域建立关联并映现到目标域上。如“I met my *Waterloo* in the exam”这句话，“waterloo”隐喻“一场重要考试失败”，该隐喻通过创造新的相似性——发现原来没有任何联系的事物（滑铁卢和考试）之间的相似性，既为我们了解某一事物提供了新的角度，又构建了新的社会环境。根据 Evans and Green（2006/2009）的词汇概念和认知模态理论（the Theory of Lexical Concepts and Cognitive Models LCCM），一个词语只有一个词汇概念，这个词汇概念具有通达认知模式的一个或多个通达点。词语通达的是基本认知模式（primary cognitive models），则理解为字面义；如果通达的是次要认知模式（secondary cognitive models），则解读为比喻义。LCCM 理论认为由语境决定词汇概念中次要认知模式的激活，如上例中，来源域“waterloo”指的是作为英国文化组成部分的滑铁卢战役，在其基本的认知域中与目标域“考试”的语境冲突，两者之间没有直接联系，为建立来源域和目标域之间的连接关系需从来源域的次要认知模式中寻找，在语境的基础上来源域映现到目标域的是“惨败”，解决语义冲突的同时还暗示“前面的努力功亏一篑”。根据话语语境，来源域和目标域之间似乎存在某种象似性，即滑铁卢战役的惨败与考试的失利之间存在某种象似性，这两个不同认知域之间的象似关系是构建和传达低调陈述语义的重要渠道。再比如“*You might drive a bit slower*”，低调陈述这一独特的语类（讽刺、幽默），通过转喻对环境进行重新构建，达到说话者的交际目的——指责批评。

9.4.2 隐喻式转喻式低调陈述的认知域

Dirven（1993）、Langacker（1993）指出“概念邻接”是转喻的认知基础，即同一认知域中源域凸显，并向靶域映射。熊学亮（2011：1）认为转喻是同一认知域内的认知替代现象，如部分代整体、整体代部分、或部分代部分。转喻式低调陈述产生在一个临时构建的认知域中部分向整体、整体向部分或部分向部分的映射关系，准确地说，是同一认知模型中一个概念实体“媒介”（vehicle）为另一个概念实体“目标”（target）提供通道的认知过程。不过这个“同一认知模型”扩展地说，有时是特定语境下的两个认知域所形成的一个更大的临时场景中的单项认知映射，如“He *didn't go hungry*”，“吃饭”领域中的某一点在“军火交易”这个语境中向“拿回扣”某一点的认知映射，凸显“没挨饿”这一信息焦点，通过放大相关领域把两个认知领域纳入同一个领域中，从而产生转喻效果。

熊学亮（2011：2）认为转喻可以理解为认知上相关的供“聚合选择”的句法表达，是域内凸显，隐喻可以理解为认知上相关的供“组合选择”的句法表达，是跨域映射。指称性转喻表达：“snack”代替“大餐”；谓语或行为转喻：“It's a good idea to finish a job”，是一种愿望代替现实（Modal desire - for - actuality）的认知过程；隐喻就是将两个事物并置，借助甲类具体事物来理解和体验乙类抽象事物，暗示甲乙两事物间可能未被注意或未被发现的相似性。因此隐喻是：①人类基本的认知方式；②人类组织经验的工具；③提供认识事物的新视角。源域的选择和向目标域的映现建立在体验性（embodiment）和源域的文化内涵的基础上。根据 LCCM 理论，“转喻”概念的产生是来源域在语境中促进对目标域的直接通达的结果，“隐喻”概念是来源域与目标域之间差异所致。如“It is the case of *January and May*”，是隐转喻组合过程。“冬天”和“春天”这两个季节属抽象概念，是目标域，分别由“一月”和“五月”两个具体的源域呈现，形成“冬天”=“一月”、“春天”=“五月”的转喻关系。白雪皑皑的冬天和春暖花开的春天又隐喻“头发花白的老人”

和“美丽的花季少女”，该概念隐喻凸显了“年老”与“青春”，这种转喻和隐喻的相互作用将结婚双方的年龄差距对比所造成的强烈的反差掩盖和淡化了，从而达到了低调陈述修辞效果。低调陈述这一独特的语类（讥讽、嘲笑），通过隐喻对身份进行重新构建，达到说话者的交际目的——暗示婚姻双方的年龄极为不协调。“一月”概念激活若干个相关的认知领域，其中“冬天”概念和原本属于另一个领域的“白发老人”在特定交际语境中发生临时的认知邻接关系，语用学称之为“认知毗邻”（cognitive closeness）。

9.4.3　隐喻式转喻式低调陈述的认知层次

根据 Pearson（2008），“符号”有“象征符”“象似符”“指示符”三种，三种符号的认知抽象度不同，处在不同的认知层面（见图 9—1）。

象征层面	认知构建 →	认知　抽象
象似层面	↑逆证推导　↓潜没推导	内涵　一般
	背景知识 →	
指示层面	↑归纳推导　↓演绎推导	外延　具体
	实体事例 →	

图 9—1　不同的认知层面

在言语交际中，这三个认知层面之间会发生“符号换能”（semiotic transduction）（熊学亮 2011：3）。如上例用“January”和“May”分别代替“冬季”和“春季”，是发生在指示层面上。“冬季”的特定属性“白雪皑皑”向“senior man”的“白发”映射，发生在象似层面。运用归纳逻辑和逆证逻辑可使以上两种认知方式升华到更抽象的象征层面。“January”和“May”反复使用，与“冬季”和“春季”的联系会通过潜没逻辑和演绎逻辑渗透向认知下层的指示层面，从而产生指示性转喻效果。该句源域到靶域的转喻认知过程实际上是一种从指示层面到象似层面再到指示层面的“语义细化”（meaning elaboration）过程。

Pantherand Thornburg（2003）认为，隐喻是在“象似性”基础上“领域结构”某一特征在靶域中得到“象似性复制”，两个领域之间的映射发生在象似层面。转喻是一种概念层面的蕴含关系，源域到靶域的凸显是指示性质的。然而有些转喻中的源域与靶域之间的指示现象是需要依赖或参考语言使用事件或特殊的语境支持。如靶域“大餐”在语用上蕴含源域“snack”，所以用“snack”代替“大餐”是指示性质的认知过程。这种转喻式低调陈述涉及的源域和靶域关系只是语义联想，并未认知固化，也就是说，源域向靶域的认知映射，不是概念的必然，而是见机行事的灵活过程。认知语境就是百科知识，如“I met *Waterloo* in my exam”，如果没有有关“滑铁卢”的历史知识或认知语境，就无法理解该句所指。要想了解词汇蕴含，就要采用概念细化解释（Panther and Thornburg 2006）。

9.4.4 政治场景中的隐转喻式低调陈述

作为文本分类标准的语类是包括语篇、认知、语境三者的一个意义过程，语类呈现人们在一些重复出现的场景中如政治场景中是如何用语言互动、交际的。人们对某一语类比如政治语类的知识决定并制约人们对语篇的解读。因此，精确地解读政治场景中隐转喻式低调陈述就需要分析了解这一语类特点，并整体认识其独特的语篇风格、规约（convention）、交际目的及语境。

政治场景中的低调陈述展现社会、文化或政治生活的某一方面，有其独特的风格、规约和交际目的。从风格的视角，政治场景中低调陈述是通过幽默、讽刺、委婉的方式呈现阴暗、荒谬、愚蠢的场景，试图淡化或弱化令人困惑、失望、气愤的政治现象。政治场景中的低调陈述的规约是表现现实生活中的真实事件或活动，掩饰其负面形象，弱化批评力度。政治场景中的低调陈述其交际目的是掩饰社会和政治上的丑恶或不雅现象，反映并影响公众思维的基本方向。读者需要借助知识背景包括对真实事件以及政治人物的了解、社会或文化背景对低调陈述进行解读。从社会心理学的视角，低调陈述也是人们情感的表达，人的情感同时又影响人的价值判断。如：2006 年在中东地区与埃及外交部长有关当前局势的会晤，外交部长陈述：I think *there's a problem between Shias and Sunnis.* 说话者用“a problem”低调陈述伊斯兰教两大教派什叶派和逊尼派之间的对抗。再如：英国媒体《卫报》2007 年 5 月 17 日一则新闻：“The new EU member states of Poland and Lithuania have been arguing this week for the summit to be called off, and criticizing the German preparations. For historical reasons, the east Europeans are *highly sensitive to* any sign of Germany cutting deals with Russia over their heads.”（欧盟新成员国波兰和立陶宛极力要求取消高层会议，并批评德国的防备工作。由于历史的原因，东欧诸国一直高度敏感德国与俄罗斯在他们头顶上达成协议的迹象。）作者用“highly sensitive to”低调表达东欧诸国反感甚或反对德国与俄罗斯之间达成的协议。

无论是转喻式低调陈述还是隐喻式低调陈述，都是通过大脑的某个区域进行解码，传递来源域和目标域的图式信息，再经过推理以解读创造者的交际意图，这种推理处理是线性的，从字、词再到句子一步步整合，隐含意义和语境意义不是同时进行调整。例如：

[1] We're all being *lobotomized* by this country's most influential industry! It's just thrown in the towel on any endeavor to do anything that doesn't include the courting of twelve - year - old boys. Not even the smart twelve - year - olds - - the stupid ones! The idiots - - of which there are plenty, thanks in no small measure to this network! So *why don't you just change the channel*? Turn off the TV. Do it right now. Go ahead.（这个国家最有影响力的工业让我们变得很迟钝，无论努力做任何事结果都是失败，当然这不包括那些十二岁的聪明男孩子们谈恋爱，有这么多白痴，很大程度上应该归功于网络。所以，为什么只是换频道？关上电视，现在就做，立刻马上。）（Judd Hirsch as Wes Mendell in the pilot episode of *Studio* 60 *on the Sunset Strip*, 2006）

作者用“最有影响力的工业”喻指“网络电视”，又借用修辞问句指责批评网络弊端——使人们丧失活跃的思维，通过“lobotomized”达到了淡化掩饰的目的。

9.5 低调陈述语义压制的转喻理据

低调陈述意义建构过程表明，思想与语言形式的差距需要通过语用推理来填补。在低调陈述所编码的语言形式与其所表达的思想之间，存在着意义的缺省。我们之所以能够在语言表达时缺省某些意义成分，乃是源于对听话者理性的诉求，即我们认定人类的心智具备丰富的推理资源。低调陈述的推导过程本质上是语义和语用相互作用的结果，即相对简单的词汇语义知识与无限开放的语用推理的相互作用。前者涉及对相对稳定的词义的概括性描述，后者则涉及任意性的关于真实世界的知识。两者的互动表现为语用推理对语义表征或解释的干涉，即所谓"语用干涉"（pragmatic intrusion）（Levinson 2000）。句子意义来自构式义和词汇义的"互动"，如果构式义和词汇义互相冲突，构式义就会压制词汇义，从而消除意义冲突。李勇忠（2004：11）认为两种意义冲突的消除就是"压制"（coercion），这也是 Talmy（2000）所称的"转喻迁移"（metonymic shift）。转喻的首要功能是指称，是同一认知域中一个范畴替代另一个范畴，亦即同一理想化认知模式中的激活和映射的认知过程。如"*It's a good idea to finish job*"，建议句构式一般由动态动词充当谓语，而上面这句话包含的却是状态/静态谓词"finish"，构式义与词汇义发生冲突。在这个特殊的语境中，构式义压制词汇义，压制后产生的意义是由概念转喻"结果代行动"生成的。这样的转喻是以文化和生理为基础的认知图式，表达说话者的意向性行为。结果转喻性地借代导致该结果的行为动作，这一认知规律包含语用者对各种可能的因果关系的知识或信仰（Panther and Thornburg 1999，Panther and Thornburg 1997）。因此，对低调陈述间接言语行为转喻的全面解释不仅要考虑认知因素，同时也要将一些必要的语用参数纳入其中。转喻研究在认知语言学和语用学发展的背景下呈现出多角度多层面的趋势，比如转喻的语用研究、转喻与句法关系的研究为我们提供了崭新的视角。将低调陈述视作转喻现象来进行研究，①说明了转喻存在的普遍性。转喻是一种跨越语义学和语用学界限的概念现象，是概念世界中的一系列关系，是语言转喻个例的集成，是人们的经验完型，是常规化的思维模式。②同时也揭示了低调陈述的间接言语行为本质。场景中的各个时段或整个事件域中的各个要素都可以喻指整个场景或事件，只是喻指能力有程度上的区别。理解低调陈述间接言语行为转喻需要具有必要的语境、双方的共有知识、受话人的推理能力等的支持。不考虑可能会影响会话的种种因素，受话人有可能误解发话人真正的意图，从而做出与发话人期待不一致的反应，影响交际顺利进行。

西方修辞学界一般认为，隐喻和转喻是微缩的修辞学（参见：汪家堂 2004）。因此，对转喻运作机理的深入认识有可能为其他一些基于语义变异的修辞性话语（诸如低调陈述）进行系统研究提供新的理论基础。基于这样的认识，从低调陈述修辞与认知的界面，运用认知语言学的转喻理论来解释低调陈述修辞组成与理解规律，这一解释方案具有以下三个优点：①因能触及低调陈述释义的最深层因素，所以解释更为彻底、深入；②解释面较广，既可解释典型低调陈述关系，也可解释边缘低调陈述关系；③可操作性较强，对低调陈述为什么会出现做出更具心理实在性的理论说明。研究得出以下结论：①低调陈述建立在转喻认知基础上。②人际交往除了注重信息传递的效率和效果，还有其他交际目的，如人际方面的考虑。低调陈述也体现这一总体特征。③低调陈述的修辞性是动态变化的，随着使用频率的增加，会在达到一定峰值后递减。

第十章

低调陈述与隐喻

“隐喻不但是一种语言现象，而且在本质上是人类理解周围世界的一种感知（perceptual）和形成概念（conceptualize）的工具。”（Lucariello 1994：123）低调陈述的隐喻认知系统在人类对周围世界的整个认知系统中不过是沧海一粟，然而它可以折射出隐喻作为一种认知手段在低调陈述修辞大厦的构筑中所起的重要作用。

10.1 低调陈述的隐喻性

低调陈述作为人类语言交流活动的重要形式之一，低调陈述修辞一直吸引国内外众多学者对其本质进行思考。20 世纪以来，语言学家借助符号学、社会学、语用学、认知语言学等领域成果，从不同侧面研究低调陈述本质。对低调陈述修辞活动的符号转换特征和意义再生机制作出新的思考，对低调陈述修辞活动的隐喻属性进行探讨，有助于我们更好地理解低调陈述修辞本质。

10.1.1 隐喻的喻本相似与低调陈述的意义替换

西方隐喻理论从滥觞者亚里士多德至今两千多年，经历了替代论、比较论、互动论、映射论和概念合成论五个阶段。修辞学定义的隐喻相似性倾向从意义或形象角度考察，主张以属喻种、以种喻属、以种喻种的替代论。在低调陈述修辞活动中，呈现出同样的转换过程。如“He did not go hungry”，军火商创造性地运用“吃饭”喻“军火交易”，低调表达“获利不菲”语义。

10.1.2　隐喻的喻本差异与低调陈述的期待对立

Richard（理查兹）的《修辞哲学》（1936）颠覆了亚里士多德时期的隐喻修辞学范畴，促使人们对隐喻各方面的基本特征的认识产生变化，如今学者认识到隐喻的另一重要本质——差异性，这一启发性的结论强调差异性是隐喻创造力的根源。同样如此，低调陈述蕴含的是所期待事件和实际发生事件之间的潜在对立。如在剧院排很长队的情况下（there is a long queue at the theater），你低调陈述"*There seems to be a bit of a queue*"，这样批评的力度就小得多，对立不强烈可更好地保护说话者。

10.1.3　隐喻的语境渗透与低调陈述的语境融合

隐喻意义的产生是由本体和喻体所扎根的两种语境融合互织的结果，低调陈述修辞理解也离不开独特的语境建构。如"This theory *is made of cheap stucco*"（Lakoff and Johnsen 2003：148）隐喻 This theory is weak 的低调语义。语言文字或显或隐带有时代和社会的烙印，并体现着文化背景。如：瑞典政治家汉斯·布利克斯（Hans Blix）称美国与伊朗合作也许是迫于压力，"Iraq's cooperation was increasing，…*may well be* due to outside pressure"（引自 Tony Blair 2010：395），是带有时代和社会的烙印；面临可怖而痛苦难忘的经历（a horrendous，traumatic and painful experience），英国人低调陈述说"not very pleasant"（不是非常令人愉快）蕴含了根深蒂固于英国文化的精神。

10.2　低调陈述隐喻的建构功能

认知科学视角下的隐喻研究始于 Lakoff and Johnson（1980：5）的 *Metaphors We Live By*，两位美国学者认为"隐喻的本质是用一种事物来理解和体验另一种事物"。这种认知隐喻观就是把我们所熟知的来源域投射到认知对象的目标域，是由近及远，借助来源域完成对目标域的认识。目前低调陈述研究已脱离语义学中的语义偏离或修辞学中所理解的作者构筑意义的独特手法，进入人类的认知领域，并表现出形成观点、说理和评价三种功能。

10.2.1 形成观点

[1] It is the case of *January and May*.

这句低调陈述通过隐喻三棱镜，揭示婚姻双方的年龄差异，洞悉这桩婚姻的真谛。

[2] The man coming home after a hard day's work who sees the faces of children pressed against the windowpane, waiting and watching for him, may *water his soul with their silent but golden opinion*. （当劳作了一天的男人回家时看见孩子们将脸贴在窗上、张望着等待他，他也许会感到这种无声而珍贵的语言如甘露一般涤荡了他的心灵。）

隐喻式低调陈述表达作者见解：柔软的心灵需要关注如同枯萎的树苗需要甘露一般，关注与肯定会给父亲带来心灵慰藉。

10.2.2 说理

美国演员阿莉森·詹妮（Allison Janney）在 2007 年上映的电影《朱诺》中有一句台词："Oh, you think you're so special because you get to play Picture Pages up there? Well, my five year old daughter could do that and let me tell you, she's not the brightest bulb in the tanning bed."（就因为你在那晃几张照片，你就认为自己与众不同？连我 5 岁的女儿都能做到，我还要告诉你，她还不是出类拔萃的那种小孩。）这种隐喻式的低调陈述在暗讽对方无知浅薄的同时传递这样一个道理：自以为是就是不尊重他人。

10.2.3 评价

[3] My icy arrogance quickly *thawed*, that first summer, as my respect for the conveyor-belt ladies grew. （在那第一个夏季，随着我对传送带女士们尊重的加深，我心中冰冷的傲慢迅速融化了。）

作者隐喻冷漠傲慢情绪的渐行渐远，如同冰雪融化，最终消失得无影无踪。

[4] The expectation that each new year will be notably better than the last, once deeply ingrained in the American psyche, is *fading*. （那

种每年将明显好于上一年的期望曾经深深地积淀在美国人心里，现在却逐渐消失了。)

作者隐喻美国人心理期待如同色彩，会逐渐淡化褪去直至消失。

总结隐喻建构的基本特征，探讨低调陈述修辞活动的隐喻性质，隐喻的喻本相似特征、喻本差异本质，以及隐喻的映射认知模式，都为我们理解低调陈述修辞活动提供了新的视角。

10.3　低调陈述隐喻的构成机制

认知语言学建立在经验主义哲学观基础之上，认为人是通过自身的经验认识世界的，即人类的认知以人与外部世界的相互作用为基础。客观存在具有现实性，但对客观世界的认识来自对现实的经验而不是来自与外在实体的对应。这种新的哲学观应该不仅包容我们对外部世界、对思维和语言的常识性认识，也能解释我们对超出具体物体的情感、经济、政治、外交等抽象域的认知（Lakoff 1987：174—175）。基于这样的基本认识，认知语言学研究致力于揭示人类蕴于身体的心智（embodied mind）如何通过人类共同的认知结构——比如意象图式、范畴化、隐喻等去适应不断变化的环境（Lakoff 1990：50）。Lakoff and Johnson 在 *Metaphors We Live By* 一书中提出隐喻不仅是一种语言修辞手段，而且是一种思维方式——隐喻概念系统（metaphorical concept system）。他主张隐喻是人类概念系统的固有特性，它不仅是一种语言层面的事物，更是一种思想层面的事物。隐喻的本质是一种跨越不同概念领域间的映像关系，这种介于两个概念领域里实体间的对应使得人们能够运用来源域（source domain）里的知识结构来彰显目标域（target domain）里的知识结构。隐喻的功能是“令我们得以借由某一类事物来了解另一类事物”。Lakoff and Johnson（1980）把概念隐喻分为三大类：空间隐喻（spatial metaphors）、实体隐喻（ontological metaphors）和结构隐喻（structural metaphors）。Lakoff and Johnson 的概念映射或投射（projection）理论对于我们解释概念隐喻构成的低调陈述的运作机制具有启发作用。因为概念隐喻在通过凸显来源域的部分特点而发挥解释功能的同时，还起到了掩盖目标域的其他方面的作用（Lakoff and Johnson 1980：10—13）。

10.3.1 空间隐喻构成的低调陈述（orientational metaphor）

空间隐喻以空间为来源域，通过将空间结构投射到非空间概念上，赋予该非空间概念一个空间范围（蓝纯 2004：59）。如“Some priests, nuns and researchers spend a great deal of time shepherding or observing shopping-bag ladies and are doing what they can to better the life of the lady hermits who are *down*”（The Observer. April 9, 1978. Britain）。认知语言学基本的研究框架是词义的确立必须参照百科全书般的概念内容和人对这一内容的解释（construal）；概念形成根植于普遍的体验（bodily experience），特别是空间经验，这一经验制约了人对心理世界的隐喻性建构，上例中概念隐喻是LESS IS DOWN，MORE IS UP。认知语言学认为这一概念隐喻产生于一些日常生活经验，而这些经验拥有一个共同的结构：数量域与纵向空间域之间的对应关系，多对应上，少对应下。这种对应为我们提供了LESS IS DOWN这一概念隐喻的经验基础。这一隐喻给予Social Hierarchy或States这两个抽象概念一个纵向方位，当我们说lady hermits are down时，其实生活水准的变化与空间的纵向运动之间并没有实际的联系，但是通过空间位置的改变来理解生活水平的变化很容易为人接受，因为在许多实际生活经验中我们都可以观察到数量与纵向空间之间这种规律性的对应关系。在这个例子中，来源域是我们对空间认知（spatial cognition）的感受。“down”低调表达“lady hermits”社会地位低下或生活水准下降的含义。再如：“Today Americans tell pollsters that the country is *going downhill*; that they feel unbearably stressed out; that their children face a *declining future*.”（今天，美国人告诉民意测验人士，这个国家在走下坡路；他们承受着难以忍受的压力；他们的子女面临的未来更是每况愈下。）作者运用人类最基本的概念——空间方位，投射“国家衰亡”抽象的概念。

10.3.2 实体隐喻构成的低调陈述（ontological metaphor）

实体隐喻帮助我们将抽象的事件、活动、情感等视为有形的实体和物质。此类隐喻可以承担指称、量化、确认、目标设定等一系列功能（Lakoff and Johnson 1980：25—27）。如“He *did not go hungry*”，意义的理解是建立在语言符号意义的规约性或解释者的理性和经验基础上（吕公礼 2004）。在上例中这个概念隐喻（DEAL IS MEAL）中，源域是“吃饭”，目标域是“军火交易”，“吃饭”的知识结构与“交易”的知识结构相互对应，DEAL 这一抽象概念具体化，“吃饭”认知域被系统地投射到“军火交易”认知域上：没有挨饿，吃饱喝足，获利匪浅。在这种认知投射过程中，“没有挨饿”这一概念得到凸显，而有关军火交易回扣不菲、违法等事实则被掩盖，从而淡化了语义。这个隐喻通过日常生活中吃饭的经验去理解和把握 MAKING MONEY IN A DEAL 这一既抽象又难以启齿的概念。INTERMEDIARY IS EATER 这一隐喻激活了一组对应关系：

a. 交易对应吃饭。

b. 中间人对应食客。

c. 拿回扣对应吃饱喝足。

d. 回扣不菲对应没挨饿。

Giora（1997/1999）认为最能够解释字面义和非字面义差异的因素是突出的程度（the degree of salience），上例最能说明凸显与隐藏功能与这类隐喻式低调陈述机制的关系。再如：Yet here was my mother：A black woman—unlearned，but with a Ph. D. in life. It was a breathtaking act of courage for her to dream，and to expect that her sons would *find their way in a world* that hadn’t been built for them.（然而，我母亲是一位黑人妇女，她没有文化，但在生活阅历方面足以拿博士学位。对她来说，怀抱梦想、期望儿子们在这个不属于他们的世界里找到自己的位置是一种需要巨大勇气的惊人之举。）作者用具体有形的实体“find their way in a world”喻指抽象模糊无形的概念：取得成功。

10.3.3 结构隐喻（structural metaphor）构成的低调陈述

所谓结构隐喻就是通过一个结构清晰、界定分明的概念去构建另一个结构模糊、界定含混或完全缺乏内部结构的概念（Lakoff and Johnson 1980：14）。空间隐喻和实体隐喻都可以进一步拓展为内容更丰富的结构隐喻。例如“I *met my Waterloo* in exam”，THE EXAM IS A WAR 这一实体隐喻只是将 EXAM 这一概念实体化，除此之外并不能帮助我们更好地把握这一概念，但如果把这一实体隐喻拓展为结构隐喻 THE EXAM IS WA-

TERLOO，由于该结构隐喻中用于来源域的概念 WATERLOO 有清晰的结构和界定，比如说是关键性的一次战役，惨痛失败等，通过隐喻投射这些都被移植到了目标域之上，于是作为目标域的 EXAM 也获得了清晰的结构和界定。在考试和滑铁卢之间有一种相似性和类比关系，把滑铁卢类比为考试，产生对应成分映现（mapping）。说话人用"Waterloo"这一历史上著名的惨败战役的实例来谈论"exam"，低调表达一场重要考试的失利。

结构隐喻指两种概念叠加，以一种概念结构谈论另一种概念。如："For decades, a widely accepted view has been that people are stuck with1 a basic setting on their happiness thermostat. It says the effects of good or bad life events like marriage, a raise, divorce, or disability will simply *fade with time.*"（数十年来，一个广为接受的观点是人们受控于他们的快乐"温控器"上的基本设定。这个观点认为，生活中无论好事还是坏事，像什么结婚、升职、离婚、残疾这些事的影响都会随着时间流逝而淡化。）作者把快乐与否喻作颜色，逐渐淡化褪去直至消失。

赵艳芳（1995：71）认为，绝对客观的现实和离开客观现实存在的感知，这两种世界观都太极端，作者强调不可忽略语言理解中的经验的作用。因为隐喻思维是人的思维作用在客观世界的创造性结果，从而产生从具体到抽象的投射（projection），而并非客观事物本身的相似特性。这也是为什么隐喻思维可以帮助我们理解成分分析法和转换生成语法所无法解释的句法含义。如："In the melting pot, the original metals lose some of their original characteristics, and many new immigrants to the United States, as well as many people who are already here, *do not feel* they should be required to change."（在大熔炉中，原来的金属失去了一些本身的特征。然而，无论是新移民还是已经在美国这片土地上落地生根的人，都认为自己并不需要作出什么改变。）此例是隐喻概念决定形式与意义的典型例子，由于否定词"not"远离逻辑上被否定的动词"change"，故而减弱否定意义，达到淡化目的。

隐喻在低调陈述中的跨域概念映现常是角色（role）和价值（value）之间的连接和一个实体与实体的表征之间的连接，这些跨域映现都基于相似和类比。通过经验相关作用（experiential correlations），低调陈述中这些基于相似性和类比的隐喻映现到“思维”认知域上，这种隐喻映现作为人们概念系统的一部分已固定下来，成为人们共享的和凝固化的概念形成方式，这些常规化的概念形成方式储存在人们的长时记忆之中，形成人们知识结构的一部分，这一知识在人们对言语的在线理解中将发挥作用，是成为形成新的隐喻或概念整合的输入材料。Raymond（1994）和 Lucariello（1994：123）认为，说话人选择各种修辞手段比如说低调陈述来表达自己的信念和态度是一种概念化理解。

10.4　多模态隐喻视角下低调陈述的动态性

当代的语言学已普遍认同隐喻和转喻的思维性和概念性本质。然而作为主要交际手段的语言只是概念隐喻的外在表现形式之一，声音、色彩、线条、空间布局等其他交际媒介也可以用来表达或构建概念（Forceville 2006/2008）。鉴于此，20 世纪 90 年代末，研究隐喻的非语言或非单纯语言表征形式成为 Forceville 等一批学者致力研究的主题，称为跨学科的多模态研究。这种新的研究范式弥补了经典语言隐喻研究的不足，比如修辞和文体维度、隐喻动态构建的本质等，在纯语言隐喻研究中没有得到应有的关注。一切艺术形式或其他符号对体验意义的构建过程，是当今概念隐喻研究的主流，既能丰富和完善概念隐喻理论体系，又能为“人类隐喻思维”论断提供更充实的证据。转喻和文化规约对隐喻式低调陈述修辞构建具有不可替代的重要作用。

“A 是 B”是脱离语境的隐喻结构，不具备多模态隐喻的动态构建本质。非语言模态的表征往往通过视觉的延展构建一个包含行为事件链的隐喻场景，同时动态的过程中又承载着一定的叙述性。根据认知语言学的观点，隐喻和转喻是映射过程中从直义到喻义连续统上的点。多模态隐喻研究认为，多模态呈现的可感知事物一般是部分、原型成员、行为、原因、结果等，先转喻激活隐喻映射所需要的整个目标域，之后再进行跨域映射。也就是说，多模态隐喻的实现先基于转喻。

《红楼梦》第六十五回贾琏背着王熙凤娶尤二姐为妾，二人新婚燕尔，如胶似漆。两个月后有一天晚上，贾珍进来与二姐、三姐吃酒调笑。后来贾琏回来。贾珍与尤三姐在西院喝酒取乐，贾琏跟尤二姐在东院亲热，尤二姐心里一直不安，一直觉得二马同槽，因为那个晚上贾珍的马和贾琏的马一直在踢来踢去并且嘶叫。这里文学技巧，描写一个女性她这个时候对于自己的下场，以及这个下场跟两个男性之间的关系，做了不着痕迹的描写，这是文学里最高明的一种写法。后来尤二姐终于忍不住，跟贾琏摊牌，要求他转告贾珍不要再来纠缠。"二马同槽"构建一个包含行为事件链的隐喻场景，动态的过程中承载着淡化掩饰的叙述。

10.5 低调陈述隐喻的思维特征

隐喻就是比较两个事物之间的相似性，通过已知概念和语言表达方式，帮助人们认识或描写未知事物。许多低调陈述表达从认知角度看也具有隐喻思维特征。共识文化反映在语言中可以形成共同文化语义，由此，汉英共识文化会产生相同的概念隐喻。

10.5.1 情态隐喻

由于情态表示的是肯定与否定意义之间的中间区域，从说话人的视角，低调陈述的转移否定或模糊限制语可以淡化断言的有效性，表达委婉、谦抑的含蓄态度。以下是隐喻方式表达情态，是有标记的，为情态隐喻，属于边缘化情态表达法，如"*I don't believe* that pudding ever will be cooked"表达的是"Probably that pudding ever will be cooked"；"*I don't think* Mary knows"表达的是"In my opinion Mary doesn't know"；"*I hope* that you will leave"表达的是"Hopefully，you'll leave"。

从社会学的角度来说，人类使用语言是为了表达自己的判断和评价，为了建立人际关系，比如情态动词可以隐喻化为其他语法形式，如"*He might not come*"等于 Probably he will not come/It is unlikely that he will come/I don't think that he will come。隐喻不仅是词汇的选择，也可以是意义表达的变异（Halliday 1978）。

情态隐喻中的及物性过程的转换，如 *I doubt if* I could help anyway 是强调心理过程；*I'm afraid* they've left 是从关系过程变成物质过程。Halliday（1978）的语法隐喻理论认为情态所包含的概念远超过情态动词范围，为低调陈述研究提供了一个新视角。

10.5.2 语篇分析（discourse analysis）

语篇分析是对自然语言的社会语言学分析，即所研究的语言例证是社会语境中语言被具体使用的“自然”语言（Carter 等 1989），也就是说，语篇分析关注现实语境句子之间或者话轮（conversational turns）之间所存在的模式和规律性，旨在发现语篇内的各种结构是怎样组合起来产生语篇意义的。在电视连续剧《琅琊榜》中，梅长苏与夏首尊在悬镜司对话，概念功能中的修辞问句在两人对话中得以强调，对主题的表达起着决定性作用，也是正反双方心智的对决。梅长苏不断运用修辞问句，或是装傻婉拒、闪烁其词、回避重点，质疑对方心怀叵测，或是巧妙地转移话题，正话反说极尽讽刺嘲弄之意，或是反唇相讥，机智地为无辜的他人开脱，谴责悬镜司的出尔反尔涉猎党争。一方面，睿智淡定的梅长苏频繁使用修辞问句诘问夏首尊的胆大妄为；另一方面，反派人物夏首尊也一直使用修辞问句，或是隐含威胁步步紧逼，或是小心翼翼试探以掩饰自己的恼羞成怒。总之，梅长苏与夏首尊这场面对面的较量，可谓险象环生。身处险境的梅长苏选择修辞问句游刃有余地与恶魔较量。正方运筹谋划、计深虑远、坚毅隐忍；反方机关算尽、计绌方匮、丧心病狂。低调陈述修辞的运用使得故事更加跌宕，引人入胜。

10.6 语法隐喻与低调陈述的名词化结构

语法隐喻是指以某一语法类别或语法结构去代替另一语法类别或语法结构，比如动词、形容词转化为名词，即名词化（nominalization），或句子转化为词组这些变化，都是语法隐喻的主要来源，它可以把事件、活动、情绪、思想等转化为实体（entity）。语法隐喻是人类认识世界的一种重要手段（Lakoff and Jonson 1980，Halliday and Hasan 1985）。如“The argument to *the contrary* is basically an appeal to *the lack of synonymy* in mental language”表达的是“In order to argue that this is not so he simple points out that there are no synonyms in mental language”，小句“this is not so”名词

化为“the contrary”，否定的存在句“there are no synonyms”名词化为“the lack of synonymy”；这种委婉否定的低调陈述能包容大量的信息，成为科技英语最常用的辞格之一。

10.6.1 低调陈述名词化结构的变化

科技英语的“严谨性”“客观性”和“说理性”是低调陈述名词化结构存在的理据，低调陈述名词化作为用某一语法类别或语法结构去代替另一语法类别或语法结构的形式之一，在本质上涉及三种变化：级的变化、语义功能的变化和部分语义成分的变化。

（1）级的变化

Halliday 级阶理论认为：句、小句、词组/短语、词、词素容许向下移动的“级转移”（rank shift），即一个已知单位可移至下一级，但下级单位不能上移。低调陈述名词化结构用名词或名词词组代替了一致式中的小句或句组，因此“级转移”是低调陈述名词化的重要内容。例如，在下面的两个句子中：

a. The brakes *failed.*

b. brake *failure* participant process classifier entity

上一句为非隐喻形式，其中的 the brakes 是表示参与者的名词，failed 则是表示物质过程的动词，但在下一句中转化成了名词短语，出现了级下移现象。

（2）语义功能的变化

a. The driver drove the bus too fast down the hill，so the brakes failed.

b. The driver's overrapid downhill driving of the bus caused brake failure.

动词 fail 转化成 failure 时，语义功能由 process 转化为 entity，语法功能由 epithet（表示性质、特征等的词语）转化为 thing，语法类别则由动词转化为名词。

（3）部分语义成分的变化

根据 Halliday（韩礼德）级阶理论，小句被“打包”为名词或名词组后，其语义成分不是不变的，部分信息会丢失。例如“The brakes failed”名词化为“brake failure”，brake failure 没有表明其中两个成分之间的语义关系，brakes 既可以解读为 Actor 行动者（The brakes failed），也可以视作 Goal 目标（brakes is impaired）。

10.6.2　低调陈述名词化结构的翻译

低调陈述名词化结构是语法隐喻的代表之一，体现了科技英语中语体对成分功能的选择，由于汉语与英语在意念、结构上的差异，翻译英语低调陈述名词化结构需要转化为相应的动词形式。如：A thrombus may cause *sudden closure of the vessel* with complete obstruction of the blood flow.（血栓可能会引起血管突然阻塞，造成血流完全中断。）为避免提及无关紧要的施动者，把读者注意力引到动作的对象或结果上面，英语这种“名词优于动词”（preponderance of nouns over verbs）的倾向使表达更加清晰、具体。相反，汉语更倾向于使用动词结构以保留小句结构。差异的深层原因是汉英两种语言在意念、结构上的相异。作为屈折形态语言的汉语具有“先整体后部分”“时间顺序原则”等这些象似性原则的特点，同时汉语又有“以动词为中心”的语法特征，以动词和其他成分组织的小句更易于体现这些象似性原则。同理，“For large numbers of people the *absence* of work is harmful to their health”译成“对许多人来说，没有工作对他们的健康有害”。“The absence of work”名词化结构等于“unemployed”。

10.7　注意力视窗中的凸显功能

根据 Talmy（2000：289—290）的注意力视窗理论，低调陈述就是在一个连贯的指称情景中通过显性表达使之处于注意力的前景部分，而情景中的剩余部分通过隐性表达或忽略从而处于注意力的背景部分。英语中一些封闭性词类，如介词、副词、情态动词等，起着烘托重心（grounding）作用，如“The Princess *could not just stop* when she got the Prince”（公主得到王子后并不会停止努力），情态动词“could”为图形（figure）“not just stop”提供视角平台使其成为焦点。Talmy 认为在事件框架中，被凸显的焦点部分——图形（figure）聚焦最多的注意力，为突出图形的背景角色（ground）是烘托或者说是衬托图形的参照点（reference point）。被看作概念结构（conceptual structure）的词汇、语法、句法和语义结构等都可以体现 Figure – Ground 视窗模式中的“figure”，再如：

[5] While I was annoyed by Maddox's behavior, I *didn't think* that it would have done any good to lash out at him for his aggressive backwardness.（尽管我对麦德奥克斯的行为很生气，但我认为因带有挑衅的落后思想而痛斥他不会有任何好处。）

否定前置作为图形被衬托，含蓄委婉表现出自己在历练中培养出的宽容大度和识大局。

根据 Lakoff and Johnson（2003），隐喻语言表现同一隐喻概念的不同方面和不同发展阶段，也就是说，普通语言和修辞语言出于同一隐喻概念，具有系统性。不同的隐喻概念有助于人们用不同方式理解和认识本体的全貌，所以虽强调说明不同方面，但由于目的相同，这些不同的隐喻概念是统一的，而不是相悖。作为思想文化载体的语言影响人类观察和认识世界的方式，换句话说，理解和运用语言的过程是接受文化思维方式的过程，文化观念、隐喻思维、语言这三个方面绝不是零散、随意的，它们统一融合在一起，成为不可分割的整体。

隐喻和转喻这两个重要思维方式常常相互作用（Goossens 1995，Ruiz 2000），隐喻认知结构是人类运用和理解语言的基础。Lakoff and Johnson 的隐喻概念体系力图论证语言研究必须参照主观对客观的经验，同时也表明语言研究正经历着从单学科到多学科的发展过程。我们在分析低调陈述时，把低调陈述主要看作隐喻和转喻构建的映现模式。探究统领低调陈述修辞表象的概念组织结构：概念隐喻和转喻，聚焦人们如何通过隐喻或转喻构建和传达低调陈述的正面诉求。结合政治场景中的语类特点及其文本和社会语境，深刻解读隐转喻式低调陈述现象，试图阐明来源域的选择和来源域的文化内涵决定隐转喻意义的形成和与之相关的身份建构。分析进一步印证：①隐喻、转喻作为认知现象在修辞语言载体中的存在；②对于有些隐喻，文化内涵比体验性更有解释力；③作为认知方式，转喻可能比隐喻更基础。低调陈述含义在很大程度上是自动激活而非有意识的推导的，我们用隐喻和转喻映现的认知机制来构建知识系统，而低调陈述是我们知识系统的重要组成部分。从认知角度揭示低调陈述机制不但提供了新的视角，揭示低调陈述含义的根源及人类理解低调陈述含义的机制，而且能丰富和补充传统语用学对低调陈述含义的研究。研究视角反映了当今语言学研究的一大趋势：各分支学科之间的相互交融、相互渗透、相互借鉴。修辞与认知界面的互补研究，是一个大有可为的研究空间。

第十一章

顺应理论

低调陈述作为言语行为的语用策略受到许多研究者关注，他们从不同的角度对它进行了研究，其中包括心理学、社会学和语言学的语用学。但是以往研究大都是静态的。在语用学几个核心理论中，会话含义理论发掘出语码论所不及的低调陈述隐含意义，并以合作原则作为其推导机制。礼貌原则、面子理论对低调陈述言语方式的成因作出了部分解释。关联理论不仅探析了低调陈述隐义的理解过程，还对话语的显义部分给予了统一的解释。然而，对于言语交际这一社会行为而言，从认知角度并不能从本质上解释低调陈述语言顺应的发生以及由此产生的语用意义。语言顺应理论是在综合会话含义理论、礼貌原则、面子理论、言语行为理论等的基础上产生的，是一个新的研究视角，它为我们更好地理解言语行为理论及其深层原因提供了一些思路。本章借助 Verschueren（2000）的顺应理论，通过探讨描写行为与语言行为之间的匹配与否从而对低调陈述行为作出阐释，动态地展示低调陈述语用意义的生成过程，对低调陈述从社会和文化的认知整体作一纵向观照，并探讨它作为语用策略的应用规律。

11.1 语境的动态性和顺应性

Verschueren（2000）在其 *Understanding Pragmatics* 一书中从特殊的视角审视语言使用与理解，提出了颇具影响的语用学理论。他认为语言的使用者之所以能够在语言的使用过程中作出种种恰当的选择，是因为语言具有以下三个特点：变异性（variability），即“语言具有一系列可选择的可能性”；商讨性（negotiability），即“所有的选择都不是机械的，或严格按照形式—功能关系作出，而是在高度灵活的原则和策略的基础上完成的”；顺应性（adaptability），即“能够让语言使用者从可供选择的项目中作灵活的变通，从而满足交际需要”。根据 Verscheren 的观点，顺应包括结构客体顺应、语境关系顺应、动态顺应和顺应过程意识凸显四个部分。这四者之间是一个互相联系的有机整体。Verschuren 在其共分九章的著作中，各辟一章阐述“语境”（第三章）与“动态性”（第五章）问题。他认为，语境是在语言使用过程中生成的，它们的出现受制于说话者与受话者交际的动态性。语境的动态进程是由作为交际主体的人与人之间的社会交往以及他们的认知心理状态决定的。因为一定的社交关系，说话的内容、场合、方式（如明说还是暗含等）等，这些都是构成语境的因素。而交际者应该进行合适的语言选择，以适应这些因素。同时，交际者的认知水平、信念及对话题是否感兴趣都会影响这种选择。交际是一个有语言使用者参与的动态过程，因此，语境也是一个动态的过程。言语交际中的语境不是一个客观存在的静态的既定集合体，而是一个随交际的需要不断被创造的变动体，是一个随交际的展开不断发展的动态系统。例如：

［1］ Jane Eyre：I will not live as your mistress. A1

Rochester：*Is that all that's important to you*，to be Mrs. Edward Rochester？B1

Jane Eyre：*Can you really believe I think that*？A2

Rochester：What am I supposed to believe？You say you love me. *How can you think of leaving me then*？B2

从交际进程的推进来看，以上会话是以问—答的方式展开的。这种方式是言语交际中常见的形式，它们之间不可能是一一对应的静态关系，在有的语境条件下，提问不一定需要对方提供问题的答案，有时提问就是一种策略，如例［1］，其目的是实施一定的间接言语行为，比如建议、请求、引导或劝诱等。男主人公的第一次问句是采取了颇为情感化的修辞问句（B1），其目的是劝诱女主人公不要在意形式上做不做太太，女主人公的毫不犹豫的修辞问句（A2）明朗了自己的态度“爱情比形式上做太太更重要”，男主人公顺势根据自己的真正交际意图进行追问（B2），其目的是打消对方的顾虑，请求女主人公不要离开他，从而推进了交际的进行。以上会话男女主人公都用肯定形式表达否定内容，这种反话正说的低调陈述加强了话语的力度，令人印象深刻（参照：李鑫华 2000：144）。

Verschueren 的顺应性理论认为语言顺应不是单向的而是双向的或多维的，即语言顺应语境，或语境顺应语言，或两者同时顺应。一方面，语言本身是一种客观存在，它为语言使用者提供了一系列语言形式包括各种语音、词汇和句法形式。语言使用者的语言能力决定了他对这一形式的掌握，但选择哪一种形式则是由语言使用者根据交际时的情况而定；另一方面，在交际过程中，随着信息交流的进展，听话人提取或构建一系列假设并对它们进行处理，从而形成一个逐渐变化的认知语境。下面再以情景会话为例，分析言语交际中双方或多方的信息推进及其语言选择的语境顺应性。

［2］宋恩子：我出个不很高明的主意：干脆来个包月，每月一号，按阳历算，你把*那点*……A1

吴祥子：那点意思。B1

宋恩子：对，那点意思送到，你省事，我们也省事！A2

王利发：*那点意思*得多少呢？C1

吴祥子：多年的交情，你看着办！你聪明，还能把那点意思闹成不好意思吗？B2（老舍《茶馆》）

信息推进是围绕事先确定的某一主题展开和推进的，而且从说话人的交际目的来说，往往可能出现“言不尽意”。例［2］中，双方不断使用的手段是“询问”“导入”“诱导”等策略，以期推进交际。宋吴两人（A1、B1）用低调陈述“那点意思”无耻地对王利发进行敲诈勒索，其语境假设是“你应该给一定的包月”，听话人王利发的问话（C1）既是确证现时的认知语境假设，又是为了获取新的语境信息。吴祥子在现时的认知语境假设得到确证以后，自然会形成新的认知语境假设“包月数目的多少你自己定”（B2）。可见，语境假设的获取与确证过程具有动态性、顺应性，说话人在一定交际目的的支配下，随着交际的推进，比如对方的回应，须不断进行话语形式的选择和调整认知语境假设，以顺应交际的发展。

11.2 低调陈述顺应的类型

语言的变异性为语言使用者提供了一系列可能的选择，但是言语交际不是规则主导的静态过程，而是不断商讨和顺应的过程。为了满足不同的交际需要，人们不断地选择各种策略，低调陈述是其中之一，它与语言交际的其他策略一样，也受不同目标驱使。这些目标一般分为两大类：1）关系目标（relational goal），这里指以低调陈述来维持某种关系（Tracy and Coupland 1990）；2）手段目标（instrumental goal），低调陈述是语言使用过程中表达说话人情感并引导听话人顺应其交际意图的重要手段（John and Gibbs 2000）。因此，低调陈述选择会有不同定向，例如关系目标的可定向为“利我的（self – oriented）低调陈述”或“利他（other – oriented）的低调陈述”；手段目标可定向为“说服性（persuasion – oriented）的低调陈述”或“非自由话题（non – free topic – oriented）的低调陈述”。Verschueren 的顺应性理论能够对以上类型的低调陈述作出动态的顺应性解释。

11.2.1 关系目标的低调陈述

（1）利我的低调陈述

指说话人运用低调陈述来维护自我。例如：

［3］*I would certainly go if I had the time.*

虚拟语气表示说话人主观愿望和假象虚拟的情况，往往表示事实上的否定（庄智象 1986）。这句话的言外之意是“I will not go because I have no time”，委婉表达自责或无可奈何的情感。

（2）利他的低调陈述

指有利于或不至于伤害对方或他方的关系。这里的“他”指包括听话人及说话人以外可以用第三人称代词称呼的第三者（Leech 1983）。说话人选择利他的低调陈述，出于使别人不失面子，不伤害别人或为保护别人的利益。例如：

［4］TV reporter：Would you mind telling me frankly what you think of our programs?

One of the audience：Well，some are interesting，some *could be better*，*and some are almost sort of* rubbish.

顺应理论认为，语用学应该研究具体的结构客体的顺应。结构客体顺应，指从多方面对话语做出选择，包括语言各层次的构建成分和构建原则。在句式方面，一些名词性成分之间的语义功能关系、语序、意欲表达言语行为和命题结构等都是需要考虑的结构选择对象。而语言的可变性为语言使用者提供了可以选择的各式各样的语言结构包括句法结构（句式），因为，“同样的事态可以用非常不同的句法结构来描写”（The same state of affairs can be described by means of very different syntactic structures）（Verschueren 2000：4），如例［4］。交际者选择虚拟语气、比较级和弱化词，目的是维护对方面子，正如 Verschueren 认为，语言结构的选择是为了顺应，有利于交际、有利于生存。

11.2.2 手段目标的低调陈述

（1）说服性的低调陈述

作为语用策略，选择低调陈述就像是为达到不同交际结果而提出一项“任务”，如设法赢得一场争论、说服别人遵从自己的意愿等（Tracy and Coupland 1990：5）。比如：

［5］（You are presenting an important project at a business meeting. Dean，another employee，claims your ideas have a lot of problems. He says that the same thing was tried last year and it failed. He says that you should research the problem before speaking，and：）

“*A little more time might have helped.*”（John and Gibbs 2000：24）

情感语境中言语互动行为最凸显的部分是意向信息情感倾向性，情感认同是意向生成的必要条件，同时，它也是行为效果的有效保证。情感对行为的推动作用一旦被普遍地接受，就可能被规约为某种响应期待（compliance expectation）：言语行为者期望行为对象作出自己预期的、相关的回应。在包含多项特征的复杂情景中，言语行为者所期望的响应难度很大，于是情感成了极其重要的推动力。例［5］中 Dean 的低调陈述不仅假定被问者有作出响应的能力，而且假定彼此认同的可能性，只是这种假定把行为的决策权力交给了对方，拔高了对方的心理位置（你强势—我弱势），更容易产生情感驱动力，从而有利于双方的进一步互动和各自目的的相互认同与实现。

（2）非自由话题的低调陈述

“非自由话题”源于 Goffman（1972：266）说的“自由”和“非自由”商品，以及 Lakoff（1973）对这两个概念的解释（Thomas 1983）。Lakoff 把“自由”“非自由”商品延伸为信息的概念。故“非自由话题”指那些涉及国家、军事等机密的敏感话题或生活中各种忌讳性的话题。运用低调陈述作为手段可以避免触及这类东西。

［6］A final agreement to set up trade offices with consular functions came after high – profile maneuvering by Seoul at last month's Asian Games in Beijing. A generous Koerean contribution to the cash – short event *didn't hurt*. Now analysts expect last's ＄3. 1 billion in indirect two – way trade to leap quickly to a ＄5 – billion – a year clip.（引自范家材 1992：179）

体育盛事外汇短绌，汉城的捐赠理应受到欢迎。然而，由于政治、外交上的考虑，需要淡化对于汉城赞助方面的赞赏，故文章用了“Koerean contribution…didn't hurt”，通过低调陈述实现含蓄表达。

11. 3　低调陈述顺应的特征

在灵活多变的策略当中，如要选择低调陈述作为策略，就要经历选择的商讨阶段。商讨过程的不确定性和动态性不仅受语言环境的制约，而且受非语言环境的影响。Verschueren 认为交际语境属于非语言语境，它包括语言使用者、物理世界、社会世界和心理世界。话语的发出者（utter）和话语的理解者（interpreter）是语言使用的焦点，物理世界、社会世界和心理世界中的语境成分都要靠语言使用者的认知活动来激活，从而发挥语言的交际功能。

11. 3. 1　低调陈述对心理世界的顺应

根据 Verschuren 的观点，心理世界主要涉及交际者的性格、情感、信念、意图等心理因素，进入交际语境的心理因素主要有认知因素和情感因素两类，说话人选择语言的过程正是顺应自己的和听话人的心理世界的动态过程。“心理世界”语境是最深层次的语境，它对交际言语是否得体起着最为关键的作用（王希杰 1996：317）。低调陈述作为交际过程中所选择的一种语言策略，也是对交际双方心理世界的一种顺应。

［7］ My daughter got a passing grade for History. But her score *could be better.* （引自范家材 1992：180）

在语义学上，命题是句子所表达的基本意义，包括指称和述题，然而在实际的言语交际中，形式和指称的关系常常有偏差，因此，对句子命题的理解需要交际双方的协商和推理。情态是表达命题的一种固有的语用现象，它表达了交际者的态度。例［7］中虚拟语气“could”的使用使话语显得更加委婉，家长在相应的语气层次上作出的努力正是顺应了女儿心理上渴望受尊重的需要，与当时的关系相顺应，淡化了自己的失望与不满，暗示“She doesn't apply herself to her study”或“Her testing performance is well below par”之意。

11.3.2 低调陈述对社会世界的顺应

社会世界包括社交场合、社会环境、规范交际者言语行为的原则和准则。这里的交际者不是抽象化和理想化的语言使用者，他们的言语行为要受到社会和文化的制约。语言运用的目的除了传达各种信息之外，说话人还需要通过使用语言来维持或改变一定的社交关系和权力关系等，因此说话人会通过不同的语言选择来实现自己的交际目的，低调陈述就是为实现这种交际目的而进行的策略选择，是对社会规范的一种顺应。例如：

［8］（Referring to a newspaper clipping that he held in his hand, he addressed the presiding officer.）

Hayes：Mr. Chairman, I have something here that I think every member of the House would be concerned with and *I hope I can have your attention.* I especially want to ask the gentleman from California a question. I have a quote here…me. *Did the gentleman make that statement?*（引自 Ronald V. Dellums and H. Lee Halterman. Lying Down with the Lions. Beacon Press, 2000. 75）

根据 Verschueren（2000）提出的描写行为和语言行为之间的概念距离的解释，由于描述语言行为的动词（比如 demand 或 want）所具有的负面价值决定了被描述的语言行为的较低的社会接受性，所以讲话人就不可能用这些评价性距离（evaluative distanle）的词汇来直接描述自己的语言行为。例［8］中 Hayes 用“I hope I can have your attention”隐含强信息“demand”或“want”，再用“Did the gentleman...”修辞问句，以免对 Dellums 咄咄逼人。其实施的非常规言语行为，正是顺应社会心理的结果。即使表达不满，也有礼有节，不伤对方面子。在这例中，“礼貌”作为对差异的尊重和容忍，作为距离感的表现，是一种维系跨族群、跨阶层、跨性别、跨年龄等交往与合作的基本文化设定。这种文化的情感设定贯穿于整个会话，并造成一种互动—有利（interaction - favorable）的会话氛围，推动会话话题的进程和行为效果的实现。

11.3.3　低调陈述对物理世界的顺应

物理世界是一种实在的、看得见摸得着的语境，包括特定的主体、对象、时间、空间（场景）、话题五个因素。物理世界五要素的任一变化都会使交际者产生特定心理，都会影响交际形式的选择和语言的选择（Verschueren 2000：95）。例如：

［9］（Another hesitation, and then the second and what would be the final question.）

Correspondent：Vice President Agnew charges that you advocate bringing walls down. How do you respond to that charge?

Dellums：If Vice President Agnew *had been diligent* in carrying out his duties, he *would have determined* that my statement was made in the following context：...

（Ronald V. Dellums and H. Lee Halterman. Lying Down with the Lions. Beacon Press, 2000. 58）

这是在 Oakland 召开记者会的情景，当听到副总统把他指责为“激进的极端分子”时，Dellums 感到问题的严重，有必要澄清，否则对他竞选连任必有负面影响。但是，我们看到 Dellums 并没有对副总统的话进行激烈的抨击，而是把自己的情感控制在说理的行为之中。虚拟是对真实的反衬，隐含着对副总统的批评与谴责：副总统并没有尽心尽力的履行好他的职责。例［9］表明，情感的表达并不是任意的、不受情景语境制约的。相反，任何一种情感表达或宣泄，为了要获得期望的人际交往价值，都只能是符合交际者语境制约的、合适和有效的言语行为。

顺应论从认知、社会和文化的功能的角度对语言行为进行剖析，按照这一理论框架对低调陈述展开研究，我们试图回答以下三个问题。第一，低调陈述使用是一个什么样的过程？从顺应论的角度出发，使用语言是一个不断选择语言的过程，因此使用低调陈述是人们有意识无意识进行语言选择的结果，交际者之所以要使用低调陈述是为了进行顺应，从而实现或接近某个或某些具体的交际目的。第二，顺应是如何进行的？研究发现，低调陈述的顺应过程是动态进行的，与时间因素、语境因素和不同的交际对象有关。第三，使用低调陈述要顺应的对象是什么？为了满足特定的交际需求，交际者借低调陈述这一语言载体来顺应交际者的社会习惯和心理动机，以适应交际赖以发生的由物质、心理、社会、上下文等因素共同构成的语境以及自己的交际目的（Verschueren 2000）。

第四编

低调陈述的认知理解

英语低调陈述意义的来源问题经历了三个阶段：低调陈述意义来源于语言内部；低调陈述意义来源于语言的使用；低调陈述意义来源于人的认知心理模式。低调陈述理论的形成经历了一个层层深入的过程，每个过程都是对前一个过程的批判的接受。对语言使用的研究是以在语言内部对低调陈述意义的研究为基础和前提的，对语言使用的研究是最终把低调陈述意义研究推向认知领域的一个必经阶段，因为使用的主题是人，人的“主体”是思维，其中模糊思维是很重要的一部分。换句话说，对低调陈述的研究是一种“上天入地”的趋势。所谓“上天入地”是指对低调陈述语言研究以词汇为基点，为认知的出发点，其研究点一方面呈现出向“词组”“小句”“句子”“篇章”等层次逐渐升高的趋势，另一方面又呈现出以词汇为基点向“语素”“语义特点”等层次向下的发展趋势，即细化的发展趋势。因此，对于低调陈述的研究终于从长时期在语言内部寻找答案中走了出来，冲出了语言樊篱。作为一种普通的语言现象，低调陈述不仅是语言的一种装饰，而且是人类进行思维、认知的一种方式。千百年来，人类之所以不断地运用并创造低调陈述，是因为人类的认知体系本身就存在着模糊性结构系统。低调陈述的研究已不再是修辞领域的“专利”，它已经从修辞学扩展到语用学和认知心理学。

第十二章

低调陈述的辨认

听话者在明确说话者使用了低调陈述之后，接下来就要对低调陈述所表达的意义进行推断。然而，低调陈述意义并非语义冲突本身，而是对这种冲突作出的回应。低调陈述的语义冲突是低调陈述成立的基本条件，但它仅仅是一种线索，一种外在的形式特征，其真正的工作机制存在于接下来听话者对这一低调陈述含义的推断过程中。这一理解过程涉及认知这个概念。

12.1 低调陈述的话语信号或标志

12.1.1 否定信号

语言中的否定包括形式上的否定和意义上的否定两个层面。英语中表示否定意义的句子，如果形式上含有半否定词或形式上可能是肯定的，我们称之为含蓄否定句，如名词（absence，lack）、动词（fail，miss）、副词（hardly，little）、连词（more than，before）、介词（above，beyond）、短语（at a loss，rather than）、比较级、双重否定以及修辞性问句。Quirk（1985）认为：肯定的问句在意义上同否定的陈述句相同。这些问句运用的语用前提是：对于这些设问，发问人其实早已胸中有数，只是出于矜持和谨慎而已。而用否定词 no、not、none、never 或否定词缀来表达肯定的内容是正话反说的曲言。以上这些词为我们提供了从低调陈述角度理解话语的线索，如“I've known *more comfortable cars*”，Brenda（2000）认为，英国人出于礼貌、谦虚以及外交策略较美国人更常用间接语言，而间接语言的典型特征是低调陈述的语用否定，这是一种句法否定，如上句。Quirk 认为这种句法否定需要语用学来处理其修辞语义，说话者用比较级实际表达的是委婉否定含义 Your car is uncomfortable。Quirk 把这类句子称为否定或负向极性词（negative polarity items）。

12.1.2 元语言信号

有时，说话者为了明确表达自己的意图或避免听话者误解，往往采用元语言信号，即直接用“understatement”。

[1] It would be an *understatement* then, to say that sexual assault, or the fear of it, affects every woman's life.（如果说性侵犯或对性侵犯的恐惧影响到每一个女人的生命，那将是一种轻描淡写的说法。）[Leland - Young, Jan, Nelson, Joan. “Prevention of Sexual Assault Through the Resocialization of Women: Unlearning Victim Behavior.” Women and Therapy 6. 1 (1987): 203.]

[2] Seat charge 'may well have deterred the poorer classes from attending', and this is an *understatement* - for if the charge was burdensome enough in the mid - fourth century to make it worthwhile to...（座位费“很可能已经阻止了贫困阶层的上学”，这是一种轻描淡写的说法。因为如果在四世纪中叶，这一费用足够沉重，足以使它值得……）[D Bellingham. “Classical Mythology in English Literature: a Critical Anthology.” G Miles (ed) Classical Review 50 (2000): 254—256.]

[3] The term WRESTLING is an *understatement* for an attraction now enjoying its biggest boom ever. For any connoisseur of the deadpan schlock of pop culture, pro wrestling in its latest guise is like a trip to hog heaven.（这个词低估了现在正享受着有史以来最大的繁荣。与任何一位流行文化的鉴赏家来说，穿着最新装束的职业摔跤专业人士如同去天堂的一次旅行。）[Wrestlemania. Time 125. 15 (1985): 104.]

[4] Robert Cummins Representations, targets and attitudes has characterized the vexed problem of mental representation as “the topic in the philosophy of mind for some time now.” This remark is *some-*

thing of an understatement. [Slezak, Peter. "The tripartite model of representation." Philosophical Psychology 15.3 (2002): 239.]

如果说"心理表征这一令人烦恼的问题成为思想哲学中的话题只有一段时间"，当然是一种轻描淡写，因为这个话题实际上是17世纪尼古拉斯·马勒伯朗士和安托万·阿纳尔德之间著名的争论的核心，也是洛克、伯克利、休谟（苏格兰哲学家）、里德和康德（德国哲学家）的著作中的主题思想，是整个哲学传统的核心。

[5] I had heard that straight Japanese women liked male homoerotic romances, were more evident as consumers of gay fiction than gay men were, but I had no idea what an *understatement* it was.（我听说日本的异性恋女性喜欢男性同性恋爱情小说，比男同性恋者更喜欢同性恋小说，但我不知道这是多么的轻描淡写。）[Cole, C. Bard "The Gay and Lesbian Review Worldwide." Boston 1.8 (2001): 40.]

12.1.3　模糊限制语

模糊限制语在语篇信息结构的布局处理方面有独特的作用。在语篇中恰当地使用模糊限制语，可以将被模糊的信息作为背景，从而使更重要的信息前景化，使读者能够集中注意力于主要信息，以此更清晰明确地表达和突出说话者或作者的意图。如"This argument is *close to convincing*"（转引自Henk van Riemsdijk 1999：2）。Henk van Riemsdijk（1999）认为，严格意义上，close to convincing与convincing语义没有区别，但是运用close to convincing这种低调陈述能避免承担措辞的全部责任。低调陈述这种不直截了当的话语策略，可以使措辞处在模棱两可、滴水不漏的状态，以防别人找碴儿。Lasersohn（1999）把这种现象称为语义和语用松弛现象（"semantic slack" and "pragmatic slack"），并设计了一个语用光环（"pragmatic halos"）理论来研究这种类型的现象。Hübler（1984）认为像quite、sort of、kind of、rather、pretty、fairly、scarcely、almost等这类旨在修饰陈述内容和降低话语武断性的弱化词，是低调陈述的标志词，如"I *kind of* want the black horse to win the race"。

12.1.4 暗示低调陈述语义的上义词

用“anything in trousers”暗指“men”，或用上义词“something”含蓄地表达“a nice thing”或“a wonderful thing”的语义，如：“to be mistress of Pemberley *might be something*!”（Jane Austan. Pride and Prejudice. 1999）当伊丽莎白走进庞波庄园时，由于她曾经拒绝过该庄园主人达西的傲慢求婚，故有些心慌意乱。然而庄园里高阜低洼，气象万千的别致景观，又让伊丽莎白看得流连忘返。这气势磅礴、美丽多姿的地方，不仅使伊丽莎白为之所动，觉得“在庞波当个主妇也许是件挺不错的事”，因为那天然美姿一点也没有遭受到庸俗趣味的玷污。“something”的含蓄低调表达，反映了伊丽莎白内心的矛盾，既向往做这儿的主人，又不愿放弃自己的原则和自尊。

12.1.5 情态动词过去式

英语中用情态动词的过去式如should、would、could、might等能使语气缓和、礼貌、审慎得多，避免给人们强加意志的感觉，如“*Would you be kind* enough to open the window?”Brown and Levinson（1987）指出，语法结构和语义语用含义不一致的句子（Syntax - Pragmatics Misalignments）可以用来减少请求的力度，以防对方拒绝自己时过于尴尬。Horn（1988）把这类现象称为言语行为习语（speech act idioms）或会话含义中的短路现象（short - circuited conversational implicatures）。

12.2 低调陈述的语义或语用信号

以上我们讨论了低调陈述识别的一些元语言和语言信号。但是在语言使用过程中，许多低调陈述的出现并没有什么明确的信号和标志。因为低调陈述是一种语言使用现象，只有在一定的语境中才有可能产生。

12.2.1 句子内部的语义冲突

低调陈述的突出特点之一是语义冲突，它是低调陈述产生的基本条件。某一种用法是否属于低调陈述，听话者需要根据话语的字面意义在逻辑上或与语境形成的语义和语用冲突及其性质上来判断。语义冲突也可称为语义偏离（deviation），指在语言意义组合中违反语义选择限制或常理的现象，这些低调陈述出现在句子层次上。如“He had five sandwiches and a quart of milk for his *snack*”，说话者把所指对象吃了“五块三明治和一夸特牛奶”幽默调侃为“小吃”，实在是妙趣横生。根据常识这句话构成了语义上的不协调，而这种语义上的不协调正是低调陈述话语的信号。用介词 for 把 five sandwiches and a quart of milk 同 snack 等同起来违反了人们对“five sandwiches and a quart of milk”和“snack”的特征和两者之间关系的认识，两者的语义组合出现了矛盾。参照 Black（1962）的术语，five sandwiches and a quart of milk 是“框架”，而 snack 是“焦点”。“焦点”与“框架”的意义处于冲突之中，“焦点”是解决意义冲突的核心，它应该作为低调陈述来理解才说得通。

[6] Ladies and Gentlemen, this is your Captain speaking. We have *a small problem.* All four engines have stopped. We are doing our damnedest to get them going again. I trust you are not in too much distress.（女士们，先生们，现在机长和你们讲话。我们的飞机有点问题，四个引擎全部停止工作。我们正在竭尽全力修复。我想，你们不必太过紧张。）

1982 年，一架英航飞机在飞往秘鲁的高空发生故障，引擎全部停止工作，显然与“a small problem”不吻合，生死关头飞机机长的低调陈述，无疑是掩饰事态严重性，安慰吓傻的乘客。

[7] Besides all the other things I（a housewife）do in a day's time, I have the cooking too, and you know that if you want a decent meal you have to spend *time* in the kitchen and oven the stove.

“you have to spend time”表达的是“you have to spend a lot of time, or plenty of time, or heaps of time”含义。

[8] The Tanaina live in an environment that could euphe – mistically be described as “*difficult.*” Survival, especially in the wild, is always precarious.

联系下文“Survival, especially in the wild, is always precarious”（生存，特别是在野外，总是岌岌可危），所处的环境被委婉地描述成“difficult”（困难），这当然是低调陈述。

12.2.2 句子与语境之间的冲突

低调陈述语义冲突既可发生在句子内部，也可发生在句子与语境之间。现代修辞学由静态进入动态，更加重视话语同语境的关系。倪宝元（1992）说：“话语本身只是潜在着交际的功能，只有在一定的语言环境之中，这一潜在的交际功能才能得以实现。”因此，任何忽视语境因素的低调陈述定义都是不完整的。某一语言表达成为低调陈述的第一个要素是，从语用角度或从语境角度看，它必须是异常的。也就是说，不管是词、短语，还是句子，或者是更大的话语单位，从其字面意义来理解有明显与语境不符合之处。第二个要素是，这种语义异常或语义冲突原则上是可消除的。第三个要素是，低调陈述的理解要符合说话者的意图以及对其意图识别的期盼。在听到语义异常的句子时，听话者往往并不放弃对其意义的理解，而是根据语境从其他角度来猜测可能的意义。最常见的办法就是把它当作低调陈述来理解。如：

［9］ All this went on at a time when night after night the East End was taking a terrible beating and it was rumoured that the people were ominously quite. Could their morale be cracking? The answer was provided in a story that was going the rounds. A young man went down to see a chaplain whom he knew in the East End. He noticed not only that the damage was considerable but that the people were saying practically nothing at all. “How are they taking it?” he asked nervously. The chaplain shook his head. “*I'm afraid*,” he said, “that my people have fallen from grace: they are beginning to feel *a little bitter* towards the Germans.” (Richard Hillary. The Last Enemy: The Centenary Collection. Penguin, 1988)

低调陈述的一个显著特征是所说事实与现实不能完全等同起来，从而形成了语义上的不相容，如例［9］。一方面，这句话的语境是1940年德国人对伦敦进行疯狂的毁灭性轰炸，显然，句子 they are beginning to feel a little bitter towards the Germans 与这个语境相冲突；另一方面，在基督教徒信奉爱、同情及宽恕这样一个前提下，这句低调陈述的语义又具有讽刺揶揄之功效。

再如，一场大雨造成英国南部严重的洪涝灾害，某英国大报这样轻描淡写地报道："We've had *a little rain*"（我们这下了点小雨）。"...if we are gardeners，we have a legitimate *quarrel with* weeds..." 根据语境，我们可以判断出"quarrel with"的含义是"cutting down"或"removing"，作者用"quarrel with"淡化了"斩草除根"的语义。纽约洋基队在20世纪90年代两次夺冠，创造了棒球史上的纪录。教练Zimmer齐默说："With all that's happened，we'd settle for a game or two above that，*but these guys keep going and play well*"，当然这是典型的轻描淡写低调陈述。[Mel Antonen. "Yankees showing their stripes early." USA Today 6（2005）]

Kittay（1987：144）指出，话语的第二性意义是第一性意义的函数。话语的第一性意义来自其组成部分的第一性意义在正常语境中的恰当组合。当话语和语境特征向听话者表明第一性意义不成立或不合适时，第二性意义就开始显现。低调陈述是典型的第一性意义与语境发生冲突的情况。所谓低调陈述，主要是因为所用语言字面意义与语境发生冲突时所选择的与语境相符的另一种理解。如果提供合适的上下文，那些违反选择限制规则的句子可以解释为低调陈述；而低调陈述也可以从那些不违反选择限制规则的、组织得很好的句子的直接类推中得到解释。

12.3　词汇语境线索与低调陈述的理解

根据波兰人类学家Malinowski（1923）和Haliday and Matthissen（1999）的观点，作为一种资源的经验的概念化和图式是低调陈述修辞话语推理和理解所依据的认知语境。在低调陈述修辞语言研究中，结构主义利用语法形式作为标志研究低调陈述结构形式，利用标记（markers）比如否定词not、弱化词a little等作为线索来解读低调陈述修辞话语意义。社会语言学利用语音、语调、交际环境等语篇特征作为语境线索寻找交际人意图和态度等人际意义。社会语言学家把语境线索看成框架手段来了解交际人的态度或意图，比如讥讽、诙谐、幽默、掩饰等低调陈述修辞话语意义。客观世界的人或物及其属性、行为的过程、事件的状态或时空概念，这些体现语境中语场的各个成分，就是词汇的基本功能——

命名。本节探讨的是词汇语境线索如何激活心理图式，经过推理理解，从而能够解决歧义、表面搭配不当、词的临时组合和新词的意义。

12.3.1 语境线索与动态推理

语篇中某个词激活相应的情景语境，以确定另一个词的低调淡化意义。例如：

[10] "I can pay the money into any bank account you wish, anywhere in the world. You can also take the money in cash in a suitcase, so it's up to you whether you want to report the income to the tax authorities."

"*This is...not healthy*," Blomkvist stammered.

作为语境线索的代词"This"激活了上文中提到的有关收入须纳税的图式，作为图式成分的银行账本与纳税、避税等联系，这种语义关系的搭配也是 Halliday（1994：333）所称的"共现趋势"（co - occurrence tendency）。根据所激活的图式来确定并理解 not healthy 的掩饰情景语义。

[11] 这么多年过去了，她秀丽的容貌竟然没有多大变化，*只是眼角和额上添了些岁月流逝的痕迹*。（吕雷《火红的云霞》，转引自：杨春霖、刘帆 1995）

乍一看，"眼角和额"与"岁月流逝的痕迹"是不合常规的搭配，语篇中的词汇"多年""容貌""变化"共同起语境线索作用，赋予"岁月流逝的痕迹"比喻情景意义："皱纹"，这是一种掩饰性的低调陈述。听话人运用从世界知识衍生出的信息图式进行动态推理，补充完善图式空档中的细节。

12.3.2 语境线索的语用解歧功能

[12] Mr. Li is *something of* a philosopher.（李先生略有哲学家的风味。）（转引自：李鑫华 2000：142）

此例句没有上下文，推测起来大约李先生本不是哲学家，但言谈中或许常带有一些具哲学深度的话；若直说李先生是哲学家，似乎太过，有奉承之嫌，用 something of 则恰到好处。如果李先生本是哲学家，则此句就有讽刺意味了。

[13] Even though I wanted to say, "Go get it yourself." I knew it was my job *to be quiet* and do in a nice way whatever I was told.

"job"作为语境线索，激活了在外打工的图式，赋予"to be quiet"的低调情景语义。因此语境线索帮助我们确定"to be quiet"低调陈述含义。

[14] "We made a difference. We made the city stronger, we made the city freer, and we left her in good hands. Allin all, *not bad*, *not bad at all.*" (Ronald Reagan, Farewell Address to the Nation, January 20, 1989)

"not bad"语义究竟是不错还是很好，语境线索"stronger""freer""good hands"在激活语境后确定"not bad"的低调陈述含义，同时排除了另一字面义。可以说该语篇的理解是建立在语境线索解歧的基础之上。词汇语境线索激活图式，在这个作为框架的图式中寻找低调陈述的对应成分及它们之间相互制约的关系，从而理解适合于语境的低调陈述情景意义。整个过程是从词汇—语境线索推导到语境，再从语境回到词汇—低调陈述，以达到对该语篇的完整理解。

语境对低调陈述言语表达有制约功能，同时对言语接受也有解释功能，低调陈述修辞是利用语境的特点创造性地使用语言，是一种充满创造性的独特修辞活动。首先，低调陈述修辞要适应语境，语境是个错综复杂的系统，有狭义和广义之分。狭义语境指说话听话时的时空场合或者上下文、前言后语等因素。广义语境包括时代、社会的性质、特点，风俗习惯、文化传统等因素。其次，低调陈述修辞要适应上下文以及特定的时地因素。如"*snacks*"后语是前言的延伸，对其有补充、深化的作用，语义上似乎相互矛盾、显得荒唐，但正是这种相映成趣成就了低调陈述的妙语佳句。再次，低调陈述修辞需根据交际对象的身份地位组织话语。如"*It's good idea to finish a job*"在特定场合下，老板针对下属的微妙心理，用与对方身份地位相宜的低调陈述话语来唤醒对方的身份意识。最后，低调陈述修辞要适应对象。不同年龄、不同文化、不同性别的人对语言表达的反应和要求有差异。相对于青年人的节奏快捷、贴近时代的语言表达特点，中老年人更倾向于质朴、谦逊、蕴藉的语言表达方式。同理，有着丰富和细腻心理的女性，相对于直率、理性的男性，更倾向于委婉、温和、雅致的语言表达。

12.4 低调陈述多义范畴的理解

理解低调陈述多义范畴遵循的是语义互参模式，即存储、激活和互参三个过程。低调陈述多义范畴理解的基础是存储了无限知识的范畴网络，低调陈述意义的激活取决于范畴网络中的某一节点与认知语境以及节点与节点之间的关联强度。通过节点与节点之间的语义互参实现关联强度的确认。在这个语义互参过程中，低调陈述多义范畴中的某一个义项得到凸显，从而完成低调陈述多义范畴的理解。

12.4.1 低调陈述多义范畴的原型性特征

根据 Lakoff（1987）和 Taylor（1995）的原型理论，低调陈述多义范畴具有原型性，原型性特征如下：

（1）连续统

低调陈述多义范畴的义项对语言系统的隶属有程度差异，也就是说，低调陈述多义范畴的义项从言语到语言是一个渐变过程，义项的语言性从弱到强不断发展，准确地说是处在一个连续统上。在这个连续统上，越向左，义项的语言性越低，尽管语言性较弱，却是低调陈述多义范畴节点所具有的意义潜势，在一定的语境下，潜势义项的语言性会增强，从而成为显性义项。也就是说，理解这种语言性弱的义项需要通过语境的激活使之凸显出来。

（2）开放性

低调陈述多义范畴的边界是模糊的，与反语范畴、委婉语范畴等有交叉。虽然低调陈述多义范畴的原型义项有限，但从理论上讲，其边缘义项或次要义项具有无限延伸的可能性。这一特征决定了低调陈述多义范畴义项的开放性。

（3）动态性

低调陈述多义范畴具有原型性，人脑对低调陈述意义的存储是从较典型意义逐渐过渡。同时由于低调陈述多义范畴的可延展性，在一定的条件下，可以增加某一义项或减少某一义项。因此，低调陈述范畴网络一直处在缓慢的建构中，网络的语义知识随着相同经验的重复而强化，随着不同经验的积累而变化。网络涉及的词汇语义系统或句法系统既处在动态的建构过程中，又具有相对稳定性。

12.4.2　低调陈述范畴理解的语义互参模式

根据于海涛（2003：32），语义互参是指范畴网络中节点与节点之间进行的激活与被激活或反馈与反馈激活的过程。在语义激活的过程中，原型性义项激活频率高，但在具体言语中，激活取决于显著度，即认知语境对语义的选择。根据 Sperber and Wilson（1986：41）的观点，认知语境是交际双方共有的语境，虽然交际双方的认知状态不是绝对重叠，但对相同本体认识状态能达到概率相似的程度。如“He *did not go hungry*”，“没挨饿”基本层级义是“吃饭”，“军火交易”双方共有的认知环境，与当前“军火交易”范畴互参，激活义项“收入不菲”。从本质上讲，低调陈述范畴是一个综合全方位建构的过程。在特定语境下，语言性弱的潜势义项的语言性增强，成为显性义项，如上例。低调陈述范畴中的边缘义项是在范畴网络中与其他范畴互动互参产生的结果，因此范畴网络是低调陈述范畴理解中知识存储、语义激活和语义互参的基础。

低调陈述的语言表现手段按结构可分为利用词汇、语法和其他辞格兼用三种构成形式，它常常和别种修辞方式如隐喻、委婉语、双关、拟人、迂回、闪避等结合运用，其语用目的是淡化、模糊。这种运用别种修辞手段制作的低调陈述，往往具有更强的艺术感染力。低调陈述的理解可以分为两个步骤，首先是低调陈述的辨认，其次是低调陈述意义的推断。低调陈述的辨认有时依靠一些比较明确的信号，有时则依靠话语中语义与语境的冲突及其性质。低调陈述的运作机制是以非琐碎性质的推理为基础，通过认知语境将接收话语建立的新假设进行关联、激活、选择、推理直到对低调陈述话语作出最相关的解释。

12.5　语言模因

模因论是基于达尔文进化论的观点解释文化进化规律的一种新理论。它试图从历时和共时的视角对事物之间的普遍联系以及文化具有传承性这种本质特征的进化规律进行诠释。模因论告诉我们：模因以模仿为基础；模因是信息传递的单位。何自然（2005）认为，模因现象几乎无处不在，可以用它来分析、解释很多的社会文化现象。模因作为文化基因，靠复制、传播而生存，语言是它的载体之一。语言模因在复制、传播过程中往往与不同的语境相结合，出现新的集合，组成新的模因复合体。模因与模因之间会相互支持，集结在一起，形成一种关系密切的模因集合，这就是模因复合体（memeplex）。模因的表现可以是单个模因，也可以是模因复合体，大脑里的信息内容直接得到复制和传播的是模因的基因型，而信息的形式被赋予不同内容而得到横向扩散和传播，结果产生无数模因表现型。

12.5.1　低调陈述理解的模因分析

模因是一种信息单位，通过模仿而得到复制和传播，模因也是一种认知行为或行为模式，由一个人传输到另一个人。由于模因论的出现，人们对低调陈述认知基础有了新的认识和阐释，它为低调陈述的演变引入了信息复制的模式。语言模因是思维层面的概念，是语言内化为思维的结果。元模因与语言模因是“互推—体现”关系，语言模因反映元模因的语义内容，是元模因的特定模质形式。低调陈述具有各种各样的句式结构，当它作为模因复制时表现出维持、变异、显露或暗含等各种情况，大体可以体现为两种运行方式：直接套用、模因改装，这两种形态，从维持向变异发展，从显露向暗含演变。

（1）低调陈述修辞模因直接套用

低调陈述中直接套用的语言模因，往往是一些倾向于语法化和规约化的低调陈述的原型成员（prototypic instances），如词汇上有反叙法（litotes）：用否定词 none、never、no 表示间接肯定，弱陈法（meiosis）：用 quite、sort of、kind of、rather、pretty、fairly、scarcely、almost 这类旨在修饰陈述内容和降低话语武断性的弱化词来缩减事物重要性的反话正说，语法上有虚拟语气和情态动词。这些语言表达方式在一种特殊的语境里套用，从而构成“低调陈述”，它们或是 ironic praise，或是 ironic criticism，都是讽刺幽默效果明显、复制传播能力很强的语言模因。

[15] I have strivento be *no laggard* in military discipline.（选自 Hoff-

mann 1987）

如果说话人直接说“...to be the best”，他或许说的是实情，却显得自负，而用这种优雅谦虚的正话反说，既可以避免嫉妒，又可以获得赞誉，可谓一箭双雕。当然这种礼貌的低调陈述也显示了说话人与听话人之间的“心理距离”。

［16］Ted was *a little* tipsy.

说话者用低调词（downtoners）“a little”淡化了“Ted was very drunk”的语义。

［17］*I would certainly go if I had the time.*

虚拟语气表示说话人主观愿望和假象虚拟的情况，往往表示事实上的否定。在例［17］中，说话者使用虚拟语气委婉表达自责或无可奈何的情感，言外之意是“I will not go because I have no time”。

［18］My daughter got a passing grade for History. But her score *could be better.*（范家材 1992：180）

情态动词的语义来自单个说话人对其言语内容采取的“主观的”着色，即把内容的真实性变得含混或对内容的可靠性表示疑问，如上例中，说话者使用情态动词“could”既顾及女儿心理上渴望受尊重的需要，同时也淡化了自己的失望与不满，暗示“She doesn't apply herself to her study”或“Her testing performance is well below par”语义。这种认知型情态被看作说话人没有把握的标志，表示他作为个人对所说的命题缺乏信心。

（2）低调陈述修辞中的模因改装

低调陈述不仅是一种语言的社会现象，更是一种语用现象，是语言使用者的语用策略的体现和反映。在低调陈述中更多的是改装而不是完全套用，语用者根据言语交际中的主观因素和客观因素选择偏离语言常规的表达方式，这种创造性地使用语言就形成各种各样的模因变体，它们的意义与原义或原语境都会出现不一致的情况，需要人们通过语句表面的浮现意义去想象出深藏语句之中的缺省语境，从而推断出其缺省意义。

［19］It is a case of *January and May.*（选自：余富斌 2000）

中国文学历来崇尚可意会不可言传的境界，说话人用“January”暗示“a white - haired old man”，用“May”表达“a young beautiful lady”

语义，这“情趣之文”如换成“A white - haired man marries a beautiful young lady”，文学韵味就会丧失殆尽，变成索然寡味的简单陈述。这种隐喻式低调陈述，意蕴比直言更深，情味更浓，更能启发读者的联想。

在低调陈述话语理解时，词意性质的元模因得到激活，自动链接与之匹配的模质，形成模因—模质链接模型，模因—模质属同一认知域的不同模型，为状态相邻的表征形式。模质层面的认知内容通过整合，对原认知（元模因）进行反馈，即在语境作用下，模质反馈模因，经推导过程，达成低调陈述理解（参阅：邹春玲 2008）。例如：

［20］“to be mistress of Pemberley might be *something*!”（Jane Austan. Pride and Prejudice. 1999）

在模因—模质的推导过程中，听话人接受说话人的低调陈述输入（语言模质），主体自动搜索与之匹配的语言模因和元模因。如上例输入为“something”，主体首先在相邻原则制约下进行选择，即元模因的激活生成了下范畴的语言模因，一个元模因节点可生成多个语言模因。那么，“something”究竟何意要视语境而定。当伊丽莎白走进庞波庄园时，由于她曾经拒绝过该庄园主人达西的傲慢求婚，故有些心慌意乱。然而庄园里的别致景观，又让伊丽莎白看得流连忘返。这气势磅礴、美丽多姿的地方，使伊丽莎白为之所动，觉得“在庞波当个主妇也许是件挺不错的事”，因为那天然美姿一点也没有遭受到庸俗趣味的玷污。概括的上义词“something”含蓄地表达“a nice thing”或“a wonderful thing”的具体语义，达到淡化掩饰的语用功能。“something”的含蓄低调表达，反映了伊丽莎白内心的矛盾，既向往做这儿的主人，又不愿放弃自己的原则和自尊。在这例中，语言模质中的关键词激活元模因节点，自动链接其下范畴的语言模因，在语境制约下，对语言模因进行选择，达成低调陈述理解。因此，转喻式低调陈述是在同一理想化认知模型下，语用者根据交际需要并遵循文化模式，用一个认知域去激活或凸显另一个认知域的概念加工过程。

［21］I met my *Waterloo* in the exam.

隐喻在低调陈述中的跨域概念映现常是角色（role）和价值（value）之间的连接和一个实体与另一个实体的表征之间的连接，这些跨域映现都基于相似和类比。在这例中，有关战争的喻源：残酷较量、考验双方智慧以及战斗力的军事活动，通过隐喻投射到有关考试的目标域：竞争激烈、检测你学习能力及教学效果的尺度。这次考试和滑铁卢战役之间有一种相似性和类比关系，把滑铁卢战役类比为这次考试失利，产生对应成分映现（mapping）。说话人用 waterloo 这一历史上著名的惨败战役的实例来谈论这次考试经历，低调表达一场重要考试的失利。

低调陈述或是利用来源域寓于目标域的转喻（source－in－target metonymies）来表达幽默讽刺语义，如用“snack”表示“meal”，通过转喻这一认知方式，含蓄地掩盖了自己不愿提及的话题，这种来源域寓于目标域的转喻是认知域扩展的基础，它使我们可以激活其中的一个次域来把握全部矩阵。或是利用目标域寓于来源域的转喻（target－in－source metonymies）来表达幽默讽刺语义，如上例“something”交际双方用事物的邻近关系进行联想，使双方注意力从具体的概念转移到相对整体的概念，这种目标域寓于来源域的转喻是认知域缩小（reduction）的基础，它是通过激活全部矩阵域来把握次域的。在特定的认知框架中，转喻式低调陈述的指称功能帮助听者根据自身的感知体验来理解和阐释概念之间的相邻关系，从而弱化或掩饰不愿直接提及的概念特征。可以说，低调陈述构成机制的基础从根本上说是转喻认知，或者说，转喻作为人类思维和认知方式的特点同样反映在人类生成和使用低调陈述活动中。

语言模因的意义最初是由语言使用者赋予的，后来逐渐演变成了缺省含义，语言模因的缺省含义也因此成为人际互动交流的重要基础之一。若从语用化（pragmaticalization）角度考虑，缺省含义最初是由具体说话人意义沉淀下来的，即模因宿主在互动交际过程中赋予语词以新的含义，这就是所谓的“浮现意义”。如果这些新的浮现意义使用频率比较高，能够得到广泛复制和传播，它们就有可能慢慢沉淀下来而成为该语词的缺省含义。如例［21］“I met my *Waterloo*”，模因宿主结合自己的表达需要或语用意图而产生的浮现意义：某个重大事件的失败，经过重复使用慢慢沉淀下来，逐渐演变成缺省含义，在不同的实际语境中可以分别表达“一次决定自己命运的面试结局不理想”“一场关键性球赛的失利”或“一次至关重要竞赛的不成功”等语义。

12.5.2 低调陈述的幽默讽刺机制

Raymond（2000）定义低调陈述是用弱化的语言传达讽刺含义（speakers conveyed their ironic messages by stating far less than was obviously the case），Kennedy（2003）和 Norrick（1987）认为，低调陈述语用功能在着眼于批判、讽刺的同时，也在追求一种幽默、轻松的情趣。低调陈述修辞语言模因的形式千姿百态、丰富多彩，它既可以表现在词汇、句法方面，又可以表现在语言意义方面。在低调陈述幽默讽刺中，语言模因打破篇内衔接、篇际制约、线性序列，从词语、句段乃至篇章等各个语言层面来打破低调陈述与语境的和谐，达到幽默讽刺的效果。

（1）词语机制

语言发展变化最敏感的领域当属语言中的词汇了。从词汇的层面去观察低调陈述修辞语言模因的变体，可以更好地了解低调陈述修辞语言的发展变化，因为词与词之间的模因感染是最容易、最直接、最敏感的。不同词项的组合方式构成不同的语义效果，词语层面上的语言模因能恰如其分地激起不协调的“变体”。如“He had five sandwiches and a quart of milk for his *snack*”，说话者把所指对象吃了“五块三明治和一夸特牛奶”幽默调侃为“小吃”，实在是妙趣横生。这种矛盾搭配法把两个不同范畴的词项等同起来，打破了语言与语境的和谐性，在“于幽默中见智”的同时，戏剧性地产生一种嘲讽效果。

（2）句段机制

低调陈述的突出特点之一是语义冲突，它是低调陈述产生的基本条件。语义冲突也可称为语义偏离（deviation），指在语言意义组合中违反语义选择限制或常理的现象，这些低调陈述修辞模因变体出现在句子层面，蕴含隐化在字里行间。“Even though I wanted to say，‘Go get it yourself.’ I knew it was my job *to be quiet* and do in a nice way whatever I was told.”正在大学攻读戏剧专业的 Patricia 利用暑假去一家假日旅馆打工，人生的第一课便吃尽苦头。“to be quiet”含蓄、蕴藉，低调表达“to be tolerant”的语义，这种纤秾得当、高妙纯净的幽默表达，既表现出“言辞之锋利”，又展示了“沉默的率真”。说话者通过最简易平实的方式生成绝妙上层之效果，用得传神，耐人咀嚼。

（3）篇章机制

低调陈述可以是字词式低调陈述，也可以是情景式低调陈述。这种出现在更广阔语境的低调陈述依赖情景描述的手段去表现低调陈述的蕴含。说话者刻意使模因变体与语境不和谐，复制出以篇章为单位的低调陈述修辞语言模因变体，从而产生幽默讽刺效果。如“He *did not go hungry*”，说话者以幽默的风格，故意压低调子，从较为具体、易于理解的源域映射到难以启齿、不宜直说的目标域，这种低调陈述是对“是”与“非”的兼收并蓄，是在肯定“真”时对“真”的怀疑，在判定“假”时对“假”的否定，这或许正是低调陈述的讽刺幽默所在。

低调陈述反映了命题意义与语境之间的不对称映射关系，其本质在于命题所涉及的范畴与语境范畴间的语义冲突（semantic clash）或张力（tension）。人们根据具体语境和交际需要，将储存在脑海中的词语、句段乃至篇章等各个层面的语言信息，或整体或部分地调遣起来，让它们重新组合而成为新的语言模因变体。由于模因在语言中的感染效应，这些经过变异的低调陈述修辞现象一经出现，便成为模因复合体，它将与其相关的字面意义信息储存在人们的大脑中，在特定的语境中被激活，很快得到复制和流传。在低调陈述修辞语言模因的传播过程中，语言模因的增值含义的出现既丰富模因的内容，又促进文化的进化。

在语用学视野中，国内外学者关注两点：一方面，说话者如何使用低调陈述这种弱化的语言传达讽刺幽默含义，从而反映说话人的期待与现实之间的对立；另一方面，听话者如何依赖于对说话者交际意图的辨认以及交际双方共同的认知语境和关联原则的了解来恰当地理解不简明、不坦诚的低调陈述。例如，在 Grice 会话含义理论的框架内，Alba（1995）、Hübler（1984）认为低调陈述是一种违背关联、量、质和方式准则的语用策略，以达到情感的控制或缓和说话的力度。Leech（1983）运用礼貌原则和面子理论对低调陈述言语方式的成因作出了部分解释，描述低调陈述为一种语用上淡化事物的不利因素的手段，减缓自我表扬和批评他人。在关联理论指导下，Hackman（1978）讨论了低调陈述修辞语言的理解过程。语言作为模因，其生命力取决于它在使用的过程中能否得到认同，从而获得广泛的复制和传播；而得到广泛复制和传播的模因一般是强势模因，它们的使用会产生明显的修辞效应，从而刷新人类的视觉和听觉，使人难忘，并在自觉和不自觉中加以仿效。语言模因论将进化论的思维方式应用于对语言发展的分析，对低调陈述修辞语言中的许多现象具有独特的解释力，为我们探讨低调陈述修辞语言的进化问题提供了一种崭新的研究思路。从语言模因论的角度探讨以往研究中尚未涉及的、关于如何通过“模仿”形成低调陈述修辞的各种表达方式，揭示低调陈述修辞语言模因变体对低调陈述讽刺幽默交际意图的贡献，以“模因—模质”之间的“互推—链接”为分析模型，从低调陈述的相邻问题出发，对低调陈述的理解过程作出说明。模因的概念不仅使我们可以从全新的角度来看待低调陈述，还可以进一步剖析其深层的认知过程，解释低调陈述在进化中出现的一些突变及重生现象。

12.6 新格莱斯语用学

认知语用学是近年来国外语言学研究中涌现出来的一个新的研究方向与趋势，尽管认知语用学还没有形成一个统一的理论框架和具体的研究范围，但作为语用学的一个重要方面，已经取得了不可否认的研究成果。理查德曾指出：“好的语言是一种圆满的实现，能表达人的感知本身不能表现的事情。语言是不同领域经验的交汇点，不仅是认知的表现形式，而且是它的组成部分。源于日常经验的认知系统构成了语言运用的心理基础。”这一论述精辟地揭示了认知与语言的关系。而低调陈述修辞的运用更集中体现了这一点。

语用学处于研究“符号与符号解释者的关系”阶段时，人们关心的是如何使用语言，并不过多讲究如何理解语言。到了 20 世纪六七十年代，随着认知科学的产生和发展，出现了新格莱斯语用学。新格莱斯语用学家把致力于构建话语理解的推理机制——语用推理机制作为建立本学科理论体系的主要任务之一，以 Grice（1989）提出的会话含义理论为开端，语用学的研究范围从单纯的语言使用扩展到顾及语言的认知和理解。认知语用学在解释语言现象时主要通过认知（即社会心理因素）来分析大脑中的知识结构和知识结构中诸成分的连接倾向，并把类似倾向看作某种有相当或然程度的语法关系（熊学亮 2000）。由于对语言交际的实质认识不同，人们对语用推理的性质及如何构建语用推理机制也持不同的观点。其中美国哲学家 Grice 和 Horn（霍恩 1988）、Searle（舍尔 1969）、英国语用学家 Levinson（列文森 1983），以及 Sperber and Wilson（斯波伯和威尔逊 1986）等的理论观点具有代表性。

12.6.1　Grice 的会话含义理论

Grice 是英国著名的逻辑学家、哲学家。他从哲学的角度来讨论语言的使用和会话的逻辑。他提出一套办法用来描述和解释会话双方是怎样通过对方说出的语句来理解其本来意思的。Grice（1975）设想，会话必须有问有答，交际双方总是遵守着“会话中的合作原则”来进行会话的，说话人要能成功地向听话人传达这种含蓄意义有赖于会话双方的合作。“合作原则”作为一个假设，要解释说话人的意图是如何传递和领会的，即如何通过语码—推理达到相互理解，其中主要是如何通过推导获得会话含义。我们知道，含义的运用对语言运用者来说简单而平常，基本上不会构成什么困难，随着语言的习得，含义运用基本上是“无师自通”的。但作为语言交际中被理解的对象，解释其理解的通道，对语言学家来说却不是一个简单的问题，因为含义通常是“悠然心会，妙处难与君说”的（张孝祥《念奴娇·过洞庭湖》）。会话含义理论的使命是要将这“难与君说”的“心会”诉诸科学解释，而不是作修辞学式的反应性、规范性的说明。作为一种解释性的理论模型，Grice（1975）是在话语的具体层次上展开“合作”概念的：话语的参与者尽管是分别提供自己的话语，但总是在一定程度上意识到其中的某一目的，至少是一个相互都能接受的话语发展方向；这一目的或方向的达成是会话参与者在交际过程中共同努力的结果；或者说，他们的努力由“会话交流可接受的目的或方向确定”；“会话通常不是由一串毫不相干的话语组成……谈话是相互合作的行为”。这里“合作”的含义是：维护和坚持这些目的和方向是会话参与者在会话过程的默契，因此在会话过程中无论话怎样说、具体说了些什么，均被认为是维护和坚持这一目的和方向的，亦即都认为是“合作”；一旦发现了对方某一话语出现“偏离”合作，就只好“谋求”一个“说法”来填补和纠正这一“偏离”。“说法”就成为对说话者意图的阐释，是“偏离”了的话语所寓有的含义；“谋求”就是推理、推导出含义。可以说，合作原则所构想的假说是语用学的一个有解释力的、开创性的理论假说。

Grice 的会话合作原则具体体现为四条准则：质的准则、量的准则、关联准则、方式准则。质的准则规定话语要真实无误；量的准则要求话语正好符合交际对信息的要求；关联准则要求话语具有关联性；方式准则要求话语要简洁、有条理，避免晦涩和带歧义的表达方式。Grice（1975）认为遵循这四条准则有助于达到最有效的信息交流。低调陈述表达的是一种特殊含义，它是说话人违反会话准则所产生的结果，低调陈述话语的字面意义和说话人的真正意图并不是一致的，即发话人意向意义和语言形式所表达的意义之间有信息差距。发话人常常通过言外之意、弦外之音含蓄、婉转地表达自己。对于低调陈述辞格的意义理解是存在于听话人对说话人所使用的语句的意义之上的一系列的假设。说话人低调陈述时，只是在字面上违反了准则，在更深层次上，他仍然遵守了合作原则和会话准则；听话人在认定对方仍然遵守着准则的情况下，结合语境，对违反准则的低调陈述话语进行推理，弄清说话人在会话中赖以保持合作的言外之意。Grice 的“会话含义”给低调陈述话语事实提供了一个重要的、功能方面的解释，它不是从语言系统内部（语音、语法、语义等）去研究语言本身表达的意义，而是根据语境研究话语的真正含义，解释话语的言外之意、弦外之音。当然，单纯从合作原则的遵循与违反来解释低调陈述显然是过于简单，解释低调陈述是一项复杂的工作，需要诸多学科（如语义学、语用学、心理学）的交叉和联合的探讨才可使低调陈述语义的研究更全面、更有收获。而语用学的发展以及对会话含义的解释和研究，又为低调陈述的研究开辟了新的途径。

12.6.2 Horn 理论

Horn（霍恩 1984）的理论是双边性的，他用“量”和“关系”两条原则来概括格氏的所有准则（除“质”准则以外）：量原则：把话说足（以关系原则为基础）；关系原则：说必须说的话（以量原则为基础）。霍恩量阶列的基本方案：如果 <S，W> 形成一个霍恩阶列的话（S = 强信息成分，W = 弱信息成分），则 A（S）语义蕴含 A（W）；S 和 W 的词汇性相同；S 和 W 必须表示相同的语义关系，或属于同一语义场（熊学亮 2000：77）。霍恩阶列上的量阶列包含量蕴含（scalar implicature）和小句蕴含（clausal implicature）两个方面。小句蕴含的意思是：如果 P 仅在结构上包括 p 而不语义语用蕴含 p，而另一个与 p 在语义简洁程度上大致相同的表达 R 却蕴含 p，那么用了 P（…p…）而不用 R（…p…），就意味着（或“量蕴含”）说话人不知道 p 是否为真。因此，如果我们说了 *I am afraid* you don't see my point（“be afraid”是“know”的低调陈述）就传递了“I do not know whether you see my point”的语义，因为“know”和“be afraid”构成了一个量阶列 <know，be afraid>。实际上，说话者用“I am afraid”是为了降低批评的力度。

Horn（1988：130）改造格赖斯的 CP 为量原则［Q（uantity）－Principle］和关系原则［R（elation）－Principle］，Horn 根据两条原则提出了语用分工：①关系原则倾向于常规理解，话语为“无标记式”，合适度为“最大”，双方付出的心力为“最小”；②量原则推论倾向于非常规理解，冗长或奇怪标记概念处于并列状态。一些学者如 Levinson（1983/1989），国内的姜望琪（2003：170）、何兆熊等（2000：171—172）批评 Horn 的语用分工过于宽泛，缺乏含义推理机制和中介。由于霍恩两原则缺乏会话含义的推导机制和中介，因此也难于用来解释低调陈述话语的理解问题。

12.6.3　Searle 的间接言语行为理论

Searle（1979）对用来解释言语交际的言语行为理论作了修正。他所提出的间接言语行为（indirect speech act）概念及其含义的推导过程，有助于我们加深对语言交际本质的认识，同时也为低调陈述话语理解提供了一个新的视角。因为低调陈述也是一种间接言语行为，它在一定语境下被用来表达某种特定的语用含义，反映了说话人的交际意图和交际策略。Searle 认为话语的间接言语行为，必须通过五个步骤才能推得：说话者提供命题内容；听话者相信说话者恪守“会话含义”合作原则；说话者须实施接受、拒绝、建议或有关的任何一种言语行为；如果说话者没有实施上述选择范围内的任何一种行为，他可能是故意违反合作原则；因此说话者必然有言外之意。如：“But，*if I were you*，*I would stand by the nephew*. He has more to give.”（Jane Austan. Pride and Prejudice 1999）在这里，说话人借助虚拟语气这一特殊的辅助方式低调陈述，从而完成一定的言语行为——委婉平和地规劝对方，在向受话人传达一种情感意义的同时，使话语更具感染力，也更具说服力，减少了冲突，触动了对方，使自己话语目的如愿以偿。听话人只有在假设说话人是遵循合作原则的，他违反质量准则是为了传递一些符合合作原则的信息这样一种条件下，才能够推导和理解这句话的委婉劝解语义：stand by the nephew。当然这个推理过程的前提是双方的共知信息和语境，如共知信息不足，或语境含糊的话，也会言不由衷。当低调陈述在形式上表现为一种间接言语行为时，它是对常规关系的反动，是对技巧性含义的运用，目的在于达到某种意向含义。

12.6.4 Levinson 三原则

被称为新格莱斯理论的代表人物英国语言学家 Levinson（1983）对格莱斯会话含义理论中的不足之处，进行了一定的修改和补充。其中对“合作原则”中的某些准则作了一些拓展。在 Grice 和 Horn 的理论基础上，Levinson（1983：401—402）提出了三个原则：数量原则（Q－Principle）、信息原则（I－Principle）和方式原则（M－Principle）。Levinson 把 Grice 的诸原则，修改成 Q（量）＞I（信息）＞M（方式）原则，以区分控制话语表层形式的语用原则和控制信息内容的语用原则，从而解决有关冲突。Levinson 提出的三个原则，意在将语用分析引入对语法项目进行合理解释。①数量原则：言者准则（话语的信息不弱于知道的程度，除非与信息原则矛盾），听者推论（相信言者的话语是他知道的最强的陈述）。②信息原则：言者准则/极小量准则［说得尽量少（注意数量原则）］，听者推论/扩展规则（扩充话语的信息直到找到言者之意图）。③方式原则：言者准则（不无故使用冗长、晦涩或有标记的表达式），听者推论（相信冗长、晦涩或标记表达式的意义不同于相反的表达式的意义）。他强调数量原则，认为数量原则先于信息原则先于方式原则，于是论述了“梯级数量含义”（scalar quantity implicature）。Horn 和 Levinson 的新格莱斯主义的特点是，在继承 CP 精华的前提下，注重一般会话含义而不仅仅是特殊会话含义，建立了推理机制，因而对交际话语更具解释力。其中 Levinson 的量原则包括：说话者准则：避免使用世界知识结构能够容忍的信息较弱的语言成分，除非使用信息较强的成分会违反信息原则。

听话人效应：相信说话人使用了最强的信息成分，因此，如果说话人用了 A（W），且 < S，W > 构成一个霍恩阶列的话［如 A（S）→ A（W）］，那么就可推得 K ~ A（S），或者说听话者知道更强的陈述为假；如果说话人说了 A（W），且 A（W）语义上不蕴含内嵌句 P，而 A（S）却蕴含 P，此时 < S，W > 构成对立，可以推得 ~ K（P），或者说受话人相信说话人不知道 P 是否为真（K = know，P = proposition）。例如 "I *suppose* that he is leaving on the next train"，"suppose" 是 "think" 的低调陈述。也就是说，"think" 蕴含 "suppose"。前面提到的 Horn 把这种蕴含关系看作无向量关系（scalar）。无向量词语配对，可以构成类似 < think，suppose > 等无向量蕴含关系系列，在语句内可以产生量的含义。根据 Levinson 的量原则，低调陈述是用信息较弱成分来暗示信息较强成分所指的内容不存在，即 "suppose" 蕴含 "not think"。Teppo Varttalo（2001：7—8）认为上例中 "I suppose that" 的使用避免了结论的绝对化，弱化了整个话语的 "言外之力"，正如 Lakoff（1973：490—491）所说："一些动词和句法结构传达了涉及行为的模糊信息。"（some verbs and syntactic construction convey hedged performatives…）

12.7　结语

低调陈述含义是受到社会政治、文化因素制约后而产生出来的附加意义，是话语的伴生物，而不是促进话语的因素。在低调陈述中，说话人出于对礼貌、委婉等因素的考虑，有时会把话说得过多或过少。因此，仅仅以语言系统内部因素作为参照系，用 Levinson 形式化的推理模式试图对低调陈述进行语用推理，把低调陈述现象理解为是受功能制约的、已经规约化了的一个形式层次，而不考虑语言系统外部诸如社会文化、认知等方面的各种语用因素，便无法真正解决低调陈述含义问题。熊学亮（2000：84）认为，Levinson 的形式化描写如同薛定谔二次波动方程（Schrödinger Equation）（毛安民、李安然 2012）这样的理论数学，追求的是公式的完美。而由于新格莱斯含义推导机制所描写的低调陈述是概率性质的，其有效的语用推导机制因需要语境，应和量子世界雷同。因而，用如同理论数学的手段——新格莱斯含义推导机制来描写如同量子物理世界的低调陈述，力图把语用或含义推导形式化，是无法对低调陈述语言现象作出棱角比较分明的分析的。

新格莱斯语用学的发展是一种简化语用规则的过程，从格莱斯的四准则到列文森的“量—信息—方式”三原则以及霍恩的“量—关系”两原则，新格莱斯语用学是规则性质的模块体系，操作性弱。因为语用推理本来无须走纯粹形式化途径，也不能找到纯粹形式化途径。德国哲学家 Heidegger（海德格尔 1971）说得好：“语言仍是存在的家园。”就是说，语言的本质不在于逻辑，语言并不是逻辑的家园，而是存在（生活形式）的家园。Sperber and Wilson 的“相关”单一原则语用学是认知性质的，它发展了中枢系统理论，认为人类的认知活动总是力图用最少的力气去获得最大的认知效果，因此要把注意力集中在最关联的信息上面，故 Carston Robyn（1988）把关联原则理论称为中枢认知系统理论。关联理论从认知科学的角度阐释人类的语言交际行为，突破了传统的语境概念，把语境看作一个心理结构（psychological construct），即存在于听话者大脑中的一系列假设。运用关联理论来揭示语言交际的认知状态，能够使低调陈述语用推理更具科学性。

第十三章

低调陈述与关联理论

继运用新格莱斯会话含义理论研究低调陈述修辞语用意义之后，以关联理论为核心的认知语用学的兴起，大大拓展了低调陈述修辞语用意义研究的视角和空间。Sperber and Wilson 于 1986 年在合著的《关联：交际与认知》一书中，综合了当代认知科学、语言哲学和人类行为科学的研究成果，系统地提出了“关联理论”（Relevance Theory）。“关联理论”从认知心理学角度出发研究语言交际中的信息推理过程和话语解释原则，也就是以认知心理状态为参照系来构建语用推理机制，为语用研究提供了一个新的理论框架，从而成为语用研究领域一个新的支点。

Sperber（1999/2004）以及 Blakemore（1992）的“关联理论”（Relevance Theory，RT）是对 CP 的极端简化，认为交际的关键是话语的关联性，所谓“关联”就是话语同语境（上文和情景）在语义和语用上的联系。关联理论是一种有关交际与认知的理论，它将人视为一种具有推导明示行为的关联性这样内在能力的信息处理者。围绕这一思想，Sperber and Wilson（1986）建立了一个有关交际的明示—推理模式，说话人希望传递信息，而听话人则需要识别说话人传递信息的意图，或者识别说话人的交际意图。这就需要听话人对说话人的交际行为和实施该行为的意图之间的联系进行推导，也即听话人需要从交际目的的角度对说话人的行为进行解释。

关联理论发展了合作原则，解释交际中的意义生成和推理的机制，对交际、语境、认知、明示、互明、推理、含义、交际意图等现象/概念的解释，实际上是解释整个人类交际和认知的，具有哲学、认知心理学、语义学和语用学理论基础的学科理论，已成为显学的认知语用学的支柱理论。我们认为，会话含义中合作原则 CP 的合理核心，人际修辞的礼貌原则 PP 的跨文化共性，Horn 的语用分工和梯级含义，Levinson 的常规理解和一般会话含义推理的方法论，RT 对交际的宏观的、哲学的、认知的解释，这些新格莱斯主义有效地联手可以共同解释交际的模式。交际遵循的语用原则，除了合作原则，还有幽默原则、调侃原则、反语原则、借代原则、隐喻原则等，从而产生各种各样的修辞手段，如隐喻、低调陈述、换喻、借代、双关、隐射、拟人等。

13.1 关联—图式理论

关联理论是读者或听话者进行尽可能最大关联性的逻辑推理。根据关联理论，文本阅读的过程是读者寻找关联、建构认知语境、产生语境假设和取得语境效果的过程，也就是获得说话人交际意图的过程。以概念为依据储存在记忆中的信息分为逻辑信息、百科信息和词汇信息三种形式，图式理论认为这三种信息构成读者的阅读理解图式。根据认知心理学家 Rumelhart（1980）的图式理论，储存在大脑中的抽象知识结构单位就是图式。Carrel and Eisterhold（1983）认为，图式是构成人类认知能力的建筑砖块，是大脑中长期记忆的情景原型知识（sterotypical knowledge）。图式影响并支配着人们对新事物的理解。

作为阅读理解奠基石的图式的主要作用就是理解、学习和记忆语篇信息。阅读过程就是作者的语言与读者头脑中的图式相互作用的过程。读者对文章信息进行加工、筛选、编码，在新旧信息之间寻找关联，构建新的图式，以达到对新信息的理解。这与关联理论的主旨思想一致，阅读者在演绎推理过程中，激活相关背景知识图式，创建认知语境，也就是关联理论所说的“以最小的处理获得最大的语境效果”（Sperber and Wilson 1995：22）。如：军火商 Soghnanlian 没有直接回答法官讯问，而是低调陈述“He *did not go hungry*”，用“没挨饿”，即用“吃饭”图式作为意象明示自己的感受，法官根据与军火商共有的知识—图式进行演绎推理，把军火商明示的意象作为语用推理的桥梁来理解话语中的关联意图，沟通话语中的已知信息和未知信息。请看以下语域图式：

图式 1：有关吃饭的百科信息

图式2：有关吃饱饭的百科信息

法官在有关吃饭的已有图式的明示下作出如下的假设：

第一，军火商解释吃饭没挨饿。

第二，暗示军火交易获利。

第三，表明副总统在军火交易中获利不菲。

通过关联信息法官构建自己的认知语境，演绎推理出军火商掩饰的话语里的“弦外之音”：副总统 Agnew 在军火交易中非法获利。说话者用吃饭的意象激活听话者头脑中的图式，运用两个不同认知域中由此及彼的隐喻映射过程，为听话者提供理解军火交易这个抽象事物的新视角。因此，低调陈述话语的产生和理解是说听双方对语境进行选择的结果。关联理论从认知角度示意语境的动态特征——说话者通过对语境的选择，用低调陈述提供给听话者认知环境关联性最大的语言信息；图式理论激活语境获得语境含义——听话者通过自己的图式模式建立起能有效理解和推断说话人交际意图的语境。

低调陈述语用推理和论证逻辑演算不同之处在于，论证逻辑推理只要给出前提，便可绝对推出结论，且前提多半是显性前提（即出现在逻辑式里），而非论证的低调陈述语用推理中，至少有些前提是隐性的，须由信息接收者尝试性地提供，因而不可能绝对推出结论。这样一来，言语信息仅给信息处理提供了基础，而不能保证推理完美或万无一失。就上面的例子而言，如果言语者对受话者的有关知识了解得比较充分的话，“He made considerably big money”可能是言语者的意图或受话人可能会推出的结论。然而这并不能保证受话者绝对接受言语者的假设。因而低调陈述语用推理是策略性质的，这种逻辑没有形式自足的特征。

13.2　关联理论与低调陈述的意义推断

建立在认知心理学基础上的关联理论认为，在言语交际中，听者在语境中理解话语。语境被定义为假定（assumption）的集合。每条假定以命题形式出现，后者又由概念以一定的逻辑结构组成。概念可以包含三种信息：与逻辑推理相关的逻辑信息、与造句相关的词汇信息以及百科知识。在处理新的话语时，新语句所含的假定或加强原有的某个或某些假定，或与某假定相抵触并取而代之，或两者互相作用，得出更新的假定。这些结果称作语境效应（contextual effect）。每个假定中所含的概念中的百科信息以及听者记忆中的信息又可联想衍生出更多的假定，滚雪球般地引出更多的语境效应。这个过程可以无限地进行下去。然而，语境效应的获得是以认知上的处理心力（processing effect）的付出为代价的。如付出大量的处理心力以换取微末的语境效应，则得不偿失，得到的信息的关联度就小。反之，如以适量的处理心力获得丰硕的语境效应，得到的信息关联度就大。也就是说，每一分心力都要花得物有所值，都要赢得足够的效应。关联理论用语境效应和处理心力这对此消彼长的因素来定义关联这个概念。Sperber and Wilson 根据人类认知的特点，指出人类认知往往力求以最小的心理投入，获取最大的认知效果，因此理解话语时，听话人只会关注、处理那些具有足够关联性的话语，而且倾向于在与这些话语最大限度的关联的语境中对其进行处理，并构建与这些话语有足够关联的心理表征。这一解释更接近于人类这一认知主体的本质，即符合人类的认知心理，也更符合人类认知的基本事实。从而摆脱了 Grice 构建会话理论时所进行的抽象的哲学思考。在 Grice 的公式里，语境是固定的，推理按是否违背或遵守交际准则为依据进行，也就是说，说话人的假设（或意图）和语境是已知成分，含义则是须按会话准则进行推导后才能确定的变元。而 Sperber and Wilson 的语境却主要是认知性质的，是人对世界假设的子集，由语言符号解码产生的假设在这种语境中，通过演绎逻辑规则产生语境含义，语境在这种逻辑过程里既是常项又是变项，说话人的假设和话语相关才是已知成分。他们更加强调了交际中语境的动态特征，将语境视为一个变项，包含一系列变化中的命题，关联性则是一个常项、一种必然。可见，关联理论具有多源化的理论背景，比以往的语言交际理论获得了更多的理论支撑，其解释更具说服力。由于人的认知心理状态千差万别，它们对于语用推理的影响，我们可以进行分析，但是没有可能也没有必要试图将它们置于形式化语用推理模式之中。而关联理论的目标是研究根植于人类心理中的、能够解释人们彼此如何交际的一种内在机制，因此我们认为关联理论能够弥补新格莱斯含义推导机制的缺陷，能让我们比较客观地去认识低调陈述语用实际状态。

熊学亮（2000）认为：“语用学应该被看成是通过认知语境干预的，研究语境显性内容如何表达隐性内容的学科。”他把认知语境看作由直接场合、语言上下文、知识和社会心理表征构成的假设集。低调陈述接受就是一个听者通过认知语境将接收话语建立的新假设进行关联、激活、选择、推理、确切最终获取低调陈述含义的过程。下面我们从说明关联在低调陈述理解中的作用入手，总结和分析可以在关联理论的框架中得到解释的关于低调陈述的三种认识。

13. 2. 1　低调陈述表现为经验与常识上的关联性

心理学家认为理解词语、句子，进行推理，都离不开已有的知识，他们非常强调人们已储存的背景知识对理解语言输入的作用。意义是“语言输入和为这些输入所激活知识的共同函数”（Medlin and Ross 1992：335）。所谓低调陈述理解实际上意味着人们能将已有知识同输入信息重合，使这些信息符合“常理”。如上例“He *did not go hungry*”，军火商话语所提供的新假设｛P｝违反了听者的旧假设｛C｝，即违反了常规关系，Agnew 在交易中赚多少钱与没挨饿并无关系。说话者提供的信息改变了听者的语境假设。根据关联原则，听者可以认为该话语与现场语境必然有某种关联，即能够产生某种语境效果。对语境效果的推导可以获得说话者通过低调陈述表达的意向含义。低调陈述提供的一系列新假设迫使听者在关联域 A（赚钱）和关联域 B（没挨饿）有关的假设集中激活各自相应的特征集。赚钱的特征集是满足、开心等，没挨饿的特征集也是满足、舒服等。听者有理由认为说话者遵循了最佳关联原则，利用低调陈述暗示出 Agnew 在交易中究竟赚了多少钱。经过对关联域 B 中的假设进行选择之后。这一选择当然是在认知语境的直接干预下进行的，并由文本设置的“现场语境”为选择限定了范围，语言上下文、知识和社会心理表征为演绎推理提供支持、补足、确认的作用。比如根据常识，军火生意盈利上亿元，中间人收入绝不会菲薄。最终确定关联域 B 中的一组特征同关联域 A 有最佳关联性，得出低调陈述的会话含义：Agnew 在交易中赚了相当一笔钱。“他可没挨饿”，实际上是正话反说的曲言法（litotes），说话者以幽默的风格，故意压低调子，造成弦外有音、话中有话的效果。Tannen（1993）认为，人们将过去经验储存为“加以组织的信息团”，并随时根据实际情况进行调用。而世界的认知模型是正确的，因此这种模型对世界有预测性，也省却了人们总要重新探索世界的麻烦。

13.2.2 低调陈述表现为语用上的关联性

从哲学的角度来考虑，语用学是一种方法论，是对交际经验和信息处理过程的描述、构建和解释，其核心是“语境”。由于语境是对现实的反映，因此基本上是非固定的认知模型，这种模型的保持和变化，要依赖诸多人的因素。Sperber and Wilson 的关联理论建立在左右人类本能和行为的“省力原则”基础上。他们认为，语言使用者总是设法花最小的力气，去获得最大的信息传递效果。言语者根据对世界的认识发出带有相关性（或语境效果）的信号，而受话人对相关性语言信号所携带的意图进行最佳相关的识别（即用最小信息处理努力换取足够的认知效果）。

根据关联理论，人类认知倾向于同最大关联相吻合，每一个明示（ostension/ostensive）的交际行为都应当设想为具有最佳关联，意义是言者的交际意图，不是信息意图。如：可以解读“*It's good idea to finish a job*”这句话的真正交际意图是请求。言者为了一个目的要与听者交际，就要了解自己和听者的认知环境（cognitive environment），激活对方与自己重叠的认知环境部分；对方为该话语付出一定的心力（即 processing effort），从言者的明示（主要是话语）这一明示前提（explicated premise）得出隐含前提（implicated premise），再攫取隐含结论（implicated conclusion）。例如：

a. *You might drive a bit slower.*（明示前提：建议）

b. You drive too fast.（隐含前提）

c. I was covered in/with mud by your passing car.（你的车子溅了我一身泥。）（隐含结论：抱怨）

用建议暗示抱怨，达到了低调淡化效果。Sperber and Wilson 关注的是人们如何成功地实现交际，重点是言语交际中的话语理解与推理，他们始终坚持认为，人是具有主观能动性的信息处理者。交际是为了改变双方的相互认知环境，是通过明示行为实现的。交际中人们只会注意那些对他们来说具有关联性的话语或信息。通过实施一定的明示交际行为，说话人希望听话人能够推导他的意图，也即注意他的心理状态，通过改变他自己和对方的相互认知环境，目的是让对方推知他的意图。为此，听话人会利用互明假设（mutually manifest assumptions），并将它作为前提，去推导说话人的意图。互明假设包含了人们对交际双方的社会地位、人际关系等的推测与估计。在话语生成与理解过程中，语言现象与社会文化信息只能为推理提供某种信息方向，产生一定的交际效果或认知效果。因此，明示行为尤其是言语行为，是人们展示社会关系的主要手段和信息源。在话语生成时，说话人对互明假设的考虑本身就包括在横向和纵向上对交际双方社会距离的估计与推测。何自然（1995）说："交际是一个认知过程，交际双方之所以能配合默契，主要由于有一个最佳的认知模式——关联性。"

13.2.3　低调陈述是语用相关性推理的结果

关联理论认为语言交际不是纯粹的编码—解码过程，而是一个有目的、有意图的活动。一个语言交际活动涉及说话人的两种意图：①信息意图（information intention）；②交际意图（communicative intention）。语言表达和言语意图的距离是通过认知来联结的。一定交际场合下的话语是一种有目的、有意图的交际活动。成功的交际以相互示意为基础，说话人示意的目的，就是要让听话人识别说话人明确表示的某些假设意图，从而改变听话人的认知环境。认知语境是人对语言使用的有关知识，是与语言使用有关的、已经概念化或图示化了的知识结构状态。认知语境的操作以"草案"（script）和"图式"（schema）为基本单位。"知识草案"是真实世界的状态、事件或行为的典型结构概念化或经验化的结果。低调陈述是语用相关性推理的结果，说话人的目的和意图被听话人识别和理解的过程是一个"提供信息—语境参与—寻求关联—推导意图—完成交际"的心理认知过程，如下例：

[1] Father："You should be offering a bonus of a dollar every hour to the worker who fills the most bags."

Son："*But that would cut into our profit.*"

Haegeman（1989）认为，对话语的语义解释，受相关原则的左右，说话者总是用增加话语语境效果的方式，来增加话语的相关性，话语的语境效果就是话语自身信息和（具体或认知）语境信息结合的产物，两者缺一不可。对于低调陈述这种模糊交际，或者称隐形（弱式）交际，由于交际者的假设未直接表达出来，听话人需理解对方的交际意图即提供信息意图的目的，才能形成相关的假设。对于父亲的建议，正常的回答应是“Yes”或“No”，而这句话就其表面文字而言，父子俩的对话在意义上似乎没有什么联系。儿子的回答是怎样被理解而使得此段对话成为隐性连贯话语的呢？人说话总带有逻辑性，所说的话语片段之间应有一定的理性过渡。假如在语言的表层结构上，逻辑过渡不明显，或者说话语基本意义单位之间没有明显的语言过渡手段而造成了表层逻辑断层，那么交际双方之间很可能有所默契，而这种默契就是以人的知识结构为基础的。儿子对父亲做出毫不相干的回答，这种答非所问的示意性的话题转移就是向对方揭示：I will not offer a bonus of a dollar every hour to the worker who fills the most bags。只有通过儿子示意性的话语，父亲的推理才有章可循，而不至于误入歧途，才有可能精确地把握儿子话语所承载的超信息，无误地推导儿子的交际意图和目的。在这里，成功的交际是由双方的认知心理状态作保证，交际人具有的认知心理状态表现为交际人对所涉及事件的认识，对事件相关知识的认识，即语境认知的结果。当父亲听到儿子的回答时，调用了相关的世界知识和与当前语境相关的知识，使该话语信号经转换在工作中形成一定的概念图示，继而触发长期记忆中与之相关的知识框架，如有关生意中盈利的知识。因此，在父亲的认知语境里会有“减少利润”和“提供奖金”两个草案。由此产生以下一些假定：

a. To the son’s mind, offering a bonus of a dollar every hour to the worker who fills the most bags would cut into profit.

b. Generally speaking, making more profit is what the boss intend to do.

c. Cutting into profit is what the son as a boss could not accept.

d. In fact, offering a bonus of a dollar every hour to the worker who fills the most bags does not necessarily cut into profit; instead, it will stimulate the worker to make more profit.

所有假定都和“利润”这个话题有关。这些假定在上下文中的相关度不是一样的。d 这个假定和上下文结合后不能产生出较强的新假定，或者产生新假定要花费较大的投入，所以相关度是最小的。然而 c 和儿子的回答会产生出新的假定：Offering a bonus of a dollar every hour to the worker who fills the most bags would cut into profit，which is what the son could not accept。图式知识告诉我们：儿子的回答是对父亲提议的一种婉言谢绝。由此得出假设：e. I could not offer a bonus of a dollar every hour to the worker who fills the most bags. e 既更改父亲的认知环境，同时得出它所花费的心理投入又比较少，因而与儿子回答的相关度最大。由此父亲就会认为这是儿子的真实意图。此对话之所以达到了交际的目的，是因为对话双方是围绕同一话题（利润）在交际。虽然这种话题的相关是隐含的，父亲所作出的各种假设都与该对话的宏观话题（利润）紧密联系，处于它的统领之下。他最后作出的最相关的假定无疑也是对该对话的宏观话题的回答。正如熊学亮（2000：90）所说，语言交际不等于数学运算，并非互相复制思想，而是运用策略。策略机制的运用远非语码模式所指出的编码和解码过程，而是一个由说话人“明确向听话人表示意图的一种行为”（Sperber and Wilson 1986：49）。

以上总结和分析的三种对低调陈述的认识都可以在关联理论的框架中得到解释，将低调陈述看作动态的交际过程，注重研究低调陈述的生成和释读过程，强调低调陈述存在于交际双方的心里，而非文本上，它是一种心理现象。低调陈述语用推理是一种临时语用推理过程，是在无法论证的现象上寻找最佳解释，在很大程度上受到归纳逻辑、信仰和知识状态所构成的知识系列和策略系列的影响。也就是说，低调陈述语用推理的这种逻辑没有形式自足的特征。低调陈述语用缺损推理的隐含部分或知识和策略系列，把看来不相干的事实概念，按照相关的要求拉到相干的位置上来，这一认知“拉扯”过程，是论证逻辑、归纳逻辑、信仰和知识的合力运用过程，该过程以省力原则为主导。

13.3　低调陈述语义的关联亮点

参照新格莱斯会话含义理论，对低调陈述意义的推断建立在 Sperber and Wilson 的关联理论的基础上，从寻找关联亮点（relevant light - spot）这一新的角度对低调陈述运作机制作深入探索。

13.3.1 从建立在语句之间的常规关系上去寻找低调陈述语义的关联亮点

“常规关系”作为新格氏理论的关键概念，所涉及的“关系”至为广泛：一方面，它涵盖了一事物自身的各种规定性及多样性所产生的各种关系；另一方面，它还涵盖了一事物自身作为一个系统与其他有关的系统相互影响相互作用所产生的关系，的确体现了用“关系集合体来看世界”的系统实现。这较之只考虑质、量、方式、关联这四个方面易于避免挂一漏万。常规关系是启动信息原则乃至量原则推导进程的契机，又是理解会话含义的“符号”。我们认为，Levinson 在信息原则中提到的“常规关系”（stereotypical relation）对解释低调陈述语义具有重要的意义。从本源来说，它并不发源于语句之中，而是客观世界中的一种现实关系；在话语的理解中，往往人们头脑中形成的集体意识图式（schema of collective consciousness）会激活对常规关系的记忆，将常规关系的具体内容嫁接到句子中语义空缺的位置上，对受话人来说，就是合理地将语义空缺的那一部分内容在集体意识所规范的辖域内补上，亦即扩展了语义信息的内容。若将常规关系建立在语句之间，根据认知科学，常规关系中必然存在着与话语中潜在的实在含义相关联的某个点。寻求这种关联亮点，可从以下几种途径入手。

（1）通过语句的预设来寻找关联亮点

预设（presupposition）是以实际的语言结构意义为根据，以语句陈述内容为前提，并依逻辑概念来推断出话语的先决条件。正如 Leech（1983：45）所说，话语如果能被用来解释说话人或受话人的会话意图时它就与语境发生了关联。无论说话人最终是否实施于语用行为，只要他考虑到了，就会产生预设意义，使受话人在其大脑所形成的关于一个命题的多个映射中，排除那些对于发话人意图来说是非真值的命题，从而选择最适合具体语境的语用意义——关联亮点来阐释对方的意图，以最终实现说话人的意图。因此说话人必须对这些言行所带来的效果作出预测和判断，从而作出最佳语用选择以达到其语用效果。如“He *did not go hungry*”，军火商的回答表面上似乎违反了 Grice 合作原则中的相关次则，但是我们可以从语用认知的角度来分析，就能发现对于军火商的回答我们不仅可以通过假设推理产生最佳关联，而且由此衍生了预设意义。说者采取面子语用策略来调整受话人的心理认知，“诱”其对说话人意图作出最关联的预设。我们可以通过一系列推理来预设这层意义：

a. Agnew 没挨饿；（触发性信息）

b. 没挨饿就意味着满足；（互知信息）

c. 所以，Agnew 很可能对交易满足；（关联假设）

d. 交易中满足就是获利不菲；（常识）

e. 所以，Agnew 有可能收入不菲；（优化关联）

f. 再说，Agnew 涉嫌这笔肮脏交易；（互知信息；信息再加工）

g. 所以，中间人 Agnew 在交易中收入不菲；（最佳关联；预设意义 1）

h. 可是，为了维护前副总统 Agnew 的面子，我不便明说。（预设意义 2）

军火商的意图是在说中间人 Agnew 收入不菲，但他又不便明说。从这个例子中，我们可以看出：预设意义的衍生，使得说话者的意图在交际中富有动态性和可阐释性。

（2）通过语句的蕴含来寻找关联亮点

蕴含是语句所表达的事件所必定包含着的内容，它实际上是指语义、信息强度的强弱顺序关系，具体体现在列文森提出的“量原则”里所涉及的“霍恩等级关系”上。Levinson 的量原则包括：说话者准则：避免使用世界知识结构能够允许的信息较弱的语言成分，除非使用信息较强的成分会违反信息原则。听话人效应：相信说话人使用了最强的信息成分，因此，如果说话人用了 A（W），且 <S，W> 构成一个霍恩阶列的话如［A（S）→ A（W）］，那么就可推得 K ~ A（S），或者说听话者知道更强的陈述为假；如果说话人说了 A（W），且 A（W）语义上不蕴含内嵌句 P，而 A（S）却蕴含 P，此时 <S，W> 构成对立，可以推得 ~ K（P），或者说受话人相信说话人不知道 P 是否为真（K = know，P = proposition）。例如：

［2］If you don't hand in your paper on time. *I promise* you I will give you a failing grade in the course.

“warn” 蕴含 “promise”。前面提到的 Horn 把这种蕴含关系看作无向量关系（scalar）。无向量词语配对，可以构成类似 <warn，promise> 等无向量蕴含关系系列，在语句内可以产生量的含义。根据 Levinson 的量原则，低调陈述是用信息较弱成分来暗示信息较强成分所指的内容不存在，即“promise”蕴含“not warn”。我们可以找出其关联亮点：老师为了给对方留面子，用“promise”降低了警告力度，避免过分直露给对方造成伤害和不礼貌。礼貌，按 Brown and Levinson 的解释，是一个面子（face）问题，它要求对于一些敏感性、刺激性话题，尽量不要直言不讳。因此，在言谈中无论是批评、谴责，还是责骂、威胁对方，都要策略地礼貌地处理。低调陈述的使用，既给对方以适当的礼遇，也可以在必要时缓解恶感，使自己因言谈得体而得到别人的好感或尊重。

（3）通过对词的释义和通过确定词义间的关系来寻找关联亮点

能体现词义关系的有同义、近义、反义、上下义、共下义、整体与部分等关系，之所以能体现出这些关系，是因为有这些词义关系的词表示的事物必有一定的相关性。如“I met my *Waterloo* in the exam”“Waterloo”的词义一般使我们联想到的首先是“滑铁卢战役”，众所周知，“滑铁卢战役”是拿破仑一次关键性的同时又是失败了的战役。根据这一常规关系，我们可以找出说话者的关联点为“我考试一塌糊涂（I performed badly in the exam），而这次考试对我来说又非常重要。说话者语意含蓄，点到为止，留给读者以想象的广阔余地。

13.3.2 从建立在话语中的信息量上去寻找低调陈述语义的关联亮点

在人们的交际过程中，说话人总是想用最经济的话语去表达最充裕的信息，但说话人表达的信息量也一定要掌握在受话人能够确切理解为止。同时对受话人来说，由于说话人的思维方式、表达方式等原因，要想从说话人给出的信息量中捕捉住关键信息，以达到理解说话人真实意图的目的，就要注意从说话人给出的信息量中寻找与说话人真实意图相关联的一个或若干个点，然后依据这些关联点来推导出低调陈述语义，以达到交际目的。

（1）从填补信息的空缺中寻找关联亮点

人们的交际往往是建立在交际双方的共知知识与非共知知识相互作用的基础上的，交际双方毫无共知知识的交流是无法进行的，也是不存在的。说话人在交际过程中可以已知信息为基础引出未知信息，对于受话人已知（即双方共知）而又在交际中必要的信息，说话人只选择省掉对交流有影响的信息，并省略不影响受话人理解的信息，以使交际经济简单，这种省略受参与交流者之间的社会角色关系的支配。这种社会角色关系包括相识度、亲密度、职业关系等，它决定交际双方共知信息的多寡。共知信息越多，交流中的“省略”就越多，这种省略的出现就造成交际中出现信息的“空缺”现象，这种“空缺”现象可分为“语义”信息空缺和“一般性常识”或“特殊性知识”信息空缺两个方面，这种“空缺”的出现对缺乏共知信息的人来说，往往会造成话语理解上的困难。

［3］Father：“You should be offering a bonus of a dollar every hour to the worker who fills the most bags.”

“But *that would cut into our prof it.*” son suggested.

这是父子两人在电话中讨论是否应该给雇员发放奖金。由于他们对于商业盈利这一领域有相关的共知知识，因此在他们的对话中省略了信息，出现了一些语义“空缺”现象。补缺如下“‘But that would cut into our prof it（if I offer a bonus of a dollar every hour to the worker who fills the most bags）’. son suggested.”通过以上补缺，这段对话的意义就显得比较完整了。从回答父亲的信息补缺中，我们可以找出其关联亮点为“规约性知识”—“商业盈利”，从而推导出儿子话语的真实含义：否定父亲的建议。

（2）从冗余信息中寻找关联亮点

人们在交际过程中，有时为了强调、说明或者出于“多余愿望”，反倒有意违背“信息不要过量”的原则，使话语多出一些适量的冗余信息，而这种冗余信息对我们理解说话者话语含义来说则是十分重要的。如《傲慢与偏见》中父亲对女儿伊丽莎白说的一番话：

［4］An unhappy alternative is before you，Elizabeth. From this day must you be a stranger to one of your parents，*your mother will never see you again if you do not marry Mr. Collins*，*and I will never see you if you do.*（Jane Austen. Pride and Prejudice.）

父亲违反了数量准则——只提供实现交际目的所需的最少的语言信息，而选用冗长的条件状语从句。女儿只有从父亲冗余的话语中，找出其关联点在于父亲对女儿婚事的否定态度，但为了避免伤害女儿的自尊心，父亲采取了转弯抹角的方式来表达。语意曲折，话中套话，颇具幽默揶揄之功效。

13.3.3 从交际双方说话方式的选择上去寻找低调陈述含义的关联亮点

人们在交流过程中，由于对象、情景、范畴、作用、目的的不同，往往在方式的选择上会有所不同。由于交际对象千差万别，如年龄、文化程度、职业、信仰、爱好、追求、经历、生活习惯、性格以及心理特征等方面的差异，所以他们会对同样的问题作出不同的言语反应，又由于交谈的时间、地点、内容、意图、等级的不同，交谈的对象也会对同样的内容作出不同的理解。因此，对说话人来说，选择话语的方式从某种意义上来讲就十分重要。但由于选择了不同的言语表达方式，对于受话人来讲，如何正确理解其话语含义，还必须从说话人在方式的选择上去寻找与交际意图相关联的点来加以推导，只有这样，才能准确理解说话人的意向含义。我们可以从以下三个方面去寻找说话者含义的关联亮点。

（1）从采用有标记话语的方式上去寻找关联亮点

方式原则是通过话语异常的表达形式来推导有关含义。例如：

[5] Lady：I want a dress that will knock everyone dead.

Sale girl：We have some lovely evening dresses over here for *insecure* people.

Lady：In secure people?

Sale girl：Oh，yes. Didn't you know that clothes are one of the main ways woman compensate for in security?

Lady：I'm *not insecure.*

“not insecure”是“secure”的有标说法。从意义上说，双重否定等于肯定。但由于双重否定是一个有标记的语句结构形态，不是无标记的语句结构形态，而有标记的语句结构形态中寓有说话人特别的交际意图与倾向，它想引起的是使受话人产生有别于“中性”的心理反应。按照方式原则，“不要无故”用有标记的表达形式，受话人就要从中推导出其中的缘故了。因此，从说话者用双重否定的有标语言形式来表达肯定含义这个关联亮点来看，我们可以推测说话人的言下之意是：我可不认为女人穿漂亮衣服与是否自信有什么关系。

（2）从采用隐晦话语的方式上去寻找关联亮点

所谓“隐晦话语”，就是说话人不按正常的表达方式交谈，而采用一种有意不让第三者明白的隐含话语，而这种隐语，对交谈双方来说是能够心领神会的。比如电视剧《琅琊榜》中当靖王终于知晓了一直在身边辅佐自己的梅长苏就是幼时的好友林殊，伤心痛哭不已，他与母亲静妃娘娘的一段对白：

［6］靖王：他（林殊即梅长苏）病得重吗？

静妃娘娘：*完成他的心愿。这也是你的心愿，我们大家的心愿。*

表面上静妃娘娘答非所问，但根据她面露凄楚神情以及语境：南梁大通年间，北魏兴兵南下，主帅林燮携年方十七岁的独生爱子林殊率赤焰军七万将士出征，不料遭奸人陷害，以致刚刚经历浴血奋战、击退北魏大军的赤焰将士冤死于梅岭。林殊得部下拼死相救，侥幸生还，在经历了剥皮削骨之痛从地狱归来后他涅槃重生。静妃娘娘用转移话题来掩饰林殊病情危重，暗示靖王抢在林殊生命的尽头为七万赤焰忠魂洗雪污名，以完成林殊的夙愿和使命。

（3）从采用迂回表达的方式上去寻找关联亮点

“迂回表达”是人们在交流中常常采用的一种方式，说话者不直白本意，把话说得拐弯抹角，折来绕去的。采用这种方式，有时是为了避免所答话语造成的一种尴尬局面，有时是碍于受话人的面子，有时则是为了造成一点小小的幽默或起到一种推诿的作用。例如：

［7］A Bangkok laundry's advertisement to the visiting public (“Leave your clothes here and enjoy yourself”) could also be seen as an invitation to *extracurricular activities* in that Far Eastern capital of fun.

英语作为国际性的语言促进了国与国之间的交流与合作，它的作用是无可比拟的。然而对英语语言的误用，有时甚至是滥用则比比皆是，令人啼笑皆非，如上文中所提到的泰国首都曼谷的洗衣房广告。虽没有语法错误，但语意易让人产生不必要的甚或是下流的联想。从句中的语境我们可以找出其关联亮点在于作者用“extracurricular activities”来暗示难以启齿的性联想，让人觉得可笑。

13.4 低调陈述的图形—背景论分析

句法—语义界面的认知研究有助于揭示普遍语法原则和人类语言能力，已日益引起当今语言学领域的重视。语言研究有形式、心理、概念三种方法，当代认知语言学运用的是概念方法，关注概念内容在语言组织中的组织过程和模式。语言体现了人类基本的认知能力和来源于经验的认知模型。源于心理学的图形—背景理论（Figure - Ground Theory）是语言组织概念内容的一个基本认知原则，作为认知语言学的重要理论之一的图形—背景理论侧重句法—语义的界面研究，其凸显原则是：人们会把所观察的物体作为知觉上凸显的图形，而把这个物体的周围环境当作背景来认识。也就是说，背景是图形的认知参照点，它们之间的关系可以理解为位置关系的命题意义。

作为一种认知观的图形—背景理论把所要描述的、认知凸显的对象称为图形，认知不太凸显的环境称为背景。根据 Langacker（1987：4）对图形—背景的论述，作为中心实体的图形虽是次结构，但在感知上比围绕它组织起来的情景（背景）要“显眼”，并倾向于与环境形成鲜明对比。从认知语言学的视域可以研究图形—背景的选择及其之间的关系在低调陈述修辞语言结构中是如何表征的。

13.4.1 句法结构——尾重原则

认知域、视角和显著度的变化等这些对事件的识解方式，是决定图形和背景组合的因素。根据 Talmy（2000）的观点，具有已知空间或时间特征的背景可以作为参照点来描写或确定图形的未知特征。这是起决定作用的图形和背景的定义性特征，而起辅助作用的联想特征则是从动态性、依赖性、可及性、关联性、凸显性等不同维度进行描写。语言中图形和背景除了可以是空间中运动事件或方位事件中两个彼此相关实体外，还可以是在时间、因果关系或其他情况中彼此相关的两个实体（匡芳涛、文旭 2003：25）。尾重原则是支配英语语序的重要原则，作为传递信息的单位，句子包括旧信息和新信息，旧信息是信息传递的出发点，信息传递的关键部分是新信息，置于句尾，为信息焦点。我们在认识世界或概念化世界时，是从旧事物然后通过隐转喻来认识新事物，这是人类最一般的认知特点。如"He had five sandwiches and a quart of milk for his *snack*"，"five sandwiches and a quart of milk"是旧信息，通过转喻来认识新信息"snack"，从而达到凸显效果。因为英语是一种线性结构的语言，其语序遵循的语用原则是：前文影响后文的理解。说话者把所要描述的对象"snack"后置于焦点位置，听话者通过语篇的上文背景"five sandwiches and a quart of milk"建立起一个认知参照点，理解作为图形的"snack"。

13.4.2　认知规律——优选论

根据认知语言学，一个概念结构是由若干认知实体和认知因素组成。认知主体先感知某个实体或因素，以此为参照点，与其余实体或因素作对比以进行审视和定位。这符合人类的认知规律："优选论"（Optimality Theory），低调陈述言语的简略性、间接性以及话语表达的暗含都受制于"优化"这一认知规律。如"Even though I wanted to say，'Go get it yourself.' I knew it was my job *to be quiet* and do in a nice way whatever I was told"，英语是一种线性结构，说话者通过前文"Even though I wanted to say，'Go get it yourself'"的描述首先引起听话者对这个背景的关注，当图形"to be quiet"最终出现，听话者就会以前文为认知参照点来理解这个被凸显的图形"to be quiet"。背景是：暑期打工遇挫，遣词"to be quiet"就蕴含着丰富的"言外之力"："to be tolerant"。

13.5　结语

关联理论认为，语境信息经有关单元处理后成了与思想语言相同的命题形式，成了推理前提的一部分。每个个体的主体认知结构由逻辑、词汇和百科知识组成，从而形成了主体的认知环境（cognitive environment）。由于各主体的认知结构不同，推理的结果必然相异，即从相同的话语信息中也未必会推导出一样的结果。正如 Michael Nelson（2001）所说，低调陈述只有从语用角度才能得到很好的理解，因为同一个句子在不同语境中具有不同语义。比如“I met my *Waterloo*”在不同的话语情景中，可表示“考试失败”“情场失意”或“面试不成功”，等等。

关联理论主张建立交际的推理模式，即认为交际中语言表达和说话者意图之间的分离是靠认知过程来弥补的。关联理论强调听话人和读者在语言交际时的主观认知努力，并认为语言信息处理的核心过程是人脑的中心系统功能从已知信息中推导出新信息的过程，也就是说整个语言交际过程应该是建立前提并由此推导出结论的过程。这种理解话语的标准就是人类的认知假设，即关联理论基于一个简单的理论假设：由于长期生物进化的结果，人类的认识只倾向于处理最关联的输入认知资源（无论是来自内部还是来自外部），Sperber and Wilson（1986/1995：261）称之为“关联的第一原则”（the First Principle of Relavance）。由于所处的物理世界、社会世界和文化世界不同，个体的认知能力是不相同的。因此，人们不可能“共享”认知语境，而只能“互明”（mutual manifest）某些认知资源。关联理论认为语言交际是一个认知→推理的互明过程。交际双方之所以能配合默契，主要由于有一个最佳的认识模式—关联性。要认知，就要找关联，要找关联，就要思辨、推理。

在认知科学中，认知被定义为智能处理信息的过程。它包括心理平面上解决问题的过程、思维过程、语言处理过程、推理过程等；包括信息平面上的信息输入、信息激活和调用（工作记忆）、信息的贮存（长期记忆）以及信息的输出等过程；也包括神经平面上的神经激活的过程。认知是不同于感觉的范畴，认知包括高层次的心理活动，如推理、选择、判断、想象和创造性思维。认知心理状态对语言交际起着决定性作用，语言交际中的双方只有具备相同的认知心理状态，交际才能够顺利进行。换句话说，没有认知心理状态的趋同，话语无法得到正确理解，语言交际就不可能实现。日常生活中大量的事例可以证明这一观点。比如，不同的工作领域、不同的生活经历、不同的知识结构造成认知心理状态的不同，从而影响到人与人之间正常的语言交际。对于同一文学作品的不同理解也是认知心理状态存在的差异所致。跨文化交际中同样存在着因为认知心理状态差异而影响正常语言交际的问题。正因为认知心理状态对话语理解所起的这种重要作用，构建语用推理机制必然要以认知心理状态为参照系，从认知心理状态的事实抽象出发，确定话语与认知心理状态的相关性，这种相关性其实是认知心理状态对特定话语所具有的心理现实性。实际上，低调陈述意义推断还涉及各种符号束和语境干涉等多种因素，但不管牵涉的因素有多少，低调陈述意义的推导总与其中存在的关联点密切相关，只要关联点这个主要矛盾找到了，其低调陈述含义就会轻而易举地推导出来。关联理论为我们从事低调陈述研究提供了方法上的指导，同时也是方向性的引导，它是我们探讨低调陈述的一种必然、一种归属。

第十四章

心理空间与概念整合理论

认知语义学的研究旨在全面探究诸如语义上矛盾、隐喻和低调陈述的语言现象，其中自然会涉及具有社会和文化属性的人类心智的认知和情感产物的结构与功能定位，以及语用及符号特点。作为一种心理现象和社会现象的修辞语言运用同人类的认知活动分不开，修辞语言使用本身就是认知能力的体现，即修辞语言能力是认知能力的一部分，这是当代修辞语言学家的共识。认知修辞学试图把传统修辞学对修辞明晰、严格和细致的语言分析与对修辞语言的产生和理解的认知结构和过程的考察结合在一起。也就是说，认知修辞学有新旧两方面：旧的方面是关注修辞语言选择与效果之间的关系；新的方面是关注修辞语言选择与人的认知结构和过程之间的关系。这些可以成为心理空间和概念整合理论与修辞学的结合点（转引自：Semino and Culpeper 2002）。

Fauconnier（1997）、Fauconnier and Sweetser（1996）和 Coulson（1995）等人的认知语篇研究——心理空间和概念整合理论是话语理解和话语管理（discourse management）的综合性认知理论，涉及在话语展开过程中各种心理空间的构建以及它们之间的连接关系。也就是说，在话语理解过程中，大脑会激活关于人、事物和事件的各种语言和非语言的知识框架，并存储在工作记忆中。这些储存在思维中暂时的、在线的话语信息的集合，就是 Fauconnier（1985）所称的心理空间。作为意义建构理论，概念整合理论的核心假设是，意义是在具有创造性和想象力的心理过程中动态地建构起来，与意义构建的认知过程结合，概念整合把语言、声音、视觉图像等有意义的表达形式作为在意义建构和理解中的心理提示。因此，该理论帮助我们更精确地描述低调意义是如何从现存的知识结构中创造性地构建起来的（参照：Turner 1996）。

14.1　空间构造语

语义研究有外延和表征两种方法。当我们谈论周围世界，说话者用语言描述事实和场景以确定模型，听话者通过将话语与其所描述的环境相匹配来理解话语意义，这样的语义研究属于外研法；研究语言符号如何与现实世界相关，从认知视角出发解释语言背后的概念结构，这种语义研究就是表征方法。

认知语言学理论的心理空间理论（Fauconnier 1985/1994）认为语言触发一系列复杂的认知过程，人们在进行思考、交谈时为达到理解与行动目的构建小概念包（conceptual packet），它们是语言结构中相关信息的“临时性容器”（temporary container）（转引自刘宇红 2003），也是语言使用者分派和处理指称关系的概念框架理论（Saeed 1997：319），包括时间、信念、愿望、可能性、虚拟（counterfactual）位置、现实等。我们可以借用语言使用者在交谈和思考过程中分派和处理信息的虚拟概念框架，也称“临时性容器”或概念集合（conceptual pocket），来分析和解释低调陈述修辞语言交际过程中词际、句际的语义关系。心理空间（Mental Space，MS）分别由——基点空间（base space），也称现实空间；视点空间（viewpoint space），为确认和建立其余空间的支撑点；焦点空间（focus space），即注意力聚焦空间；事件空间（event space），对应于事件发生的时间和状态——这四类空间组成。语言使用者在建立、跨越或组合这四种类型的心理过程中，动态地构建和理解语篇组织。心理空间的构拟依赖空间构造语词（Space - Builder，SB），如：介词性词组：down；副词：probably，possibly；连接词：if；主谓搭配：They believe，They feel/hope。

Fauconnier 把触发构建心理空间的语言因素如副词 Possibly、probably 和动词 believe、hope 称为空间构造语（space - builder）。这些空间构造语词构建与现实空间（Reality 简称 R）相对的心理空间（Mental Space 简称 M）。不同空间的内部成分，即语项（element），相互映射以实现指代的灵活转移。空间构造语是指构建新空间的语言表达式，同时也能表明一个新空间与其从中得以构建的基点空间的关联特点。例如：

[1] In the melting pot, the original metals lose some of their original characteristics, and many new immigrants to the United States, as well as many people who are already here, do not feel they should be required to change. *They believe* that they can contribute to the United States, belong to the United States, and be citizens of the United States while still keeping some of their culture, beliefs, and even language that they brought with them.（在大熔炉中，原来的金属失去了一些本身的特征。然而，无论是新移民还是已经在美国这片土地上落地生根的人，都认为自己并不需要作出什么改变。他们认为，自己一方面可以为美国做出贡献，作为美国公民属于这个国家，另一方面仍可保留自己的文化、信仰，甚至继续使用带来的母语。）

They believe they can contribute to the United States, …

viewpoint 视点 focus 焦点

"They believe"是空间构造语，引导建立一个内嵌于现实空间的信仰子空间。在现实空间内有一语义要素 a 有"be citizens of the United States"的特征，在子空间内同一个体 b 通过身份等同与 a 建立映射等同关系，根据可及性原则，可以用现实空间内指称 a 的名词词组"be citizens of the United States"指称信仰空间的语义结构要素 b（见图 14—1）。

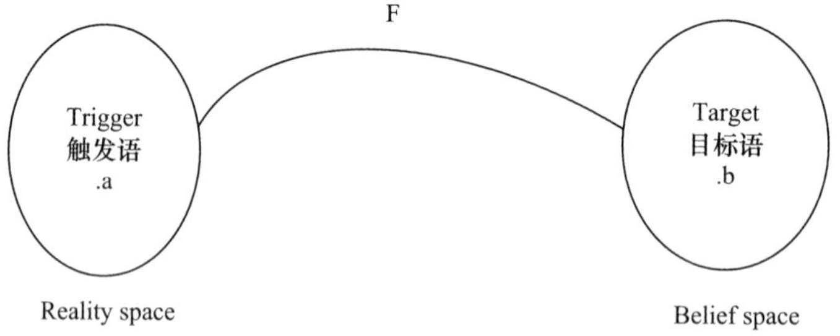

图 14—1 跨空间身份认同操作

（a：be citizens of the United States；b：keeping some of their culture, beliefs, and even language that they brought with them；F：Connector of identity）

语言描写形式与对象实体的可及空间有关，上例指称形式“be citizens of the United States”的指称对象以现实空间为基点，体现说话者的视角，而“keeping some of their culture，beliefs，and even language that they brought with them”是在“they”的信仰空间内进行描述的，体现“they”的认识视角。

心理空间理论所揭示的词汇语义结构是动态的，是在不同语境参数作用下的角色赋值过程或者语义项在不同空间的取值过程，探讨的义值是情景语境、社会规约、认知和常识等多种要素共同作用的结果，从简单的空间结构关系入手，以简驭繁，符合人类认知发展规律，是一种简单和直观的语用连接关系。

14.2　心理空间的构建

低调陈述频繁出现在广告、影视、文学作品和日常生活中，得到众多语言学家的关注，他们从修辞格和语用层面考察低调陈述隽永、创新的修辞特色和冷嘲热讽、意味深长的语用效果。低调陈述认知过程中的意义构建（meaning construction）和阐释过程中的推理机制（reasoning mechanism）以及解读过程中人的认知能力所发挥的作用，困扰众多学者。我们可以借用著名认知语言学家 Fauconnier（1985）的解释词际、句际语义关系的心理空间这个认知语言理论来展现低调陈述修辞语言运作背后的那座认知冰山。

心理空间是我们思维和说话时构建的部分信息集合，用来描写日常说话和思维中发生在语言形式幕后的各种语义、语用和文化等信息相互作用和整合的过程，与长时记忆中的抽象知识相关，也就是说，构建心理空间是激活的长时记忆中的认知结构和表征。思维和交际依靠概念能力、背景知识、语境知识、图式归纳和认知映现能力等（Fauconnier 1997），用最少的语法结构在适合的语境下构建最丰富的意义，也就是说，语言所提供的线索与现存结构、认知原则和背景框架相结合从而发生意义构建。随着话语的展开，开始运作认知构建，改变和扩展内部结构，不断转换视角和焦点，这些由语法帮助引导的、看不见的和高度抽象的心理构建支撑着人类日常谈话和思维。

Fauconnier 把语言和语义之间的关系比作冰山露出水面的可见部分和没于水中的不可见部分的关系，为此，他运用认知语义构建所产生的心理空间来解释和反映客观事件和场景，理论根据是，人的认知状态或社会心理记忆为语言的外部情状，语用者在话语激活的不完整心理空间基础上，自觉或不自觉地追加相应知识，把呈片段状的空间连接成比较完整的知识状态。请看下例：

［2］ As I sat there reading one afternoon, Maddox awoke early from his nap and came down to the library. Hewas clearly startled to see me.（一天下午，我正坐在那里阅读，麦德奥克斯午睡提早醒了，他下楼来到书房。见我在那里显然非常吃惊。）

"What are you doing in the library, Vernon?" he said.（"弗农，你在书房里干什么？"他说。）

"I'm reading."（"我在看书。"）

"Reading?"（"看书？"）

"Mr. Maddox, I can read."（"麦德奥克斯先生，我能识字。"）

"You do what?"（"你能干嘛？"）

"I go to college," I told him.（"我在读大学。"我告诉他。）

"You go to those colored schools?"（"你上那些有色人种的学校？"）

"No, sir. I go to Depauw University in Greencastle, Indiana."（"不，先生。我在印第安纳格林卡斯尔的迪普大学读书。"）

He pondered this for a moment. Then he said, "White children go to that school."（他沉思片刻，然后说道："白人孩子也上那个学校。"）

"Yes, sir."（"是的，先生。"）

"What are you studying to be, a preacher or a teacher?"（"念了大学想当什么，牧师还是教师？"）

"Actually, I'm going to be a lawyer, Mr. Maddox."（"事实上，我想当律师，麦德奥克斯先生。"）

a. He then told me bluntly that black folks "*aren't supposed to be* lawyers."（于是，他坦率地告诉我，人们是不让黑人做律

师的。)

b. "I'm going to be a lawyer," I said. "(我要当律师," 我说。)

c. "Hmm. Well, *don't you know* I have a place downstairs for you all to sit and do what you want to do?"("好吧,你不知道楼下有个供大家休息的地方吗?在那里,大家可以做自己喜欢做的事。")

d. "I know. But *I didn't think* you'd want me to take books down there."("知道。但我觉得你不会让我把书拿到下面去看的。")

Maddox looked around and finally said, "Just read then—go ahead." He turned and walked out of the room. (麦德奥克斯环顾四周,最后说道:"那就看你的书,继续吧。"他转身走出房间。) That night his children and their spouses came for dinner. Maddox sat at the head of the table. As I moved among them, serving soup in my white jacket and bow tie, Maddox said, (那天晚上,他的孩子们及其配偶来吃晚饭。麦德奥克斯坐在餐桌的主位上。当我穿着白色短上衣、戴着蝶形领结走到他们中间上汤时,麦德奥克斯说:)

"I have an announcement."("我要告诉大家一件事。")

"Yes, Papa?" one of his children said. ("什么事,父亲?"其中一个孩子说。)

Silence. "Vernon can read."(一片寂静。"弗农能识字。")

More silence. (四周更加寂静。)

Maddox went on, "And he's going to school with white children." (麦德奥克斯继续说道:"他和白人孩子一起读书。")

Still, no one made a sound. (还是没人作声。)

e. Finally Maddox said, "I knew all this was coming. But *I'm glad I won't be here when it does.*"(最后,麦德奥克斯说:"我知道这一切早晚会发生。但让我高兴的是,当这一切发生时我已经不在人世了。")

I kept serving dinner. But I could tell Maddox's guests were embarrassed. They knew I could read. They knew I was a college student. My ability to read was not a detail they had thought to mention to him. (我继续伺候他们吃饭。但我能够看出麦德奥克斯的客人很尴尬。他们早就知道我识字，也知道我是个大学生。他们从没想过向麦德奥克斯提及我的阅读能力。)

f. While I was annoyed by Maddox's behavior, *I didn't think* that it would have done any good to lash out at him for his aggressive backwardness. *Each of us has to decide how much nonsense we can take in life.* I worked for him during college and then law school. (尽管我对麦德奥克斯的行为很生气，但我认为因带有挑衅的落后思想而痛斥他不会有任何好处。我们每个人都必须决定自己可以容忍多少生活中的无聊言行。在读大学和后来念法学院期间，我一直为他工作。)

g. Years later I escorted Charlayne Hunter through the mobs at the University of Georgia to desegregate that institution. A servant told me that Maddox himself was watching the well - publicized event on television. (多年后，我护送夏莱恩·亨特冲破佐治亚大学暴民的阻扰，为取消该校的种族隔离而努力。一个佣人告诉我，麦德奥克斯本人正在收看电视里播出的这起社会反响很大的事件。)

His nurse recognized me and said to him, "Mr. Maddox, do you know who that colored lawyer is?" (他的护士认出了我，并对他说："麦德奥克斯先生，你认识那位黑人律师吗？")

"*I don't believe* I do," he said. ("我想我不认识，"他说道。)

"It's your chauffeur Vernon." ("他是你以前的司机弗农。")

h. Maddox looked hard at the screen. Then he said, "*I always knew* that nigger was up to no good." (麦德奥克斯仔细地看着屏幕，然后说："我始终认为黑鬼是不会干好事的。")

黑人青年弗农大学时期打工成为亚特兰大第一国家银行的前任行长麦德奥克斯的司机，麦德奥克斯的私人藏书室里有莎士比亚、梭罗、爱默生的著作以及当代重要的演讲文稿，可以说应有尽有。麦德奥克斯的书房所象征的生活方式——对知识的信奉和追求知识的闲暇——拨动了年轻黑人的心弦，他禁不住日复一日地沉浸在这间书房里的书香书页中。但那是个种族歧视和种族隔离十分猖獗的年代，思想落后的麦德奥克斯先生显然不能接受“黑鬼”与白人平起平坐。a. 当时是种族歧视和种族隔离十分猖獗的年代，麦德奥克斯先生以盛气凌人的口气直言不讳，显示他作为白人高高在上的威风。b. 黑人青年弗农不卑不亢运用低调陈述含蓄且坚定地表达自己的意愿。c. 作为白人精英中的领袖人物，麦德奥克斯先生转用较为礼貌的修辞问句，实际上近乎冷酷地对弗农下逐客令。d. 怀抱梦想、信奉知识并追求知识的弗农选择否定提前/转移，虽是反唇相讥，口气却委婉低调，言谈举止无不显露出一位黑人青年渴望在这个原本不属于黑人的世界里找到自己位置的雄心壮志。面对有如此坚定信念又如此能够容忍的年轻人，麦德奥克斯先生最后不得不做出让步。e. 当时的美国奴隶制结束已近一百年，年轻人容易接受新思想新事物，晚辈们的沉默不说话表明他们已接受开放而先进的思想，但同时弱化父辈的尴尬。老顽固麦德奥克斯先生只得怏怏自嘲，委婉表达自己对黑人的敌意和不认同。f. 弗农的否定前置和含蓄陈述，在表现自己独到的见解的同时，展示自己在历练中培养的宽容大度和识大体。g. 面对白人护士问话，麦德奥克斯先生似乎彬彬有礼地否认。h. 但当看到能与白人并驾齐驱的成功黑人弗农时，大势已去的麦德奥克斯先生也不得不选择含蓄陈述弱化自己咄咄逼人的不屑与蔑视语气。

在上例每一个话轮中，对话交流双方保留大量的心理空间，我们在挖掘对话中两个人物的心理空间的同时还需要体会人物情感和意图，才能相对完整地解读对话。一边是带有落后思想的白人精英中的领袖人物麦德奥克斯先生，年近八十的他象征着腐朽的白人世界的压制、欺凌与傲慢；另一边是怀抱梦想，信奉并追求知识，迷恋麦德奥克斯的书房所象征的生活方式的有志黑人青年弗农，展示自己渴望在这个原本不属于黑人的世界里找到自己位置的雄心壮志与意气风发。对话场景是在麦德奥克斯位于独立街区的一栋房子里的私人藏书室。把握这两人的内心世界，就等于拿到了进入两个人物心理空间的钥匙，透过对话的表层，找到曲径通幽的深沉语义，解读其言外之意。话轮中说话者语体的选择可以折射说话人的知识与信仰系统，反映说话人的社会地位。白人领袖麦德奥克斯先生的冷漠与傲慢，黑人青年弗农的热情与恭敬，白黑两方分别运用修辞问句和否定前置等低调陈述修辞手段，淡化掩饰了“冰山原则”那看不见的十分之九的部分，即说话人的知识与信仰系统、说话人的社会地位以及内心感受等。空间上单调的场景——麦德奥克斯私人藏书室，有限的视角，两个迥然不同的人物，对话仅仅是隐匿和抽象的认知构建过程的表面显现，从这个片段所激活的心理空间中，能感觉到作者的谋篇动机，感受到人物纷纭复杂的内心世界和作者深邃炽热的见地。心理空间作为语言与世界互动的中介，提供与真实世界有关的推导和行为模式，引导读者走向作者的观念世界。

14.3 隐喻式低调陈述的空间映射

罗素（2006）的著名论断“意义即指称”是外在论的最早表现形式，观念论的早期主要倡导者诺克（2007）把语符看作通过人类大脑中概念与客观外界连接，认为符号与所指之间有“概念或意义”（sense）这一心理表征层面，认为意义是外界事物在人脑中的客观反映，客观的“sense”，能在世界中找到“referent”，从而区分了“sense”与“reference”。以上理论的主旨思想：心智是自然界的镜像反应（The mind is a mirror of nature），也就是说，人的主观因素，诸如感知、体验、认知和想象，与最终意义的形成没有任何关联。这样的理论似乎难以解释下面的低调陈述“Pieere *believes* that London is *pretty*”。认知语言学对意义的研究基于一个重要的理念：Meaning are in the head（Gardenfors 1999：21），即人类的语言是后天习得的，是基于体验和认知基础之上的。为解释这一现象，Lakoff（1987）提出了理想化认知模型（idealized cognitive model ICM），而基于ICM发展起来的心理空间与概念整合理论可以很好地解释诸如“Pieere believes that London is pretty”的语义模糊性。

14.3.1 合成空间理论

合成空间理论注重语义和概念，主张通过语言形式挖掘语义结构，即强调来源域空间与目标域空间的相似性对应成分之间的映射，从而有助于我们细致入微、井井有条地分析低调陈述理解的认知过程。如“It is the case of *January and May*”。“January”和“May”分别婉指“old man”和“young woman”，正确解读这句话的喻义需要读者展开联想推导，从一个心理空间跨越到另一个心理空间，去建构它们之间的相似性。在输入空间Ⅰ里，分别有“January”和“May”两个月的主要特征，诸如：岁暮天寒，冰天雪地；春风杨柳，勃勃生机，在输入空间Ⅱ里有这两个季节的主要特征：白雪皑皑；百花盛开。类属空间的骨架结构提取两个输入空间的框定、有色和意象图式三个结构，即输入空间Ⅰ和输入空间Ⅱ的元素有选择地都投射到合成空间，再经过整合——组合（composition）、完善（completion）和精细化（elaboration）——的过程，产生层创结构，这其中还包括文化认知模式提供给我们的信息：银光耀眼的冬爷爷和翩翩起舞的春姑娘。这样最终形成的概念整合网络帮助我们推出“白发老人和妙龄少女”的语义（见图14—2）。

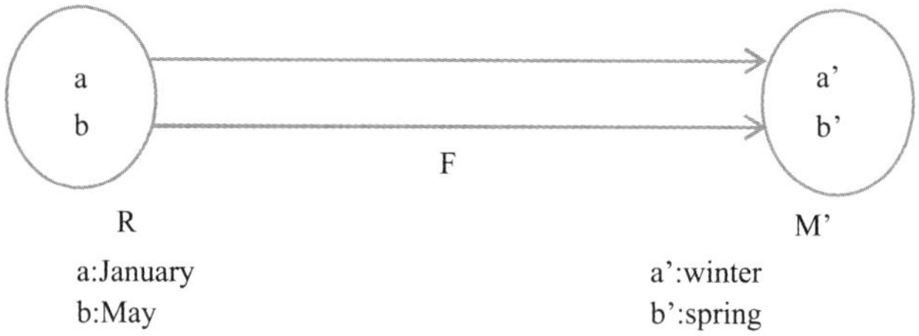

图14—2　空间的合成过程

（转引自靳琰、王小龙2006：18）

现实空间里的冬天和春天触发并激活心理空间中白发老翁与妙龄女郎。本体（现实空间R）中存在名词“January”和“May”（语义项），视点空间（viewpoint space）为“winter”和“spring”，与基点空间在认知上存在连接关系，根据有定解读原则，“January”和“May”在R中建立语义项a、b；又根据空间识别原则，本体a和b可以触发、激活a’和b’。函数关系a’=F（a），b’=F（b），使a、b在M’中识别a’、b’。焦点空间（focus space）就是白发老翁与妙龄女郎。

认知语言学在哲学基础和工作假设上与生成语法主流语言学完全不同，认知语言学中的空间映射论（Fauconnier 1985/1994，Fauconnier and

Turner 1996，Fauconnier and Sweetser 1996）认为语言把通过认知语义构建所产生的心理空间作为解释中介来描述客观事件和场景。比如将一认知域内某一结构投射到另一领域中相应位置，有从色彩域向心理域投射的隐喻映射（如例［3］），或是快餐代替大餐的转喻映射。

［3］The expectation that each new year will be notably better than the last，once deeply ingrained in the American psyche，is *fading*.（那种每年将明显好于上一年的期望曾经深深地积淀在美国人心里，现在却逐渐消失了。）

隐喻以相似为本质特征，理解毫无关联的两个事物源于人类对两个概念“相似”的抽象认知能力。图 14—3 中，左右两个输入心理空间分别表示该隐喻的来源域（布料褪色）和目标域（期待消失），连接它们的虚线箭头代表它们通过类属空间（generic space）进行间接映射的关系；人类先提取两个相提并论事物的相似概念，再经过概念整合这个联系的桥梁，对两种事物感知的交融进行解释、评价。比如上边的心理空间代表类属空间，含有与隐喻的来源域和目标域相似的概念结构，在理解隐喻时，需要从隐喻的来源域 Input Space1 中提取反映与目标域 Input space2 中相似的概念结构“gradually disappear”。下边的心理空间代表复合空间，表示在领会该隐喻后把两个输入心理空间中相对应的概念作为统一范畴中的范例组合在一起，以备下次运用时从这个长时记忆中调出其匹配关系。

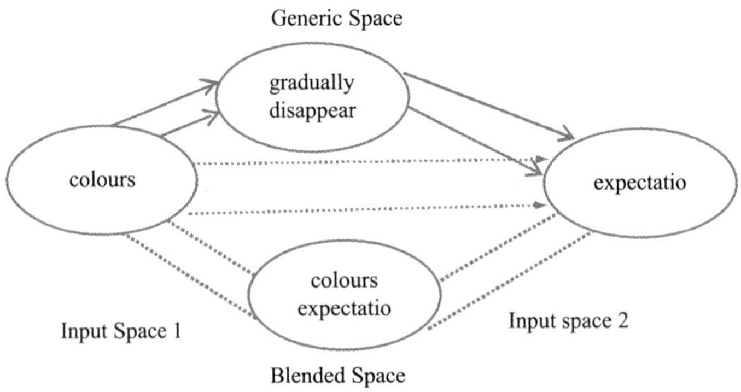

图 14—3 空间的映射过程

［转引自王红孝 2004：10；Fauconnier 1997：117（有改动）］

14.3.2　概念缺省现象

相似性作为隐喻的本质为认知心理空间映射过程中的概念提取提供了根本保障，一个心理空间投射至另一个心理空间经整合形成隐喻理解。如例［3］，通过发挥人类认知主观能动性，提取出相似概念“The expectation can gradually disappear just as the color does”，即“逐渐消退”作为中间桥梁，使期待和颜色形成隐喻关系。这个提取的概念为指导一个事物心理空间投射到另一个事物心理空间提供前提，也就是说，空间映射过程中会发生概念缺省现象。如上例被提取的概念“The expectation can gradually disappear”和输入概念“color”出现缺省。隐喻概念缺省是言语配置新经济原则的具体体现，根据言语配置的新经济原则，人类追求言语效用最大化，并受行事能量恒定规律支配（向明友 2002）。低调陈述语言交流对于发话人和受话人来说是编码和解码的过程，有赖于认知主观能动性的参与和发挥，在隐喻空间映射的认知活动过程中，对相似概念的抽象提取以及心理空间整合是受话人解码的核心。Fauconnier 的心理空间映射论可以为隐喻式低调陈述的认知研究提供直观的言语推理机制，能够为低调陈述研究提供更为科学的方法。在隐喻式低调陈述的认知推理过程中，受话人依据输入空间之间的映射关系进行概念的跨空间投射和映射，由显性信息推导出隐含信息。在这个过程中，发挥人类主观能动性的功能，提取重要的相似概念，理解必要的概念缺省，这些都至关重要。

14.3.3　概念整合

概念整合理论是一个基于四位心理空间框架的认知结构理论，通过心理空间各因子间的相互交织，生成层创结构（emergent structure），即认知平面域，其背景（同类空间）为共享心理图式。根据 Fauconnier and Turner（1996），合成空间包括四个心理空间：类属空间、输入空间Ⅰ、输入空间Ⅱ、合成空间，涉及各种元素的部分集合（partial assemblies），随着思维和语篇的展开而相互连接，是模拟人类思维和语言之间的动态映射，尤其擅长解释一些非语言现象，比如低调陈述，因为低调陈述表达的是与字面意义不同的概念。语义角度的概念合成是指说话者打破固有概念中的语义常规，感到意外的听话者把表面不正常的话语重新进行概念组合，创造新的概念范畴；而认知角度的概念合成则是指两个输入心理空间（input mental space）通过跨空间的部分映射显现匹配，再有选择地投射到复合空间（blended mental space），从而动态解释语义。

“心理空间”内的点表示元素，中间正方形是“层创结构”（emergent structure），“输入空间”的实线表对应关系（corresponding relation），虚线表示各空间内的元素之间的映射关系。图 14—4 表明：“类属空间”具有适用于两个“输入空间”的框架结构（skeletal structure），文化、语境、观点和其他背景信息成为“输入空间”的附加结构（additional structure），“输入空间”将选择的（selective projection）概念投射到“合成空间”，这种跨空间映射（cross - space mapping）的模型所涉及的过程十分复杂。

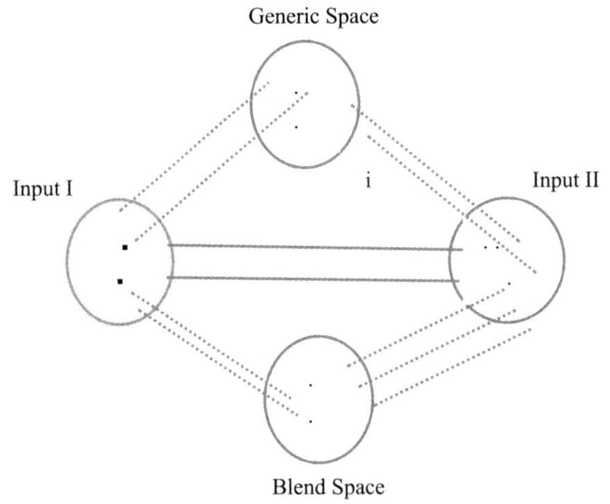

图 14—4 跨空间映射

传统语言学认为低调陈述是修辞学、文学和文体学研究的对象，而从认知语言学和心理学视角来看，低调陈述意义是运用者在语境因素的干预下，通过语言符号所折射出的创新性的会话含义，而不仅仅是语言符号与客观存在的简单直接的结合，因此，作为人类对抽象概念认识和表达工具的低调陈述也是认知、概念、思维的重要表达形式之一。

［4］I know an actor in his seventies who allhis life has had only minor roles. One day I asked him about it. “When I was getting on toward fifty,” he said, “I admitted to myself that I was never going to be a really big star. There was no other work I'd rather be doing, so I made up my mind to give my best to every job I got, even a walk – on. That way, I've *made my own place*, and I've had satisfaction that nothing can take away from me.” He had realized the deep inner rewards of the creative attitude, something quite different from the desire for applause. （我认识一位七十多岁的演员，一生都只演小角色。有一天，我问起此事。“快五十岁的时候，”他说，“我承认自己永远都不能成为真正的大明星了。我也不愿意做其他工作，因此我决定全力以赴去把每个活儿做好，哪怕是跑龙套的角色。那样，我为自己闯出了一片天地，得到了什么都带不走的满足感。”他认识到了创造性态度给内心世界带来的奖励，那完全不同于对掌声的渴望。）（见图14—5）

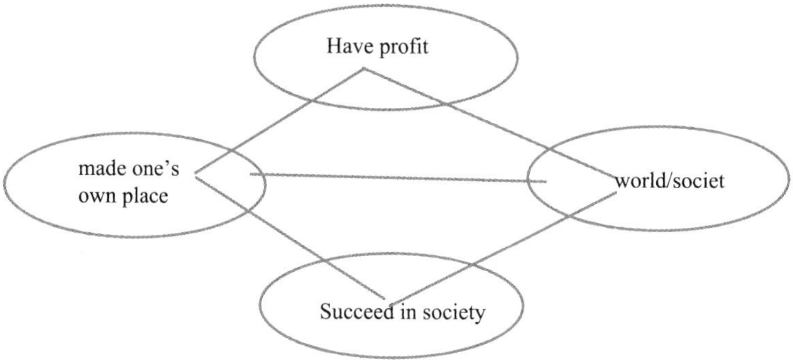

图14—5　“made one's own place”的跨空间映射

根据合成空间理论，低调陈述“made my own place”形成输入空间Ⅰ，文化认知模式帮助我们理解这一输入空间的意义是：获得一席之地，“world/society”形成输入空间Ⅱ，即虚拟空间，包含的意义是：社会地位、事业成功，类属空间提取两个输入空间的主干图式结构，即“有收获”，通过跨空间映射形成层创结构：在世界获得一席之地如同在社会上获得成功。概念合成产生低调陈述意义：开创一片天地。

［5］Shakespeare，Thoreau，Emerson，plus important speeches of the day—this wonderful library had everything. Day after day I sat there *drinking* in the smell of books，the feel of them. The way of life that Maddox's library symbolized—the commitment to knowledge and the leisure to pursue it—stuck a chord in me that still resonates.（莎士比亚、梭罗、爱默生，加上当代重要的演讲文稿——这间书房里应有尽有。日复一日，我坐在里面，闻着书香，触摸着书页。麦德奥克斯的书房所象征的生活方式——对知识的信奉和追求知识的闲暇——拨动了我的心弦，至今余音不绝。）（见图 14—6）

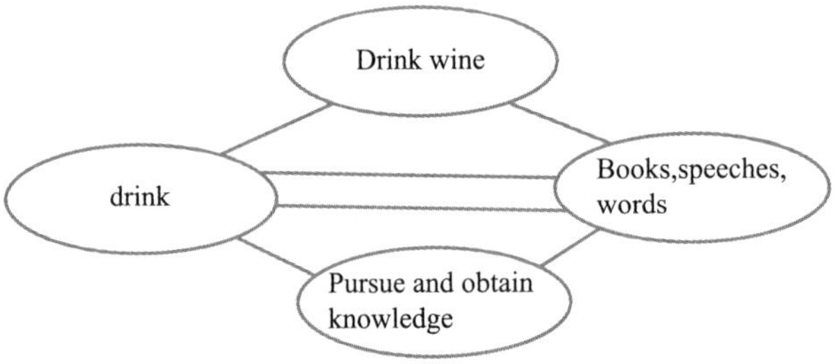

图 14—6 "drinking"的跨空间映射

"drinking"喻指"read"，表面上理性意义相差甚远，我们可以运用合成空间理论来进行细致和深入的分析。输入空间 I 的凸显特征是"drink wine"；输入空间Ⅱ的凸显特征是：书籍、文字，通过跨空间映射产生概念重组和融合，形成层创结构："阅读书籍如同品味美酒"。层创结构映射到合成空间，概念因素相互交织、融合，推出低调委婉语义：细致阅读书籍如同慢慢品味美酒，能够获得营养和精神享受。

概念整合是通过人类易于把握的情感——身体反应得以实现的，因而整合可以支配产生于基本场景的情感并利用这些情感来影响在更为复杂或抽象的场景中的决策［转引自：张辉、杨波 2008（1）：9］。Singerland（2005）认为，身体印记就像一个自动信号，给身体意象加上了情感规范。Singerland 的研究表明人类共有的认知能力构建普遍适用的概念结构基础，如前面反复论及的经典例子“He *didn't go* hungry”说明，处于不同文化和时代的人，其内心情感反应是基本不变并可预测的。再如“You *want to be careful*”（你要小心点），由主要动词发展成情态动词，由意志转化为义务，体现层创性和过渡性，want to 的情态化过程包含了心理空间的整合，这种层创的过渡形式反映语言的创新机制。

14.4　低调陈述的翻译

根据认知语言学，对源语文本理解和呈现的翻译是一种认知活动，也就是说，人类的认知能力是不同语言使用者之间的理解得以达成的基础。翻译的核心问题，无论是国外的 Nida（1998）、纽马克（2006）等，还是国内的王宗炎（1991）、杨自俭（1989）等，古今中外的学者的共识是：用最切近、最自然的对等语再现原语的信息。因此，意义构建的认知机制和模式成为翻译的核心。交际时，受语法、语境和文化的影响，听话人会随着话语的展开构建、连接甚至创造心理空间网络，也称为概念一体化网络，拥有以下多个心理空间：①两个或以上输入空间（input spaces）；②类属空间（generic space），涉及从输入空间抽象出的结构；③整合空间（blending space），包括不同空间之间的概念结构的投射。从概念整合理论的视角来看，翻译是译者通过概念整合网络构建的用语言表达出来的有意义的文本，译者的首要任务是解开源文本的整合网络，这个跨空间映现的重构受到来源域语言形式的制约，同时依赖译者主体和社会文化等因素。读者的任务就是解开这个整合，即重构输入空间、跨空间映射、类属空间以及之间的连接网络。

[6] The melting pot is not a perfect metaphor. There are many problems with separation and discrimination on both sides. Older Americans may resent newer arrivals and be suspicious of them, whereas newer Americans may feel that it is impossible to give up their past and their identity. Some Americans whose families have been here for hundreds of years are still the subject of serious discrimination. *But if the emphasis is on the difference and separation, it is difficult to see how the people of a nation can cooperate.* History has shown that the melting

pot is a good, though not perfect, way to describe how immigrants adjusted to life in the United States. The future will tell if it will continue to be a good description.

语篇开头信息“There are many problems with separation and discrimination on both sides”构建了基础空间，使这一空间成为焦点，内容为“Older Americans may resent newer arrivals and be suspicious of them, whereas newer Americans may feel that it is impossible to give up their past and their identity. Some Americans whose families have been here for hundreds of years are still the subject of serious discrimination”，“But”建立新的焦点空间，内容如下“if the emphasis is on the difference and separation, it is difficult to see how the people of a nation can cooperate”，它成为我们考察事件发展的另一个视点。这种事件、视点和焦点的变换所构建的空间经过整合和映射，创造出符合原文空间层次感和整体效果又易于理解的译文：“‘大熔炉’并不是一个完美无瑕的比喻。对新老美国人双方来说，存在着许多隔离和歧视的问题。老美国人可能会憎恨怀疑新移民，而新美国人则感觉无法完全忘记过去和原有的身份。一些美国人仍然受到严重的歧视，即使他们的家族已经在这里生活了几百年。如果只强调差异和隔离，那么一个国家中的人民是很难合作的。”与奥卡姆剃刀原则（Principle of Ockham’s Razor）相悖（转引自：张辉、杨波 2008），心理空间和概念整合理论适于解释较为复杂的句子，如上例条件结构和隐喻式低调陈述以及转喻式低调陈述（参照：Harder 2003），作者用条件状语从句委婉表示自己的观点：用“大熔炉”描述美国可以弱化差异和隔离，有助于国家中人民之间的合作。

人类用低调陈述思维方式认识两个概念之间的相似性，解读低调陈述的过程就是客观事物与人的经验、思维相互作用产生意象投射，从而产生创新性的低调陈述意义。著名语言学家 Fauconnier and Turner 创建的合成空间理论（Blended Space Theory）有助于我们更好、更细致地阐释低调陈述的意义建构过程和推理机制，为研究低调陈述的意义构建开拓了更广阔的前景。

刘宓庆（1983：32）指出：西方译论与语言学发展关系密切，具有显著的形态学特征；中国译论与传统美学紧密结合，具有显著的人文特征。杨武能先生从译学发展的角度观照，对翻译家的主体性进行系统探讨，并提升到理论高度，他提出了文学翻译主体意识，把译者视为翻译活动的中心和主体，这符合中国传统译论的文化特色。他认为文学翻译是一种全面、深邃、直观、艺术和积极主动、处于变化发展中的特殊意义的阐释。汉英的互译除了语言转换，还包括内容繁复、情景错综甚至是布满陷阱的文化传输（culture transfer），因此研究的天地更加广阔，需要学习西方的方法、视野、范畴，还要引入比较文学、文化研究、阐释学和接受美学的研究方法，同时充分发挥译者的主体作用。

14.5 CB与RT的整合性研究

作为一种常用的语言交际形式，低调陈述能缓减紧张关系，润滑社会摩擦，讥讽愚昧无知，制造愉悦氛围。语用学中的推理和关联原则（Relevance Theory，RT）可以部分解读低调陈述幽默讽刺言语效果得以实现的心理机制，但对于低调陈述幽默讽刺言语的成功释义，结合概念整合理论（the Conceptual Blending Theory，CB）会具有互补性以及更强的解释力，可以更细致更全面地揭示低调陈述幽默讽刺言语释义过程中的心理活动。RT虽提供了语用推理的总体原则，但缺乏概念映射和复合过程的具体演示，以及具体分析概念聚合的理论方法，运用心理空间概念的映射和合成的CB，既可以揭示低调陈述幽默讽刺言语的语用推理的心理认知过程，也为RT的可形式化操作提供了理论互补。

根据Fauconnier（1997）和Fauconnier and Turner（1998）概念整合理论，人类交际时意义构建在域内和域际之间进行，通过概念空间连接中的推理迁移（infertence transfer）和创造性构造，产生新的意义。也就是说，两个或多个输入心理空间的结构被投射到一个新的空间，这种整合是多个域的框架（frame）被组合的心理过程，是听话者从框架中获取信息同时以框架为基础进行推理，再根据信息的输入转变框架的过程，并最终衍生一个新显结构（emergent structure），即合成框架。低调陈述话语交际是一个意图和意义之间互为映射的过程，其幽默讽刺性在于话语表层下蕴含着丰富的意义组合，这种显性意义和隐性意义的整体概念组合包括话语内在的知识结构以及发话人的真实意图和心理图式。有机结合 RT 和 CB 两种理论来探究低调陈述幽默讽刺言语背后的认知理论模型，可以解决 RT 有些笼统化和理想化的阐释原则所造成的缺陷。

14.5.1 低调陈述幽默讽刺言语的心理阐释

根植于认知主义哲学观的空间复合理论和关联理论把现象的意义视为认知者经过智力加工后输出的产品，注重工作记忆在复合、加工信息时的作用，从而成为现代两大主要的认知语用推理理论。CB 强调跨空间投射和复合概念的能力，即认知者的在线联想能力。交流的过程表现为刺激信号代表的信息与记忆中储存的信息之间的互动和复合，生成新创结构从而既获得知识情感的满足又达到言语理解。RT 所理解的言语推理包括识别编码信息，激活语境假设，形成匹配关系后进行推理演绎，也就是说，通过显性信息与物理语境、认知语境的关联和复合运算取得言语的意义。图式理论、框架理论和理想认知模式理论都是从静态角度解读认知者如何启动储存在长时记忆中的概念结构理解言语，缺少理解过程的动态阐释，比如人的概念系统中概念结构是如何相互作用和连接的，等等。CB 和 RT 强调的认知者的在线信息复合能力弥补了上述理论的缺陷。认知者通过各输入空间在复合空间中的重新组合来完成认知系统中的概念相互作用和连接，而复合空间指的是人的工作记忆，其作用是将解读者唤醒的信息储存起来，经过映射、投射产生新创结构。

我们聚焦概念整合理论是为了解读听话者揣测低调陈述幽默讽刺言语的心理活动，充分昭示隐匿于受话者心理认知内部的心理机制，从而形成一种新的解释模型——语境、关联、推理、概念整合和新显结构全部结合在一起。图 14—7 是对低调陈述幽默讽刺言语“It is the case of *January and May*”中概念整合的一个宏观把握。一月与五月这两个月份表面上与婚宴没有关联，但实际上与语境结合，这是发话人的心理感受。听话人整合言语（一月是寒冬腊月，白雪皑皑；五月是春暖花开，芳草萋萋）和婚礼语境以及文化知识（冬爷爷和春姑娘），这些整合的信息迁移到新显结构，成为“一树梨花压海棠”白发丈夫和红颜妻子的诗性表述，即“老牛吃嫩草”的通俗语义。

旨在营造轻松、和谐交际环境，体现在政治、经济、文化交流中的低调陈述修辞架起了人类沟通的桥梁，拓宽了人类交流的路径，蕴含哲

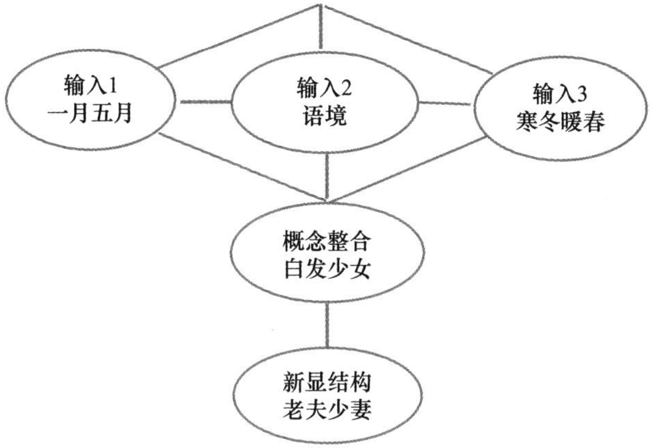

图 14—7　概念整合与新显结构

（转引自：王文斌、林波 2003：36）

理机制的低调陈述也是各个民族思想、学识、经验、智能的结晶。将 SB 纳入 RT 的系统中可以拓展人们的在线语义复合能力，复合显性和隐性的空间信息进行语用推理。再如“I met *Waterloo* in the exam”，听话者猜测讲话人的意图，选择最佳相关的语境假设：考试失败是耻辱如同滑铁卢战役的失败，然后将这些语境假设与显性的关于滑铁卢战役（失败的代名词，常用来形容由成功到失败的转折点）和考试的心理空间的信息进行复合，建构“一次决定命运的重要考试意外失败”的新创结构。低调陈述语言表达形式的含蓄和不和谐淡化了信息表面的关联性，话语的理解就是在复杂的现实中寻找相似性和关联性。这种 CB 和 RT 的互补性分析和整合性诠释使我们更接近语用实际。

14. 5. 2　CB 和 RT 的互补性

RT 的语用推理原则总体阐释抽象，CB 的演示概念的映射和复合过程则提供了一套具体分析概念聚合的理论方法。其语义复合包括初次组合（composition）、扩展（elaboration）和完善（completion）三种形式，可对词组到语句、语篇等各种类型的言语理解过程进行剖析，弥补 RT 的不适应较长语篇分析的可形式化操作的缺陷，如例［6］。

如图 14—8 所示，从作者的角度来看，作者为强调自己的观点，编织

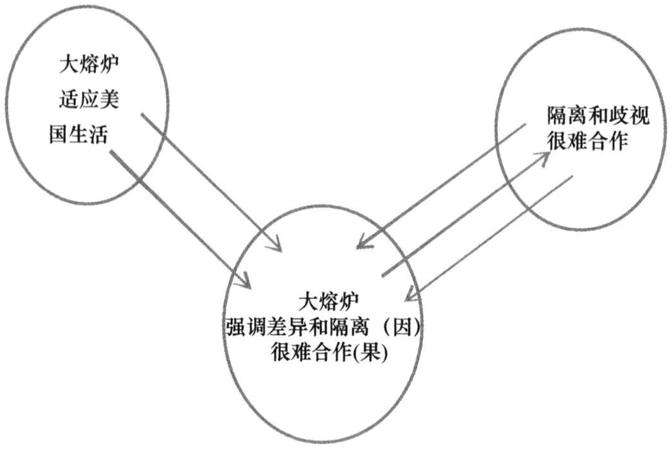

图 14—8 “大熔炉”的虚拟复合空间

了一个对比性的虚拟复合空间（图中下面圆圈）；从读者角度来看，“if the emphasis is on the difference and separation”是虚拟空间建造语，引导读者进行概念的初次组合：已知前提条件（只强调差异和隔离）与结果（很难合作）进行复合运算，从而作出语境假设，对虚拟空间中作者的预测从因推知果，对比映射得出结论：要弱化隔离和歧视才能合作。作者运用以实代虚、以因代果的语用策略，说明“大熔炉”虽不完美但是一个合适的比喻。

[7] Pragmatic Minnie, a tiny woman who always wore printed cotton dresses, scoffed at Maria's stupidity, telling me she *wouldn't have* so many kids if she *had gotten* her tubes tied!（务实的明妮是一位总是穿着印花棉衣裙的瘦小女子。她嘲笑玛丽亚的愚蠢，跟我说如果她的输卵管做了结扎手术，她就不会生那么多孩子啦！）

虚拟语气引导的虚拟空间是与现实世界相左的想象空间，传递梯级含义并发挥以虚代实的语用功能。上例用低调手法编织的虚拟空间表达强烈否定语义。说话人设立了一个虚拟空间，听话者经过投射和复合构建新创结构。再如：

[8] But *it would have been easier to tie the women's tongues in a knot than to keep them quiet.* Eventually the ladies had their way and their fun, and the men learned to ignore them. （可是，把那些妇女的舌头打

个结容易，禁止她们说话就难了。最终，女人们想怎样就怎样、想开心就开心，男人们也只得听之任之。)

表面上，作者引入不相关信息“tie the women's tongues in a knot”似乎间离表达形式与语境的相关性，但如果读者以关联原则为认知导向，这瞬间的突兀和不协调感却能使读者顿悟其中包孕着的幽默信息。当然品悟多滋多味的低调陈述幽默语言需要读者付出超常规的认知努力。作者运用隐喻式低调陈述这种“意及语不及”的言语策略传递语用否定含义：你无法禁止她们说话。在维护传送带女士的人格和尊严的同时，又含蓄婉转地表达自己对这些墨西哥妇女的喜爱之意。

低调陈述有时也表现为一种高卓的机智，是对世事达观和洞悉，心力活跃超越了一般快乐戏谑的修辞，如下例：

[9] In 1792, the musicians of Franz Joseph Haydn's orchestra got mad because the Duke promised them a vacation, but continually postponed it. They asked Haydn to talk to the Duke about getting some time off. Haydn thought for a bit, decided to let music do the talking, and then wrote the "Farewell Symphony." *The performance began with a full orchestra, but as the piece went along, it was scored to need fewer and fewer instruments. As each musician finished his part, he blew out his candle and left the stage. They did this, one by one, until the stage was empty.* The Duke got the message and gave them a vacation. (1792 年，弗朗茨·约瑟夫·海顿所在的管弦乐团的音乐家们甚是恼怒，因为公爵答应给他们休假，但老是推迟。他们叫海顿去和公爵去讨论休假事宜。海顿想了一会儿，决定让音乐完成这次商谈，就创作了《告别交响乐》。演出开始的时候，所有乐团成员都参加，但是随着乐曲的演奏，谱曲需要的乐器越来越少。每个音乐家演奏完自己的部分之后就吹灭自己的蜡烛，离开舞台。他们一个接着一个离开，最后舞台上空无一人。公爵明白了其中的含义，给他们放了假。)

弗朗茨·约瑟夫·海顿用音乐这个独特的表达形式虽含蓄低调却淋漓尽致地传递与当前语境最佳相关的语义：请求休假。作为听众的公爵领悟音乐的寓意：1）含蓄责备公爵的吝啬与不诚信；2）启示公爵在违背常规的音乐表达方式中发现为人处世的常规道理。这种隐喻式低调陈述使怨气变成了交响乐（labor grievances become symphonies），既维护了公爵的面子，又巧妙地表达了自己的意图，可谓社会交往中的典范。

低调陈述是偏离语言常规的一种语言变异现象，作为人类文化载体、反映社会文明进步的低调陈述，不断突破原有的结构形式以满足新的表意功能的需要。体现和反映语言结构形式和表意功能之间的矛盾。话语交际的语境和交际者的社会心理结构决定着说话人的语用意向性（pragmatic intentionality）。总而言之，低调陈述是语言使用者刻意用偏离常规的表达方式从而取得淡化掩饰交际效果的语言现象。RT 注重发话人的明示与交际，CB 强调受话人心理的正确解读与推理。关联是日常交往中的前提，概念整合是受话人跨空间映射从而产生新显结构，得到最终结论。结合 RT 和 CB 可以成为解读低调陈述幽默讽刺言语的合适的认知语用模型。

第十五章

低调陈述与认知语境

修辞不仅是一种语言文字的剪裁配置、排列组合的符号运动，而且是语言交际主体的“修”和客体的“辞”双重迭和的结晶，修辞实质是主客融合的流动过程，是人们由心灵的观照（修）而物化（辞）的结果（高长江 1991：3）。随着修辞学研究的深入，“语境”这个基本的范畴也在发展。起初是指上下文语境的微观语境，后扩展到由篇章语言学发展而提出的篇章语境和篇际语境，近几十年来，宏观语境或文化语境作为社会语言学、篇章语言学、认知语言学、符号学等学科的研究范畴，语境研究成为显学。

Hackman（1978）认为低调陈述是反语的典型形式之一，理解低调陈述言语行为需要说话者和听话人共同的认知语境。低调陈述实质就是人们利用纯语言符号和认知机制合力的心理认知过程，正确建构和解读低调陈述，语境成为不可或缺的补充信息的载体。通过讨论低调陈述理解的基本过程及其特点，我们认为低调陈述的一个重要的语义特征是语义与语境的冲突，对低调陈述的理解就是对这种冲突的消除。说话者特征、语境的数量以及听话者的基本知识结构等语境知识对低调陈述的理解过程会产生重要的影响。

15.1 语境知识在低调陈述理解中的作用

语境（context）这一概念蕴含了两个方面的复杂内容：狭义地看，它主要指各语言成分之间微观和宏观的搭配结构及上下文关系，即语言环境（verbal context），包括词际临时或稳定的种种联立形式，词语在这些形式中及其通过句、段、篇章等较高语言层次所表现出的完整的语义内容和语义特征，等等。广而言之，语境包括言语环境（context of situation)，一是背景知识：指人们对客观世界的一般了解，即百科全书式的知识；二是情景知识：指与特定的交际情景有关的知识，包括某一特定的语言活动发生的时间、地点、交际活动的主题内容、交际场合的正式程度、参加者的相互关系、他们在交际活动中的相对社会地位、各人所起的作用等；三是交际双方的相互了解：这一语境构成因素在语用研究中具有十分重要的意义，也是语用意义上的语境与其他意义上的语境的一个重要区别。因此，语境既可指修辞文本形成的上下文，又可指修辞文本形成的社会背景、文化传统。当然，有些修辞文本的建构和解读与语境的关系并不十分密切，因为这些辞格本身具有自足性，有形式上的标志，如比喻辞格中的明喻以及顶真、回环等辞格。但有些辞格如低调陈述、借代、反语等，它们本身缺乏自足性，它们的建构和解读都要受到语境的制约，脱离了语境，就无法对它们进行正确的解读和欣赏。

15.1.1 语境本身的特点对低调陈述理解的影响

在话语理解过程中，有两种典型的情况，一种是听话者（或读者）对语境非常熟悉，听话者可以根据对说话者及话题的了解，预测说话者将要表达的大概意思，然后根据说话者的实际话语，对原来的期待进行修正并作出反应，以达到交际的目的。另一种是听话者（或读者）对语境的熟悉程度很低，对话题和说话者的了解几乎为零，这时他对话语的理解主要依靠对实际话语的解码，然后再根据话语的字面意义判断话语的语境意义和说话者的真实意图。前一种情况被称为“自上而下”理解模式，后一种情况被称为“自下而上”理解模式。话题特征也是影响低调陈述使用的重要因素之一。说话者对话题越是敏感，就越可能使用低调陈述来避免刺激，如例［1］；而对话题越不敏感，就越可能使用夸张，夸张主要是用来表达说话者的无所顾忌。

［1］ Unfortunately, biological psychiatry *has not always been able to* avoid the problem identified by Dr Johnson in one of his colleagues – “that fellow *seems to* me to possess but one idea, and that is a wrong one.” (Lan Pitchford. Evolutionary Developmental Psychopathology. University of Sheffield, Centre for Psychotherapeutic Studies, School of Health and Related Research. September, 2001)

目前精神病药理学比较流行的趋势是用单一因素来解释某一复杂疾病，如认为过多的多巴胺是精神分裂症的病因，或把精神忧郁症解释为是大脑缺少血清素，等等。心理医学杂志的总编显然对这种趋势持异议，但为减少批评的刺激性，有意使用低调陈述。正确理解这句话的低调含义则需要对以上这些语境信息的充分了解。

15.1.2　语境信息的量对低调陈述的理解产生影响

在话语理解研究中，人们对话语理解过程的普遍看法是语境的数量决定理解的方式。如果在充足的语境中，或者说采用“自上而下”的方式理解低调陈述，就不需要两个阶段来理解，即听话者先从字面意义来理解话语的意义，如果字面意义解释不通，再从其他角度，诸如低调陈述修辞的角度来理解；而如果缺少充分的语境，听话者对低调陈述的理解就可能经历以上所说的两个阶段。我们来看下面的句子，对含有低调陈述的例［2］作了一些次序调整，以观察语境对低调陈述理解的影响。

［2］ a. He had five sandwiches and a quart of milk for his *snack*.

b. His snack was five sandwiches and a quart of milk.

可以预测，［2］a 将加强读者对低调陈述的理解，因为句子开头就提供了相关的语义，［2］b 可能使读者先从字面理解 snack，然后根据随后的语境调整原先的理解。

15.1.3　人类知识结构与低调陈述的理解

人类的知识结构对低调陈述的理解有密切的关系。根据心理学家（Gardner and Winner 1978）的实验结果，儿童对于修辞的理解能力是随着年龄的增加而增加的。Bates（1976）指出，辨认某种间接言语行为诸如低调陈述需要语用能力，对于在认知和社会方面有种种局限的少年来说，是一个很大的挑战。因为人们对事物的发展过程和事物之间关系的知识是低调陈述理解的一个重要依据。

［3］ a. Even though I wanted to say, “Go get it yourself.” I knew it was my job *to be quiet* and do in a nice way whatever I was told.

b. I know it was my job to be quiet when others are reading in the library.

例［3］a 中“to be quiet”其实在低调表达“to be patient”的语义，显然理解这低调陈述语义要比理解［3］b 句子中的字面语义所花的时间长，因为它需要听话者对相关社会知识的了解，诸如打工是为老板干活，是寄人篱下、身不由己，等等。

15.2 语境对低调陈述的制约作用

语言是传递信息、进行交流和交际思想的重要工具。低调陈述辞格要提高语言的表达效果，首先必须保证信息传递畅行无阻。语境作为补充信息的载体，提供了确切理解低调陈述意义的基础。也就是说，脱离具体的语境，低调陈述表达的意义就无法理解。如果脱离语境而断章取义，有的理解甚至和作者要传递的信息截然相反。如“not bad”可以表示“mediocre”（不太好），也可表示“excellent”，取决于语调和强调，包括文化语境的介入。

低调陈述和委婉语（euphemism）有着某种语义的交叉（overlapping），交叉点在于淡化（tone down）和模糊（fuzzy）所造成的婉转暗示。然而低调陈述所显示的婉转暗示与委婉语不同：委婉语一般有其相对固定的说法，如用“fire for effect”去替代“destroy”，用“assembly center”去指“prison”等。但是低调陈述通常并没有固定说法，虽然在前文当中我们提供了低调陈述的语言表现手段，但并不等于说由这些语言手段呈现的思想都是低调陈述。如果说作者利用这些语言手段表达了一种与客观事物相等值的思想，或者至少他认为他的表达与客观事物相吻合时，那么就不能归入低调陈述的范围。举一个例子“*Money is kind of tight*. But I will manage”，如果说话者实际情况是钱有些紧，则这句话就不是低调陈述。但如果说话者实际情况是钱紧，而说话者为淡化经济窘迫，把钱紧说成钱有些紧，那么这句话就属于低调陈述。因此，低调陈述是临时性的、偶发性的，是要受到语境的制约的。假如这种低调表达被人认可而且重复使用，成为约定俗成的，这时的低调陈述就转化成了原型低调陈述。因此可以说，临时性是低调陈述的本质属性。低调陈述辞格的建构和解读之所以受语境的制约，就是由低调陈述的临时性、偶发性决定的。

15.2.1　语境可确定低调陈述的语言含义

语境可以使语言单位只有一个意义，从而有可能从某个单位在译语中的几个可能的等值物中选择一个等值物。当然，语境的作用远不限于解决词和其他语言单位的多义性问题，但是它的最重要的功能恰恰在此。它帮助接受者超越个别的词语甚至句段平面，从上下文的有机关联中，进行信息破译。即利用语境因素来排除歧义，使原文中的歧义现象获得明确的单一性。

［4］Let it deceive them, then, a little longer, it *can not* deceive them *too much*. （A Tale of Two Cities, P. 178）

“can not…too much” 的句子是歧义句，既可表示不能太过分，也可表示无论怎样都不过分。后一种意义是曲言法的形式，用否定的形式拐弯抹角地表达强烈的肯定意义，是正话反说，是句子深层蕴含的意义。通过对上下文符合逻辑的、合情合理的分析，我们得知：这话是革命者德法吉对修理工说的，既然要迷惑他们（them 指法国统治者），使他们认为人民群众真心拥护他们（it 指群众欢呼的激动场面），不会起来造反，当然应该骗得越像越好，不存在过分的问题。因此，这样的语境使后一种意义在这句话中显得更贴切。

［5］Warning of sideeffects rarely appear in advertisements; nor do the records of the *eager* surgeons。（关于其副作用的警示在广告中极少出现，而那些赚钱心切的外科医生的背景情况也秘而不宣。）

“eager” 乍读似与 “surgeons” 构成褒扬搭配，仔细品读上下文，其实是欲贬故褒的低调陈述。它可改写为 “the records of the （cosmetic） surgeons eager to make money”。

15.2.2　语境可以补出省略的或代词所代替的内容

语境不只是起被适应的制约作用，还具有积极的交际参与作用，是表达者积极利用的表情达意手段与交际取效手段。特定的语境，使人们不必每次都把话说得详详细细，它是话语策略的有机组成部分，可以补出被省略的内容，从而使原先含而不露的语义转为露而不尽。例如；

［6］A：Where is my box of chocolates?

B：*The children were in your room this morning.*（Smith and Wilson，1979，175：175）

这句话隐含的省略意义是通过上下文具体的语境推导出来的。

［7］甲：今晚去看电影好吗?

乙：*我明天有场考试*。

表面上乙的回答属答非所问，字面意义不符合语篇连贯性的要求，实际上乙是用低调陈述的模糊表达，从而达到亲切和含蓄的效果。甲则调用情景以及对乙的了解知识，推断乙的回答为婉拒，这是双方心照不宣的表现。

Sperberand Wilson 指出，语境就是交际过程中双方都相互明白的认知环境。因此会话含义（conversational implicatures）是语句在具体语境中的转义。英文中代词的使用频率比汉语高得多。代词的使用可避免单词的重复与句子的臃肿，但有时也会出现指代不明确的现象。语境可以帮助话语意义的生成，明确词语指称，补充、丰富与限制话语含义。例如：

［8］A man don't see all this here a going on dreadful round him，in the way of subjects without heads，dear me，plentiful enough fur to bring down to portage and *hardly that*，without having his serious thoughts of things.（一个人如果不认真想事，就不明白他周围发生的这些可怕的事，那些没有头的尸体，天啦，多得价钱降到搬运费，甚至连搬运费价钱都达不到。）（Dickens. C. A Tale of Two Cities. 世界图书出版公司，2008：287）

句中代名词“that”通过对上文“to bring down to portage”的理解，可以了解它是指搬运费（portage），从而使“hardly”的低调语义清晰地体现出来。

15.2.3 语境可以赋予特定的具体语言以感情色彩

借助语境中特定的情景意义补衬语言本身的意义，传达言外之意。语言是思想的直接实现，没有语言，就说不上表达思想和交流思想；反之，离开了思想，语言只剩下空洞的声音，不再是人类交际的工具。但是，在实际活动中，常常会出现言外之意的现象。意既在言外，思维不是脱离语言了么？其实不然，这言外之意是在特定的言语环境中显示出来的，离开了环境，言外之意就没有基础，也不能被人了解。

［9］Miss Singer *produces a series of sounds corresponding to the score of an aria from Rigoletto.*

这句话孤立地看，表达的是 Miss Singer 唱了一首 Rigoletto 的独唱歌曲，但说话者不说简明的“Miss Singer sang an aria from Rigoletto”，很明显，它所要表达的意思与常规情况下话语的字面意义相反。通过语境我们知道，说话者是反话正说，用长而怪异的表达增添幽默、可笑的情调。目的是讽刺 Miss Singer 根本不会唱歌，尽管照着谱子唱，但发出的声音刺耳难听。由于说写者在生成话语时受到各种心理因素的制约，有些话要正话反说，直话婉说，坏话好说，重话轻说，环顾左右而言他，含不尽之意于言外。为了更含蓄地表情达意，常常“言不尽意”，故意留下意义上的“空白”，让听读者通过特定的语境去领会，去联系或补充某些词语所含的“深意”。例如：

［10］煮豆燃豆萁，漉鼓以为汁。萁在釜下燃，豆在釜中泣。本是同根生，相煎何太急。（曹植《七步诗》）

曹丕威令如山，凶残恶毒，早有除掉曹植的打算，限令曹植七步成诗，并且诗中不许出现“兄弟”字样又要表现出“兄弟”关系。在这样的言语环境背景下，我们可以体会出这首诗的真正用意，隐晦婉曲的语言表达效果，情真意切，催人泪下，不仅使曹丕流下了惭愧的泪水，还救了曹植一命。吕叔湘（2013）先生说：“任何语言里的任何一句话，它的意义决不等于一个一个字的意义的总和，而是还多些什么。”在数学上，二加二只能等于四，不能等于五，语言里可不是这样。我们只有把这些语句的外部的情景意义揭示出来，才能领会作者深刻的用意，领略作品的言不尽意、回味无穷的艺术境界。

15.2.4　语境可以为低调陈述创造条件，使俗词语活用或巧用

谢皮洛娃（1958）在其《文艺学概论》中说：“作品的语言美不是作家为着再现生活特地挑选一些华丽的辞藻而能达到的。”在多数情况

下，作家达到语言的真正的美，只是用最普通的一些词句，然而这些词句在有形象表现力的语言上下文中，获得审美倾向。如《蔬菜杂烩》（Ratatouille）是皮克斯公司于 2007 年公映的 3D 动画作品，也是该公司的第 8 部动画长片。故事是关于一只住在巴黎餐厅、自认为是伟大厨师的小老鼠，Ratatouille 就是它的名字。Ratatouille 原来是一种法国的传统菜肴——蔬菜杂烩。片中安东·依考（Anton Ego）说：

[11] "Last night, I experienced something new, an extraordinary meal from a singularly unexpected source. To say that *both the meal and its maker have challenged my preconceptions about fine cooking* is a gross understatement. They have rocked me to my core."

这句话在这一特定的上下文中，我们可体察到说话者幽默的风格：故意压低调子，使言语显得清新活泼，从而增强了语势，丰富了低调陈述修辞的表达手法和效果。

[12] 云山苍苍，江水泱泱，先生之风，山高水长。（洪迈《容斋五笔》）

这是范仲淹用委婉语体，表面上描绘景色，实际是在颂严光先生之德，歌词云山江水属婉辞，上下相承成文，故“风”实表达“德”的含义，上下词面一脉相承，婉而成章。语境犹如一块奇妙的调色板，使一些词句在选用和搭配上超越了常规，获得了一种新的含义，从而具有了特殊的表达效果。正如清朝袁仁林（1989）在《虚字说》里说：“实字虚用，死字活用，此等用法，必须上下文知之，若单字独用，则无从见矣。”

15.3 低调陈述认知语境的建构

Sperber and Wilson（1986）的认知语用学理论诞生后，语境概念发展成为认知语境，语境研究由过去注重交际场合的具体因素分析转为注重交际者的认知心理分析。认知语境根植于人类的心理，作为一个心理建构体，它与心理学上的建构一样，都强调了主体基于原有的知识和经验对新信息的意义的建构，它是新输入的环境信息与大脑中已有信息相互作用、相互整合而“凸显”的结果。Sperber and Wilson 的动态语境观为我们建构和解读低调陈述建立了一个更有说服力的推理模式。对低调陈述建构和解读起作用的不是话语交际时具体的情景因素，而是构成说话人和听话人认知语境的一系列假设，建构和解读低调陈述话语的过程，就是认知环境中的旧信息和交际过程中的新信息相互作用的过程。交际双方在交际过程中所运用的认知语境，只是认知环境中互相显映的一个部分。当交际双方的认知环境中显映的事实或假设相同时，就产生了认知环境的重叠，这种重叠的部分便构成了交际双方共同的认知环境（Sperber and Wilson 1986：156）。

15.3.1　低调陈述认知语境的建构基础

交际话语的物理环境、交际者的经验知识以及个人的认知能力三个方面共同决定着认知语境的最终建构（Sperber and Wilson 1995：38）。其中物理环境和经验知识是认知语境建构的物质基础，它们犹如建造一座大厦所需的砖瓦和钢筋等建筑材料。物理环境包括当前的输入信息“抽象语句”和当前可感知的时空因素等，这些来自外界的刺激组合而成某种刺激结构即模式，诸如“物体、图像、字符、语音等”（王甦、汪安圣 2006：47），具有一定的客观性；而经验知识带有一定的主观性，是以图式的方式存在于大脑中的认知结构和知识单位，“我们把图式概括为过去经验的知识集合，这些经验被组织成有关的知识块并且在熟悉的情景中被用来指导我们的行为”（Hiroko 1999：755），又称“基本社会交往图式”（primary social interaction schema），它们一旦被当前的物理环境所激活，就形成了理解当前话语的语境假设。能否被激活则取决于个人的认知能力，取决于个人对当前模式的识别。当个人能够确认他所识别的模式时，就会从经验知识中寻找与其相匹配的图示，建构一系列语境假设作为推理的前提。因此，认知能力主要表现为模式识别和逻辑推理，它们是从客观物理环境通向主观经验知识的一座桥梁。例如：

［13］In an open barouche...stood a stout gentleman..., two young ladies... a lady of *doubtful* age, probably the aunt of the aforesaid, ...(C. Dickens)

在这句话中，来自物理环境的可感知信息为“In an open barouche”和狄更斯所用圆滑的低调陈述“doubtful age”，要建构一个理解作者所说的“doubtful age”认知语境，就必须识别当前“In an open barouche”这一场景模式和抽象语句“doubtful age”，尤其是对“doubtful”的识别在此非常关键。通过对场景模式和抽象语句的识别，激活了听者大脑中关于“女性与年龄”的图式结构：西方女性对年龄非常敏感，忌讳当众被人问及年龄等，从而推断出作者是用幽默、讽刺的低调陈述暗指这位女士年纪大。如果这种经验知识没有以图式的方式存在于大脑中而构成认知结构和知识单位，就无法为当前的物理环境所激活，而形成理解当前话语的语境假设，交际者也就无从建构其认知语境。

15.3.2 低调陈述认知语境的建构过程

认知语境的建构过程是指认知主体通过自己的认知能力，根据对当前物理环境的模式识别，运用已有图式结构中的知识形成语境假设的过程，它包括模式识别、图式激活、知识选择和假设形成四个阶段。如“He *did not go hungry*”，在一起秘密军火交易中，前副总统阿钮尔做中间人所得好处自不待言，面对法官的讯问，军火商的回答是显而易见的。读者要想识别军火商话语的语音模式，须先识别当前的客观环境，并由此激活大脑中相关的图式结构：吃饭图式、前副总统阿钮尔作为中间人的角色图式、军火生意图式、法庭图式。读者所激活的图式结构有如下知识内容：

吃饭图式：吃饭要吃饱；吃饱了就不会挨饿……

前副总统阿钮尔作为中间人的角色图式：中间人就是联系买方和卖方的人，起着搭桥的作用，根据交易的多少收受一定报酬……

军火生意图式：军火生意是国家法律所明文禁止的；军火生意一般来说涉及的金额都较大……

法庭图式：法庭上要说真话，否则要承担法律责任……

一个图式包含很多知识，每次参与建构认知语境的知识并形成语境假设的并非是一个人知识或经验的全部，“语境含义是话语自身信息和（物理或认知）语境信息结合的产物，除去推理耗费，就等于话语的相关程度，最佳相关是以语境含义与推理耗费之间的最佳比例为基础的”（Levinson 1989）。读者对图式激活后的知识进行选择后，形成了自己的语境假设：

交易中没挨饿就意味着满足，交易中满足就暗示着收入绝不菲薄。

由此而建构的认知语境作为推理的前提，便可得出结论：前副总统阿钮尔作为中间人赚了一笔不菲的收入。军火商用低调陈述是为了维护对方面子。对于认知语境的建构过程，我们可以用图 15—1 来表示：

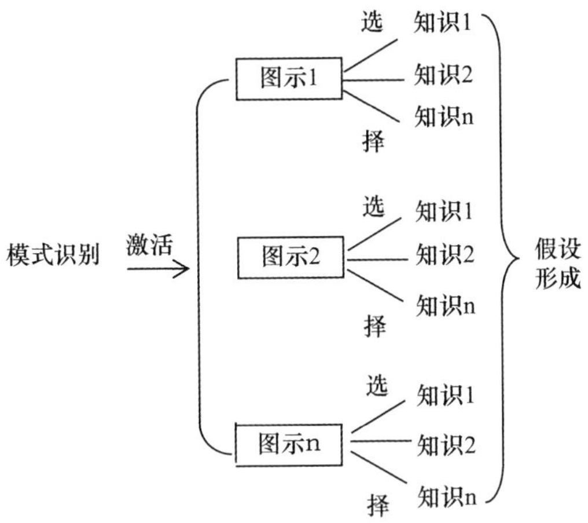

图 15—1　认知语境的建构过程

模式激活了 n 个图式之后，有可能不会马上进行知识选择，而是由这 n 个图式又激活 n' 个图式再进行知识选择。因此，认知过程是一系列的心理过程，这一过程是将新信息与大脑中的旧信息进行“匹配、类推、重组、转换等”（肖辉、张柏然 2001）的过程。低调陈述话语的生成和理解之间并不存在必然的关系，二者通过交际双方的努力得以实现。

15.4　低调陈述认知语境的类型

认知语境对低调陈述语法结构的选择及其隐性意义的确定起着动态的语用制约作用。从认知语境的角度，低调陈述可分为两种类型：第一种在句法、词法、语义等句子内部的范畴中是正常的，但在话语的使用中表面上违反了会话的合作原则（何自然、段开成 1988）；第二种是指在语义搭配上违反词汇选择限制，出现在句子内部范畴的一种语义现象（胡壮麟 1994）。

15.4.1 从认知语境看违反语用合作原则的低调陈述

我们首先对“答非所问”的低调陈述从认知语境的角度进行分析。我们首先需要判断的是话语是否真正相关。那么该如何运用认知语境来判断低调陈述话语是否相关呢？相关是一个相对的概念，是语境效果与理解过程中的努力相互作用的结果。当处理低调陈述所付出的努力最小而能获得最大的语境效果时，话语具有最大的关联性（Sperber and Wilson 1986）。我们来看一组对话：

［14］A：Do you like these apricots?

B：I've *tasted better.*

在语言使用的过程当中，对低调陈述的选择，受到交际意图、信息处理需要、认知心理状态等多种因素的控制和影响。一般来说，使用较为复杂的低调陈述标记性词语，如例［14］，在某种程度上，意味着该词语所指对象［无论是具体（物理）语境内容还是心理（认知）语境内容］在该词语所出现的话语中的心理可及性较低（Langacker 1987，Chafe 1987）。说话人 B 用比较句含蓄礼貌地进行否定回答。因此，在建构和解读低调陈述时，我们应该把语言表达和相应的大脑对应体或心理表征放在一起考虑，而不是在真实世界内寻找语言表达的对应体。

15.4.2 从认知语境看违反语义限制的低调陈述

人们在认知世界的过程中，逐步建立了语言符号和客观事物的对应关系。语言符号是有限的，而客观世界是无限的，人们认知客观事物的水平也是不断提高的。用有限的符号来表达人们不断增长的对客观世界的认知必然会使人们突破常规的语言符号之间的搭配关系，从而形成诸如低调陈述这样的超常搭配。超常搭配是指语言交际中的一种特殊现象，即词语与词语之间的搭配符合语法规则，而又超出了词语之间的语义内容和逻辑范围的常规（冯广艺 2000）。听话者是如何从认知语境的角度来理解这些低调陈述呢？如“He had five sandwiches and a quart of milk for his *snack*”，这句话在语义搭配上是“不合理”的。“five sandwiches and a quart of milk”是大餐，而“snack”是小吃，如何理解这句话呢？可用图15—2 表示。

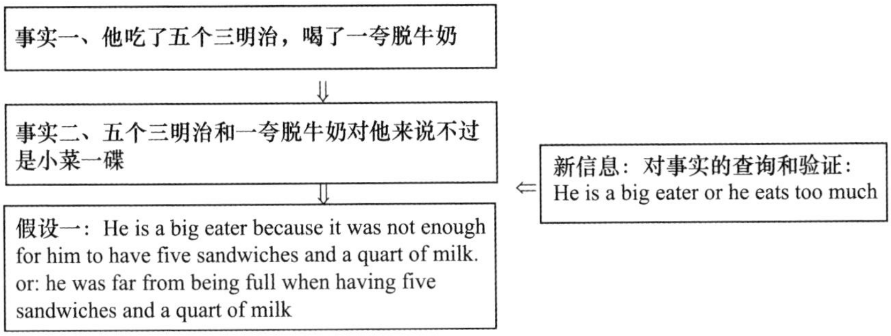

事实一、他吃了五个三明治，喝了一夸脱牛奶
事实二、五个三明治和一夸脱牛奶对他来说不过是小菜一碟
新信息：对事实的查询和验证：He is a big eater or he eats too much
假设一：He is a big eater because it was not enough for him to have five sandwiches and a quart of milk. or: he was far from being full when having five sandwiches and a quart of milk

图 15—2　从认知语境的角度理解低调陈述

这样，新信息在已知信息中找到关联，从而推出说话者所要表达的话语意义：他吃得过多。可以看出，听话者在理解违反语义搭配限制的低调陈述话语时，往往能从事实抽象出发，把握事件的整体概念，然后以相关认知语境为出发点来认识和评断新事物，从而达到对低调陈述含义的细致理解。

15.5　低调陈述认知语境的建构视角

Mey（2001：40）提出了以“语言使用者为指向”（user - oriented）的语境观，Verschueren（2000：76）把语言的表达者和解释者置于语境框架的中心。因此，人在认知语境的建构过程中居于核心地位，以人为视点，就形成了三个不同的建构视角：主体性、主体间性、主客体间性。

15.5.1　低调陈述认知语境建构的主体性

认知语境建构的主体性是指认知主体从自己的信念、态度、知识等出发建构认知语境。关联理论肯定了认识主体对认知环境所具有的巨大的主观能动作用。按照关联理论的看法，没有不可认识的东西，只有认识上透与不透的区分，认知环境里的所有元素都可以被认识主体分辨出来和明白理解。每个个体的主体认知结构由逻辑、词汇和百科知识组成，从而形成了主体的认知环境（cognitive environment）。低调陈述的生成是语言编码者用语言符号表达客观世界的过程。编码者在编码过程中很大程度上依赖自己的语言能力、社会经验、背景知识以及心理状态等。如：

［15］*You are late for the last time.* （C. Chaplin）

通常人们为实现言语行为，总要考虑交际对象的态度、性情等因素，因而并非总是用直来直去的言语而是拐弯抹角地用些间接的言语。例［15］可能被解释为说话者用低调陈述委婉地辞退听话者，还要取决于认知主体说话者的信念、态度和心理状态。例［15］这句话的绝妙之处在于它所传递的“言外之力”似乎介于“陈述事实—警告—辞退”之间。听话者的智力不同，其抽象思维能力自然不一样，从而产生了不尽相同的语用推理过程，得出或是“警告”或是“辞退”等有所区别的话语含义。

15.5.2 低调陈述认知语境建构的主体间性

认知语境建构的主体间性是指认知主体从主体之间的关系即听者与说者之间的关系出发建构认知语境。主体间性在话语交际中具体表现为说者和听者之间的关系，每一个说者都隐含着一个或多个听者或读者，这样一来，“语用学所谓的‘主体性’一开始就意味着一种‘主体间性’”（盛晓明 2000：12）。认知主体从不同的主体间性出发，就会建构不同的认知语境。主体之间的关系制约着主体之间对认知语境的建构，从而影响交际效果。为了建构一个新型的有利于交际的认知语境，说者有必要设计好自己的发话，积极主动地为听者创造一个建构认知语境的条件，以形成一个良好的主体间性。例如：

［16］Black：So. Mr. Wang，you do agree that our price is satisfactory?

Mr. Wang：I hope we can agree on the price，but before we do，*we may have to travel across mountains and rivers.* Are you ready for that，Mr. Black?

王先生先表示了己方希望与对方达成一致的愿望，在一定程度上舒缓了双方的矛盾，接着王先生运用隐喻式低调陈述“双方想达成一致，还有很艰难的一段路要走”，即达成协议非一日之功，暗示对现在价格不满意，淡化了否定含义。在这种情况下，低调陈述成为交际者迫使交际对象按自己的意图行事的一种交际手段，成为构造或重新构造社会框架的一种方法，而不仅仅是向交际对象表示敬重的一种语言形式。因此，在交际中使用哪种低调陈述并不单纯由交际双方的地位决定，交际目的对低调陈述的选择也有一定影响。作为一种语用手段，低调陈述的运用能够起到迫使交际对象按照发话者意愿行事的目的，发话者有策略地用低调陈述对受话者的行动进行了限制。

15.5.3　低调陈述认知语境建构的主客体间性

认知主体建构的主客体间性是指认知主体从主体自身与当前客观的物理环境之间的关系出发建构认知语境。

[17]　(One day while parking at work your car splashes mud on Christine. Christine walks over to your car while you are getting out. You look at Christine and ask why her clothes are such a mess. Christine looks back to the mud puddle in the road and answers) *You might want to drive a bit slower.* (John and Gibbs 2000)

说者所建构的认知语境是基于这样一个事实关系：你开车溅了我一身泥。在这种语境下 Christine 的低调陈述改变了主体之间的尴尬关系，激活了听者的"开车图式"，从而使听者得以建构新型的认知语境。认知语境是一种已经内在化了的语用知识，主体对自身与当前环境之间关系的识别是其客观环境内在化的前提，没有对这一关系的识别，或对这一关系的识别产生了误差，主体的内在化语用知识就无从激活或激活错误，从而导致所建构的认知语境产生巨大的差异（熊学亮 2001）。

15.6　低调陈述认知语境的特征

低调陈述认知语境立足于语言本体和交际主体，理解是一种更高层次的无止境的创造活动，理解一个表达式不再是追求与其相对应或代表的固定寓所，而是把它作为一种交流工具在使用的事实中寻找其不定的家园。这种认知语境的动态研究贯穿整体论的思维方式，旨在揭示语境的人本性、建构性和互动性特征。

15.6.1　人本性

认知语境的人本性表现为：首先，在认知主体与客体的关系上，它消解了主体与客体的绝对二元对立。认知语境与主体的知觉活动紧密相关，它是客体经过认知主体知觉活动后整合而成的整体，是主体、客体相互作用的完形，因而它建构了一种新型的主客体存在模式。其次，人具有认知的潜能，环境最终帮助人使自己的潜能现实化，而潜能现实化后的主体又是一个拥有内化客体的主体，这个内化了的客体则又成为主体再次内化的经验与依据。不同的认知主体，内化的客体各异，这使得认知语境表现出明显的特色，进而引发人们对话语产生迥异的看法。例如"I met my *Waterloo*"，在不同的话语情景中，由于认知语境的作用，可表示"考试失败""情场失意""面试不成功"，可谓仁者见仁、智者见智。

认知语境的"人本性"不仅强调认知主体与客体之间的关系，还特别关注认知主体与主体之间的关系，即主体间性。所谓主体间性的实质也就是"主体之间的关系"（俞吾金 2002）。在语言交流过程中具体表现为传受双方的关系，每一个传播者都隐含着一个或多个接受者，因此，"主体性"从某个角度看必然可以直接或间接地导出"主体间性"。主体间性赋予了交际双方彼此保留主观差异的权利。因为主体之间的认知语境差异极大，要在主体之间真正找到共同的认知语境并非一件容易的事。关注自身，关注符号的使用者，这体现了多年来我们一直提倡的"以人为本"的思想，人在认知语境中被提到了一个应有的高度。

15.6.2 建构性

辖制（govern）低调陈述话语理解的基本原则是关联，关联是命题 P 和语境假设 C1…Cn 集合之间的关联。关联理论框架下的低调陈述理解采用动态的阐释法，读者通过话语中新出现的信息不断调整已有信息，当新信息与已有的语境假设产生矛盾时，新的信息否定旧的语境假设，调整、顺应新的语境，取得语境效果。交际主体之间需要在话语理解中为每一个话语建构新的语境。每一个话轮都蕴含了不同的语境假设，通过语境假设推理而得的语境效果又有可能作为新的语境参与新一轮的话语理解。例如：

［18］A：（1）*I'd like to get the ball rolling by talking about prices.*

B：（2）Shoot. I'd be happy to answer any questions you may have.

A：（3）Your products are very good. But I'm *a little* worried about the prices you're asking.

B：（4）You think we should be asking for more?（laugh）

A：（5）（chuckles）That's not exactly what I had in mind. I know your research costs are high，but what I'd like is a 25% discount.

B：（6）That seems to be *a little* high，Mr. Smith. I don't know how we can make a profit with those numbers.

A：（7）Please，Robert，call me Dan.（pause）Well，if we promise future business – volume sales – that will slash your costs for making the Exec – U – Ciser，right?

第一轮对话：当经销商用隐喻的手法淡化否定，提及对于卖方的价格有商量的余地时，“prices”作为新信息马上激活了卖方的认知语境（旧有信息）：原先双方价格没谈好，有争执。因此，卖方调动了与之相关的知识与经验，建构了一个理解话语（1）的认知语境，话语（2）既是上次话语新信息（1）与卖方的认知语境旧信息相互作用的语境效果，同时也是在明示自己的态度：愿意就价格问题协商。话语（3）作为新信息和语境前提之一与卖方的旧信息参与第二轮对话，又得到一个新的语境效果。经销商和卖方就是这样通过使用弱化词和否定提升等低调陈述不断地轮回建构语境和话语，语境在交际过程中不断被主体激活与创造出来，话语和语境处于互为建构的动态关系中。

15.6.3　互动性

认知语境也称为语境假设，它是一个动态生成的关系体，是一个心理建构体。通过选择而来的认知语境参与话语理解的过程，其建构性发生在它与话语之间的互动关系中。在交际状态下，认知语境不断被激活，理解每一个话语所需要的相关知识与经验是不同的，因此，交际主体之间需要在话语理解中为每一个话语建构新的语境。每一个话轮都蕴含了不同的语境假设，通过语境假设推理而得的语境效果又有可能作为新的语境参与新一轮的话语理解。只要交际不停止，这一过程就无极限。语境假设和语境效果之间不断被吸收、转化、消解，从而造成了认知语境结构整体趋向变换的内在矛盾和张力，这些矛盾和张力，会在交际过程中不断地生长、融解、再生长、再融解……以此创造着语境的动态平衡，如图 15—3 所示。

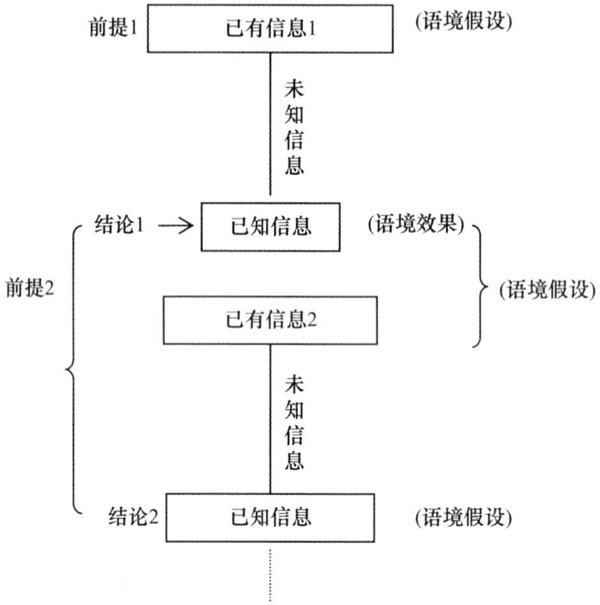

图 15—3 认知语境的动态平衡

建构和解读低调陈述是双方话语信息不断推理的动态认知过程。具体体现为话语和语境要素之间、语境各要素之间的相关性，话语建构和语境要素之间的互顺性（互相顺应性），语境与意义之间的互渗性。低调陈述间接言语行为的理解必须在认知推理的过程中不断创造出新的语境，这种动态的语境观点是建构和解读低调陈述话语必不可少的。

15. 7 结语

传统修辞学理论最大的缺陷就是忽视低调陈述从根本上讲是一种思想之间的交流（intercourse），是语境之间的互相作用（transaction）。Seto（1997：239）、Berntsen and Kennedy（1996）、Richard and Roger（1994）研究的低调陈述已进入语用领域。他们认为，低调陈述是一种语用修辞

(pragmatic figure)，是涉及说话者和听话者的修辞（speaker – hearer related figure）。在低调陈述修辞中，字面义和说话者想传达的意义之间的不一致，暗示说话者的否定情感——期待的落空。

陈望道（1997：99—107）说："独用的避讳，大概没有一定，尽随主旨情景而变。"这里的"独用"二字说的就是非规约性的、临时的同义手段。"随主旨情景而变"一语道明了非规约区别于规约的主要特征。就非规约低调陈述而言，它的含义生成完全依赖于话题和语境，所作出的选择应当与交际情景水乳交融，离开特定语境，话语就只能停留在字面意义的层面上，不产生会话含义。如在"He had five sandwiches and a quart of milk for his *snack*"中，用"snack"代替"five sandwiches and a quart of milk"完全是临时性的，"snack"的指称对象（所替代的零形式）是有前提的，依赖于特定的语境而生成含义，从而区别于与其指称对象的关系相对稳定、含义相对明晰的规约性低调陈述。

非规约性的低调陈述话语处理依赖语境知识的支持，这种语境知识一般是参与交际的双方或诸方所共有的。Hackman（1978）说，对低调陈述的理解需要交际双方共同的语境认知（Proper interpretation requires that speaker and listener have similar perception of the context）。语境认知是修辞交际过程中，修辞主体对言语环境中影响话语组织建构和话语理解的各种因素的信息感知、知觉、分析、认识以及判断。其认知的范围应该是与修辞交际密切相关的各种因素。大的方面包括文化背景、社会政治、民族心理等，小的方面包括交际对象的角色、动机、情绪、态度、性格、气质、经历，以及交际双方或多方的角色关系和言语交际的微观场合等。选择、调取、综合、处理这些知识是低调陈述话语处理中不可或缺的认知过程。如船只遇上冰山，你说"*We are privileged. How many people have seen anything like this?*"制约这种低调陈述的选择因素有：场合、对象、话题、目的、语体、文化心理、价值观等，低调陈述不是单纯靠词汇就能决定的问题，离开场合和对象就难以判断该语言形式是否是低调陈述，即便规约性的低调陈述也与语境存在着某种潜在的特殊关系。

语境对低调陈述言语表达有制约功能，同时对言语接受也有解释功能，低调陈述修辞是利用语境的特点创造性地使用语言，是一种充满创造性的独特修辞活动。①低调陈述修辞要适应语境，这里的语境是个错综复杂的系统，有狭义和广义之分。狭义语境指说话听话时的时空场合或者上下文、前言后语等因素。广义语境包括时代、社会的性质、特点，风俗习惯、文化传统等因素。②低调陈述修辞要适应上下文以及特定的时地因素。如前面所谈的例子“*snacks*”后语是前言的延伸，对其有补充、深化的作用，语义上似乎相互矛盾、显得荒唐，但正是这种相映成趣成就了低调陈述的妙语佳句。③低调陈述需根据交际对象的身份地位组织话语。如“*It's good idea to finish a job*”，在特定场合下，一位同事针对另一同事的微妙心理，用与对方身份地位相宜的低调陈述话语来唤醒他的身份意识。④低调陈述修辞要适应对象。不同年龄、不同文化、不同性别的人对语言表达的反应和要求有差异。相对于青年人的节奏快捷、贴近时代的语言表达特点，中老年人更倾向于质朴、谦逊、蕴藉的语言表达方式。同理，有着丰富和细腻心理的女性，相对于直率、理性的男性，更倾向于委婉、温和、雅致的语言表达。

第十六章

系统功能语言学

以系统功能语言学理论为基础的低调陈述修辞话语分析和以认知语言学理论为基础的低调陈述修辞话语分析是低调陈述修辞话语分析的两个层面，前者是从功能的层面进行分析，注重低调陈述修辞话语分析的社会性；后者是从认知的层面进行分析，注重隐喻、转喻这两种人类认知现象的研究和阐释。两者相辅相成相得益彰，能够全面系统地解读低调陈述修辞话语的产生和理解的心理认知过程。通过展示系统功能语言学对低调陈述研究的可操作性和解释力，论证低调陈述系统功能语言学研究与以往的低调陈述研究之间的内在逻辑，以及系统功能语言学视角相对于其他已有的进路、方法、途径能为低调陈述研究提供新的分析框架（参照：黄国文 2009：857—892）。

16.1 低调陈述研究的系统功能语言学视角

传统修辞研究主要涉及词汇、句法，后来逐渐扩展到篇章。当今的修辞学研究突破传统的词汇学、形态学、句法学的研究范围，将修辞语言的使用维度摆在显要位置，涉及话语分析、语用学、心理语言学和社会语言学等，这种扩展体现了修辞语言研究的原则和宗旨。目前的修辞话语分析主要借助语用学理论，如言语行为、会话原则、礼貌原则、面子理论、关联理论、顺应理论等，但与其他领域的相关研究并未实现整合，修辞话语研究缺乏系统的理论框架。

功能语言学采取的是一种生物间视角，以社会为理论取向，出发点和关注焦点与语言学研究中哲学逻辑学传统不同，将修辞语言视作行为，将各种修辞语言纳入语言理论建构中，把各种修辞语言看成产生意义的资源（参照：Halliday 1973）。

传统低调陈述修辞语言研究以形式语言学为指导原则，重点强调词汇、句法及形态，不关注修辞言语活动所发生的社会语境。系统功能语言学以社会语境为参照，以小句为根本的意义单位，侧重语言的真实使用，对低调陈述修辞话语分析有一定的应用价值。低调陈述修辞话语的系统功能分析以语境和语言层次性框架为参照，从元功能出发对低调陈述修辞话语展开多维度探寻，着重勾勒低调陈述修辞话语的特点。

20 世纪 80 年代，低调陈述修辞语言研究由词汇中心向话语中心转变（Hübler 1984），但由于使用多种语言学理论框架，诸如言语行为、会话原则、礼貌原则、面子理论、关联理论、顺应理论，没有建立统一的低调陈述修辞研究范式，将系统功能语言学作为低调陈述研究的主要理论框架，意义在于：①依据系统功能语言学的“语言—理论”框架，能够将低调陈述修辞的词汇意义、语法进行整合，而不仅是观察彼此孤立的、零碎的、流于表面的低调陈述修辞语言特征；②系统功能语言学的理论价值在于其社会性，运用系统功能语言对低调陈述进行研究，可以回答语言以外的问题，诸如在低调陈述修辞语言中起着关键作用的社会活动；③系统功能语言学以语言使用中的意义为视角，运用系统功能语言学可以分析低调陈述修辞语言使用者作出的选择，那些话语出现于语境中从而获得有意义的选择，以考察低调陈述修辞话语的动态特性。当我们把修辞学作为一种反思社会的途径，关注修辞语言交际及其语境的关系，不仅能将系统功能语言学的社会价值最大化，还能更好地体现人文学科的社会价值（参照：王瑾 2011）。

16.2 低调陈述修辞话语分析的系统功能语言学途径

本节运用系统功能语言学解读低调陈述修辞语言现象及其本质，深入发掘系统功能语言学与认知修辞学结合研究的相关理据，寻找低调陈述修辞话语研究的系统功能语言学途径。拟从语境、元功能和语言层次性三个方面对低调陈述修辞话语进行分析。

16. 2. 1　语境

低调陈述修辞话语是发生在特定的文化和情景语境的一种言语活动，文化和情景语境自然成为中外学者考察和关注的中心，这与系统功能语言学的基本思想——语言是作为社会符号的（language as social semiotic）一脉相通。

根据系统功能语言学，语境分为语场、语旨、语式，语场指交际双方所谈论的内容或所做的事情，语旨指交际过程中所涉及的人以及交际双方之间的关系，语式则指交际双方所采用的交流途径和方式。对低调陈述语境配置进行细致的分析可为识别真实世界的社会语境与低调陈述之间的关系提供系统方法，为揭示分析低调陈述修辞语言现象的特征和本质提供了一个有效的理论基础。一方面通过语境层我们可以预测低调陈述相关语篇的结构和特征，另一方面通过语篇层我们可以构建低调陈述特定语篇产生和使用的语境因素（参照：Halliday and Hasan 1985）。

16. 2. 2　元功能

系统功能语言学认为语言有概念功能、人际功能和语篇功能，由于任何话语或语篇均体现这三种功能，故被称为元功能。这种元功能框架给我们的启示是，低调陈述修辞语言可以表征我们生活的环境以及我们对环境的经验，表征人际交往的经验，也可以将我们的活动和经验组织成有意义的语篇。它包括词汇的选择、参与者角色、通过疑问语气或情态实现人际功能等。系统功能语言学的元功能思想为在情景语境和低调陈述修辞语言赖以生成意义的资源之间建立了联系（参照：Halliday and Hasan 1976）。

16. 2. 3　语言层次性

系统功能语言学将语言分为三个层面：语义层、词汇语法层、表达和语境。依据系统功能语言学，低调陈述修辞话语意义的识解是语言系统这三个层次整体作用的结果。在低调陈述修辞语言的层次系统内，意义是联结形式和语境的中心，语义和词汇语法之间的关系是互为实现或体现的关系。系统功能语言学的语言层次性框架将语境作为总辖，意义作为主导，形式作为辅佐，互为体现作为要领，从而将低调陈述修辞话语分析整合于一个统一的框架，使低调陈述修辞话语分析具有操作性和实用性。

系统功能语言学超越了现代语言学理论脱离现实的弊端，关注低调陈述修辞话语在特定语境中的使用，将低调陈述修辞语言及其社会性整合于语法，对低调陈述修辞话语进行多层面、多维度的系统研究。依照系统功能语言学建立低调陈述修辞话语的分析框架，确保了分析方法的灵活性和操作的合理性。

修辞学研究的是语言活动，而修辞语言活动的主体是有意识、有思维、追求某种修辞效果的人，因此修辞语言的运用同意识息息相关，这是当代修辞学研究的共识。在系统功能语言学视角下的低调陈述修辞话语分析旨在揭示“其然”以及“其所以然”，以利于我们准确识别和理解低调陈述修辞话语资源建构的意义。

16.3 低调陈述系统功能语言学的基本假设

系统功能语言学采取的是社会的、功能的观点，从系统功能语言学角度出发，低调陈述应被看作交际者日常中的语言行为，而不仅仅被看作人脑内的语言能力，系统功能语言学不仅建立了把修辞语言当作社会过程的理论，还发展了一种可以对修辞语言模式进行详细、系统描写的分析方法。用系统功能语言学的“纯理功能”“情景语境”“文化语境”理论范畴为分析框架，关注研究低调陈述修辞的动因、功能、结构（参照：Halliday 1978）。

低调陈述功能方面的研究有两种方式：①提供清单式，总结低调陈述功能的研究，例如 Livingston 等人（1998），Raymond（2000），Allen and Burridge（1991），Herbert and Jennifer（2000），范家材（1992），李国南（2001）指出低调陈述的功能或动因有礼貌、面子、主客观程度的调节、说话人身份转变、话语标记、文化等；②理论模式，例如 Laser-sohn（1999）的标记性模式和 Hübler（1984）低调陈述的会话分析进路。运用第一种方式对低调陈述功能的分类尺度不统一也不能穷尽，同时缺少对低调陈述如何实现功能的分析阐述；第二种方式虽有解释，但过于注重微观语境，忽略宏观的社会语境因素。根据系统功能语言学的纯理功能思想和纯理功能多样化原则关于修辞语言功能的基本假设，低调陈述修辞语言表达概念功能、人际功能和语篇功能，即低调陈述不仅可以反映和建构客观和内心世界、协商和指定人际关系，还可以对信息进行组织。

16.3.1　概念功能

Kate Fox（2004：66—67）把低调陈述规则置于反语之列，认为低调陈述是一种非常英国式的反语，低调陈述根深蒂固于英国人的文化，成为英国人的精神和灵魂。当他们试图说服客户消费时，他们会说“Well，*it's not bad*，*considering*”（总的来看，还不错）；他们倾向于说“Well，*I expect we'll manage somehow*”（我希望我们用某种方式可以做到），而实际意思是“Yes，certainly，not trouble”（是的，当然，没问题）。英国人耳濡目染潜移默化，低调描述“a horrendous，traumatic and painful experience”（可怖而痛苦难忘的经历）为“*not very pleasant*”（不是非常令人愉快）。同样，美国人用冠冕堂皇的“*Peculiar Institution*”来暗示“slavery”，美国南部人常用“*The Recent Unpleasantness*”指所谓的“the American Civil War and its aftermath”，可以说，这类低调陈述出现的动因是概念功能。

16.3.2　人际功能

大多数低调陈述是表达评价意义的隐性策略，如用“nice”表达“any exceptionally delightful object，person or event”之意；用“not unattractive”赞扬一个人的美貌“attractive or even very attractive”；用“no ordinary city”描写“a very impressive city”；用模糊限制语，如：At 16 I was more American than Mexican and，with adolescent arrogance，felt superior to7 these “uneducated” women. I *might* be one of them，*I reasoned*，but I was not like them（16 岁的我更像美国人而非墨西哥人，而且带着青春期的傲慢，自以为比这些“没受过教育的”妇女高出一等。我推想着，我也许是她们中的一员，可是我和她们是不一样的）；用双重否定，如：But it was *difficult not to* like the women. They were an entertaining group，easing the long，monotonous hours with broad humor，spicy gossip and inventive laments（但是，她们着实招人喜爱。她们是一群有趣的人，用粗俗的幽默、下流的闲谈以及别出心裁的悲叹来消磨漫长而单调的时光）。这类低调陈述界定受话者并表达评价态度，其人际功能依赖低调陈述的社会价值得到体现和解释。

16.3.3 语篇功能

低调陈述语篇功能的例子也是比比皆是，1982 年由一架从马来西亚的吉隆坡飞往澳大利亚珀斯的英国航空公司的飞机因火山灰导致四台发动机失常，尽管飞机迅速失去高度，时间紧急，面对惊慌失措的乘客，机长还是镇定自如：“Ladies and Gentlemen，this is your Captain speaking. We have *a small problem*. All four engines have stopped. We are doing our damnedest to get them going again. I trust you are not in too much distress.”（女士们先生们，我是你们的机长，现在有些小问题，所有四台发动机停止运转，我们正在尽我们最大的努力使他们正常，你们不必焦虑痛苦此时此刻。）作为语篇标记的“a small problem”由具有权威的机长发布，成为弱化乘客对危险关注的一个有效策略。

16.3.4 文化语境框架

以往低调陈述功能的、社会维度的研究多数考察的是低调陈述的即时语境，没有关注低调陈述表达背后的意识形态问题。系统功能语言学认为修辞话语有行动取向，有建构功能，因此，低调陈述被看作反映和建构社会意识形态和价值体系的语言行为，应该放到更广阔的文化语境中去考察。我们可以运用话语（discourse）概念描写在历史意义上和文化意义上特定的低调陈述修辞语言资源的使用模式，解释低调陈述如何成为具体语篇意义建构的资源，以揭示特定历史文化语境中低调陈述修辞语言所展示的意识形态和价值观念。低调陈述是英国人特有的幽默，对于英国人来说，幽默原则是他们的文化，几乎与自然法则对等。你很少能看到获奥斯卡奖的英国演员装腔作势和眼泪汪汪地致辞，他们的演讲通常是简短而自尊或者是低调陈述自我贬低的幽默。领袖们感伤的爱国主义，各个民族的作家、艺术家、演员、音乐家、专家以及其他公众人物自命不凡夜郎自大的热切，都会遭到英国人的嘲弄和鄙视。不能领会英国式低调陈述的冷静超凡的乐趣，即使英语说得完美无缺，行为“语法”也会漏洞百出。低调陈述是特定英国社会文化的价值论话语，是被自然化的意识形态。低调陈述幽默的自我嘲讽根深蒂固于英国人的优越自负与精英主义。由此可见，低调陈述可以成为“风趣”“优越”“精英”等的意义建构资源。

16.4　功能语言学视域下的低调陈述信息状态研究

以语言为载体传输的消息内容属于语言学里的信息范畴，这种话语信息包括语义信息、语法信息、语用信息三个子系统。通过语言符号的载体指称世界事物就是语义信息，通过语言符号的中介使消息内容所指称的事物建立起某种关系就是语法信息，而语用信息则是以语言符号为中介明示消息内容所指称的事物对交际过程以及交际者的价值。从功能语言学的角度来说，消息内容的地位和作用不一，有核心信息、边缘信息、主体信息、附加信息、已知信息、新信息，等等。而已知信息和新信息这一对既相互对立又相辅相成的信息被功能语言学认定尤为重要，因为已知信息既是新信息的支持、生发点，又是陆续涌现的新信息的黏合剂，推动着语言表达的进程。

16.4.1　交际动力（communicative dynamism）

功能主义的布拉格学派的代表性人物费尔巴斯（2007）从句子功能视角（functional sentence perspective）提出了交际动力理论。费尔巴斯把语境具化为四类：交际双方共有的经验知识、语言交际正在进行时的直接语境、刚刚出现的上文、当前所说的句子本身。费尔巴斯认为，根据上下文或语境，句子成分有已知信息和新信息两种，一般来说，句子末尾成分的交际功能较大，是被强调重视的部分。费尔巴斯的交际动力理论是用信息论的原理来分析话语或文句，表示句子各部分所传达的信息量。它是对交际过程中话语的动态研究。根据交际动力理论，一个语言单位交际力的大小，取决于该语言单位推动交际向前发展的作用大小。例如：“I can pay the money into any bank account you wish，anywhere in the world. You can also take the money in cash in a suitcase, so it's up to you whether you want to report the income to the tax authorities."

"This is...*not healthy*," Blomkvist stammered. (Stieg Larsson. The Girl with the Dragon Tattoo. New York: Vintage Books USA, 2009. 29)

"This" 指上文所说的直接当面收款不从银行汇款从而可免税，是已知信息，故交际力最小。"is" 交际力居中。"not healthy" 指称上文所提逃税之事与客观世界的不相宜不合适，是待传信息，交际力最大。当然，低调陈述修辞话语中已知信息和新信息的安排与确定，涉及的是话语链推进的内部动力问题，而我们对低调陈述修辞话语的理解需要的是认知策略。如上句，建议者通过这个指称信息可获知对方 Blomkvist 的委婉拒绝信息。

16.4.2 主位推进程序 (thematic progression)

"主位推进程序" 就是描述语篇中复杂的主位关系，Halliday 的功能主义学派归纳主位变化有四种基本模式：简单线性推进程序、连贯主位类型、派生主位推进模式、分裂述位。如 "...*little* did we suspect that the district was so rich in mineral resources"，作为新信息的低调陈述 "little" 是含蓄否定，属于 "不自主" 的 "概念"，因为要同后面的述位结合在一起才能形成完整的表述。

众多学者从三个层面——语法、语义、语用——来分析低调陈述修辞话语现象。认为信息有知识信息和指标信息两类。作为基本信息的知识信息指话语内容，有已知、未知两种；表名词性成分同客观世界联系的为指称信息，包括定指、不定指两种。通过对低调陈述话语的信息状态进行分析，可见主体和述位共同建立起一个信息结构，形成一个完整的主位推进程序。如 "He had five sandwiches and a quart of milk for his *snack*"，已知信息 "five sandwiches and a quart of milk" 起铺垫、基础的作用，而新信息 "snack" 在这样的背景衬托下表现为语义重点。而根据话语内容的知识信息，听话人可揣摩出说话人的揶揄调侃的口吻，幽默而会心一笑。再如 "...and any debts it may owe to the 'Angry Young Man' or 'Kitchem - Sink' traditions are obvious. *Neither* does it dabble in the absure..." "Neither" 作为不完备的已知信息，与 "far from" 一样，都是委婉否定，在推导过程中其内涵意义和感情意义会有增减。

系统功能语言为低调陈述提供一种新的、解释力强的研究视角，通过理论论证和个案分析展示了两个具体的分析框架：纯理功能框架和文化语境框架，探讨这两者之间的逻辑联系，比如从纯理功能多样化原则投射于低调陈述所传播的文化意识形态。修辞研究对普通语言理论有一定的借鉴作用，后者可借前者得以完善，同样，普通语言学理论——系统功能语言学——也能给经验性强、很多分析模式是从有限的语料进行总结的修辞研究领域提供指导，两者是互动的。本节论证系统功能语言学同社会语言学、心理语言学、认知语言学等一样可以成为低调陈述研究的视角。从低调陈述修辞话语的代谢、流变、演进及创新等多个方面探讨低调陈述的变化和积累，低调陈述修辞话语认知生成机理研究从认知过程解释其生成的特殊性和合理性，为修辞研究的新进路提供了十分有价值的理论导向。诚然，任何理论都只是一种认识取向，一种研究策略，无法涵盖川流不息、千变万化的存在经验。迄今为止所有重要的语言学流派均产自国外，在原创性的语言学理论方面我们是空白，如何加强对语言学实践的研究、促进对实践经验的概念化和理论化，是中国语言学界应高度关注和深入探索的问题。

第五编

低调陈述的应用

低调陈述修辞的研究视角从理论性强的语义学、心理学逐渐延伸到应用性强的语用和话语研究。低调陈述修辞研究方向应该体现在对比修辞、翻译、语言教学等应用方面。不同文化背景下人们使用低调陈述的规范有差异，文化规范的不同会在跨文化交际比如翻译中形成障碍，因此，跨文化交际的有效保证取决于对汉英不同文化背景下关于低调陈述使用规范的了解，语用能力的提高是译文准确性的重要保障。此外，低调陈述修辞的使用在不同语体如政治语体、科技语体、文学语体和一般语体中的表现也不尽相同，因此开展低调陈述在不同语言、不同语体之间的对比研究是必要的。低调陈述修辞的使用是一种交际策略，低调陈述修辞的正确运用体现了一种语用能力，因此在外语教学中注重培养学生使用低调陈述修辞的意识，并了解低调陈述修辞的使用原则和机制，可以帮助他们更好地掌握目的语，进行更有效的交际。

第十七章

低调陈述与文体

英语“style”意为“文体”或“风格”，本章通过对语篇中各种低调陈述的分析，论证低调陈述不仅仅是一种修辞手段，还可以作为文体特征展现语篇的主要内容。

17.1　低调陈述可构成一个语篇的文体特征

当我们从一个语篇中发现较多的低调陈述，特别是低调陈述的内涵渗透于整个语篇，渲染语篇的主题时，可以认定低调陈述的使用构成了这个语篇的文体特征。

Rose Del Castillo Guilbaut（罗兹·德尔·卡斯蒂罗·盖尔保）回忆他少年时为圆自己上大学的梦而努力挣学费，连续几个暑期与拉美裔的季节性女工一起在蔬菜包装棚工作的经历，全篇充满着含蓄内敛的低调陈述，展示作者如何从起初的不愿意与她们为伍的高傲冷漠，到后来在与她们相处中慢慢产生的喜爱与尊重，直至最后打工结束，即将奔赴大学时的恋恋不舍。例［1］运用比较句，或是低调表达在传送带上拣选西红柿工作的乏味，或是含蓄说明作为第一代美国公民的作者自己已完完全全同化，或是在描述墨西哥女工健谈有趣的性格时淡化掩饰自己的喜爱；例［2］运用双重否定弱化肯定语气；例［3］用虚拟语气达到含蓄否定之意；例［4］中的情态动词和模糊限制语都是用来淡化掩饰肯定语义；例［5］是把傲慢情绪的消失比作冰雪融化的隐喻式低调陈述。

［1］a. The work was *more tedious than* strenuous paid better. Best of all, you weren't subjected to the elements.（这些妇女中大多数是从

地里干活开始的。在蔬菜包装棚里干活已是上了一个台阶，比断人腰背的田间活要轻松一点。这活儿与其说是繁重，倒不如说是乏味。）

b. At 16 I was *more American than* Mexican and, with adolescent arrogance, felt superior to these "uneducated" women. （16 岁的我更像美国人而非墨西哥人，而且带着青春期的傲慢，自以为比这些"没受过教育的"妇女高出一等。）

c. But it would have been *easier* to tie the women's tongues in a knot *than* to keep them quiet. Eventually the ladies had their way and their fun, and the men learnt to ignore them. （可是，把那些妇女的舌头打个结容易，禁止她们说话就难了。最终，女人们想怎样就怎样、想开心就开心，男人们也只得听之任之。）

[2] a. It was *not unusual* to work from 7 A. M to midnight. I never heard anyone complain about the overtime. Overtime meant desperately needed extra money. （从早上 7 点干到午夜时分是常有的事。对这种加班，我从未听谁抱怨过。加班意味着能挣到更多急需的钱。）

b. But it was *difficult not to* like the women. They were an entertaining group, easing the long, monotonous hours with broad humor, spicy gossip and inventive laments. （但是，她们着实招人喜爱。她们是一群有趣的人，用粗俗的幽默、下流的闲谈以及别出心裁的悲叹来消磨漫长而单调的时光。）

c. But real life is anticlimactic. As it was, *nothing unusual* happened. The conveyor belt's loud humming was turned off, silenced for the season. （可是，现实生活却令人扫兴。实际上，那一天一切如常。传送带"嗡嗡"的轰鸣声停止了，为整个季节画上了句号。）

[3] a. I was not happy to be part of the agricultural work force. I *would have preferred* working in a dress shop or babysitting, like my friends. But I had a dream that would cost a lot of money – college. And this was the highest – paying work I could do. （成为农

业劳动大军的一员，我并不开心。我更情愿像我的朋友们那样在服饰店里上班，或是为人照看小孩。可是，我有一个要花一大笔钱才能实现的梦想——上大学。而这件工作就是我能干的报酬最高的活儿。）

b. Pragmatic Minnie, a tiny woman who always worn printed cotton dresses, scoffed at Marie's stupidity, telling me she *wouldn't have* so many kids if she *had gotten* her tubes tied!（务实的明妮是一位总是穿着印花棉衣裙的瘦小女子。她嘲笑玛丽亚的愚蠢，跟我说如果她的输卵管做了结扎手术，她就不会生那么多孩子啦!）

c. The last day of work was splendidly beautiful, warm and sunny. If this *had been* a movie, these last scenes would have been shot in soft focus, with crescendo of music in the background. （最后一个工作日那天天气极好，温暖而又阳光明媚。如果是拍电影，最后这些场景应当以柔和的软焦点来拍摄，而背景音乐的旋律应该渐行渐强。）

[4] I *might* be one of them, *I reasoned*, but I was not like them. （我推想着，我也许是她们中的一员，可是我和她们是不一样的。）

[5] My icy arrogance quickly *thawed*, that first summer, as my respect for the conveyor - belt ladies grew. （在那第一个夏季，随着我对传送带女士们尊重的加深，我心中冰冷的傲慢迅速融化了。）

再以现代电视剧《琅琊榜》为例，使用低调陈述是其文体特征之一。有着江湖至尊地位的江左盟宗主梅长苏，看似不经意间的低调言辞充满着睿智与历练。当朝国舅言阙言侯爷性情淡泊耿直，说话有条不紊，处事张弛有度，神情漫不经心却又老练凝干。以下他们之间的话轮反复使用修辞问句、条件状语从句、情态动词等含蓄表达。

[6] 侯爷：如今太子幽闭，誉王殿下终于如愿以偿，春风得意，怎*么看上去气色反倒不好了呢?*（修辞问句隐含讥讽疑惑。）

侯爷之子言豫津：苏兄是旧疾，一入冬就会犯。

侯爷：先生如此年轻，竟然会落下旧疾。

梅长苏：正因为年轻，不懂得保养，让侯爷操心了。

侯爷：真是难为苏先生了，身体不适，却还要在年关将至，出来替誉王殿下走动，真是辛苦了。

梅长苏：刚刚侯爷说誉王殿下春风得意，此话可是出自真心？

侯爷：*如何不真？*（修辞问句否认对方。）

梅长苏微笑答：侯爷在朝廷之上数十载，除了胆略，这眼力也是无人能及。*如今誉王的情形如何，旁人看不出来，难道侯爷，您也看不出来吗？*（修辞问句含蓄表达侯爷应该能够看出来的肯定语义。）

侯爷：太子倒了，誉王殿下觉得寂寞，想要另寻对手。

梅长苏：侯爷慧眼。

侯爷：苏先生，你当初出手相救的恩德一直都在。可是我说过，誉王和太子一样，并无二致，我谁都不会帮。希望苏先生，不要忘记我说过的话。

梅长苏：侯爷当初说的话，苏某自然记得。只是此一时彼一时，如今形势大改，誉王现在真正的对手早已不是太子。

侯爷：我不会帮助誉王去对付太子，我更不会帮助誉王去对付靖王。

梅长苏：*我话还没说完，侯爷怎能断定我今天来请你相帮的就是誉王呢？*（修辞问句含蓄否定侯爷猜忌。）

侯爷：*难道不是让我帮着誉王去对付靖王？*（修辞问句含蓄肯定自己判断。）

豫津：苏兄来拜访父亲，难道是想让父亲相帮靖王吗？

面对侯爷的疑问眼神，梅长苏语气坚定地询问：*侯爷可愿意？*（答非所问，含蓄肯定豫津问话。）

侯爷缓缓拿起茶盅，一饮而尽，思忖片刻，眼神犹疑：朝局混乱，后宫凶险，人心叵测，陛下偏私，在此情形之下，靖王对誉王并没有胜券。我安居府邸，好歹算是一个富贵闲人，你却让我卷入一场并没有胜券的争斗当中。

梅长苏淡定从容：是。

侯爷：当今的皇后是我胞妹，誉王是皇后的养子，你让我帮着靖王去对付誉王，于情理不合。

梅长苏：确实如此。

侯爷：不合情理又无胜券可握，先生何以提出如此要求呢？

梅长苏：侯爷，您可愿意？

侯爷长吁一口气，微闭双眼，沉思良久吐出：愿意。

梅长苏双手合十：多谢侯爷首肯！

侯爷：我刚才做的选择，先生并不觉得意外。

梅长苏：侯爷出身簪缨世家，当年风云烈烈，叱咤天下，一腔热血，又怎么会变得冰凉呢？（修辞问句委婉肯定：年轻时帮助梁帝打下天下，后又帮助靖王登上皇位的言氏一族风姿。）

侯爷：血虽未冷，心却已寒。

梅长苏点头理解：正因为侯爷对皇上、太子和誉王心寒，我才知道，您一定会答应的。

侯爷询问儿子意见：豫津。

豫津心领神会，表达理解和支持：父亲，朝局如何孩儿并不明白，但孩儿毕竟是言氏家学出身，能分善恶，能辨是非。至于父亲为何答应苏先生，孩儿心里已明白。

侯爷提醒：今日我虽做了如此抉择，但日后成败尚不可知，如遇什么凶险之事，你我父子二人血脉相连，难免会连累到你。

豫津心领神会，表达理解和支持：父亲，既是血脉相连，又何必谈连累二字？父亲做任何抉择，孩儿都会跟随，绝不后悔。

梅长苏：言氏一族，出过三位帝师、两位宰辅，有些事情已经侵入骨髓。所以无须言表。豫津，你虽未涉朝局，但是你的眼界和胸襟，却非常人可比。侯爷请放心，苏某定当全力，不让二人陷入危局中。

侯爷：君子一诺，生死相随，别的不足挂齿。有什么需要我去做的，先生请讲。

梅长苏：如今靖王与誉王相争的局面已然明朗，只怕朝堂之上人心浮动。按照靖王的心性，定然不愿意与誉王各分阵营，党同伐异徒增大梁的内耗。但是……

侯爷：我懂，靖王虽然不愿意结党，但朝臣各自有各自的想法，应该及时地了解。眼下年关将至，正是各府走动之时。如果靖

王和苏先生有什么不方便出面的，我自会代二位探查一下。（虚拟条件状语从句委婉表示意愿。）

梅长苏：若论这明察秋毫识人断物的本事，言侯无人能及。靖王得到您的帮助，必定大有助益。

侯爷：先生过奖了，先生坐于此，我刚才却观之不透啊。本侯想问一句，苏先生可是当年祁王府的旧人？

豫津惊诧地看着梅长苏，疑惑不解：父亲，怎么会突然这么问呢？苏兄怎么会是祁王府的旧人。祁王府十多年前不就已经……

侯爷：是，刚才的问话的确有些唐突，*可是我实在想不出来，先生还有什么别的理由可以出手相帮靖王*。（修辞问句正话反说，含蓄表示心中疑问。）

梅长苏：*为名为利，岂不都是理由*。（正话反说，含蓄内敛。）

侯爷摇摇头，答道：我与先生虽然只有两面之缘，可是以我的观察，*名利二字太小，绝非是先生的格局*。（正话反说，含蓄否定。）

梅长苏：侯爷过奖了。

侯爷：江左盟威名立于江湖之上，梅宗主自有梅宗主的傲气，名利之诱，皇权之威，自然不会被你放在眼里，我细细想来，*这只有可能是因为过去的渊源*。（情态动词减缓肯定语气。）

梅长苏答非所问，似答非答：我曾经是一位仰慕皇长子的少年，立志投身于祁王府，时至今日旧志不改，才有了现在的梅长苏，如此而已。

侯爷点头称是，双手合拢致歉：往事如烟，不宜追之过甚。我刚才也是随口一问，请先生不必挂怀。

这段对话发生在朝中局势发生巨大变化之时，太子被废，靖王上位，誉王与靖王相争的局面已然明朗。年关将至，梅长苏在身体不适的情况下出门替靖王走动恳请言侯爷帮助靖王探查朝臣心思。而此时的言侯爷，终究在自己“一腔热血”的感召下答应了梅长苏，愿助他们一臂之力。梅长苏的一句“侯爷，您可愿意？”侯爷的一句“我愿意”，都是不卑不亢、睿智决断。聪明人之间的对话，无须过多解释与说辞，就可洞悉一切。

［7］高公公频繁咳嗽，引起晋王后关注。

晋王后：高公公，您年事已高，该多加件衣裳。您看，起风了。

高公公：不，不是起风了，*是在这宫墙内，这风从来就没停过*。

高公公是个外圆内方的人，在第一集里不着痕迹地让皇上召见靖王就有体现。这句低调表达在宫墙内充满着国仇家恨、兄弟相阋。

Judith Wright（1975）对诗歌声调进行分析时指出《露西之诗》"Three Years She Grew in Sun and Shower"（"她在雨露和阳光中成长了三年"）的力量就在于使用低调陈述修辞语言。《露西之诗》用了复杂对立的文字和情绪来描写露西和大自然的关系，作者运用轻描淡写的语言操纵观点，使得该诗歌成为思想与修辞象征的有机融合（the poem is an organic fusion of idea and embodiment）。

17.2　低调陈述可构成作家文体风格的特征

当一位作家在多部作品中讲究低调陈述的使用时，便构成一位作家的文体风格特征。比如钱钟书《围城》（1947）里充满着各种低调陈述，被誉为"现代的《儒林外史》"的《围城》中刻画了一大批三四十年代的知识分子形象。作者或是用隐喻式的低调陈述如例［8］和例［9］，或是用修辞问句正话反说如例［10］。

［8］张太太上海话比丈夫讲得好，可是时时流露本乡土音，*仿佛罩褂太小，遮不了里面的袍子*。

［9］苏小姐因为鸿渐今天没跟自己亲近，特送他到走廊里，心里好*比冷天出门，临走还要向火炉前烤烤手*。

［10］苏家园里的桃花、梨花、丁香花都开得正好，鸿渐想现在才阴历二月底，花已经赶早开了，*不知还剩些什么，留作清明春色*。

钱钟书（《旧文四篇》，1979）认为"比喻正是文学语言的根本"。钱钟书（《〈宋诗选注〉序》，1958）主张文学作品应该"曲传人物的未吐露的心理"，他尤其擅长以情节曲传心理。比如《围城》结尾处（第

359 页）那只著名的祖传老钟，方鸿渐的爸爸作为结婚礼物送给儿子儿媳的宝贝钟，*每小时“只慢7 分钟”的“很准”的钟*，这会儿已经慢了 5 个钟头的钟：这个时间落伍的计时机无意中包含着对人生的讽刺和感伤，深于一切语言、一切啼笑。主人公方鸿渐面对现代社会残酷的生存竞争和严重的精神危机而缺乏与之对抗所应有的理性、信仰、热情和力量，当他留洋归来，应邀回母校作关于“西洋文化在中国历史上之影响及其检讨”的学术报告，在县省立中学作演讲时，鸿渐说只有鸦片和梅毒在中国社会里长存不灭，使记录的女生“涨红脸停笔不写，*仿佛听了鸿渐的最后一句，处女的耳朵已经当众丧失贞操*”。耳朵失去贞操是因为耳朵进了污秽之言，这种换位的应用—变抽象为具体，采用了以虚为实的手法。再如：第一章中“孩子不足两岁，塌鼻子，*眼睛两条斜缝，眉毛高高在上，跟眼睛远隔得彼此要害相思病*”将眉眼间的距离比作离得远了害相思病，将具体的感觉用抽象的物象来比喻，钱先生的文字技巧可谓炉火纯青。

西方作家 Jane Austen（简 · 奥斯汀）在她的作品中通过使用低调陈述，世事洞明人情练达，用最精湛的语言展现对人性的最透彻理解，创造出自己独特的文体风格，产生幽默嘲讽的效果。比如《傲慢与偏见》(1999) 体现作者低调掩饰的文体风格。我们从电影《成为简 · 奥斯汀》中也能窥见一斑：无数对话都运用低调陈述修辞手段。

［11］a. 男主角动情向奥斯汀表白：*如果我们不能在一起，生活还能有什么意义？*

修辞问句含蓄表达男主角对奥斯汀的爱情信仰。

b. Jane's mother 被凌晨简的钢琴声惊醒后喃喃自语：Oh，dear me! That girl needs a husband. *And who's good enough*? Nobody.（但有谁配得上她呢?）

修辞问句显示英国式淡化。

c. Jane's mother：I have shared your bed for 32 years and perfection is *something* I have not encountered. （我和你共榻 32 年了，从来没有发现你有什么完美的地方。）

代词“something”含蓄否定。

d. It is secured by soft attraction，virtuous love and *quiet* in the early morning.（这些职责包括有温柔关爱，真挚情感以及在大清晨保持安静。）

简的父亲是牧师，他委婉含蓄地批评简大清早弹钢琴影响了他人休息。

美国诗人和记者珍妮·罗伯特·福斯特（Jeanne Robert Foster）作品描述了美国从一个小的农村社区向城市发展的转变时期的利与弊（Her work glosses both positive and negative aspects of America's shift from a nation of small, rural communities to one of urban development），她的诗歌体现了一种现代思潮，即运用大量的低调陈述表达意象。基于此，全面评价和分析珍妮作品的学者 Fagan 将她的作品定位于区域主义和现代主义的结合点（参照：Fagan 2002）。

俄罗斯符号学诗人、小说家、剧作家、散文家费多尔·索洛古（Fedor Sologub）是第一位在俄国散文中引入欧洲诗学的病态悲观因素的作家。费多尔在他的叙事抒情诗中频繁运用低调陈述或反语之类的修辞叙述主人公如何通过欲望、激情、越轨和反叛来维护个人意志，以及又如何放弃自己的意志并听天由命的历程，从而探索无数的命运和“经验的面具”（explore numerous destinies and “masks of experience”）（参照：Peters 1996）。

《贝奥武夫》（*Beowulf*）是迄今为止发现的英国盎格鲁—撒克逊时期最古老、最长的一部较完整的文学作品，也是欧洲最早的方言史诗，被称为欧洲文学的三大英雄史诗之一。这首诗通过句法、形态和语境来实现低调陈述，语境下的反叙是最普遍的（The poem achieves understatement, through syntax, morphology, and context, with contextual litotes the most pervasive）。作者喜欢运用低调陈述的反叙，意在强调人物对社会习俗的期望以及这些期望的失败（Litotes underlines both the characters' expectations of social conventions and the failure of these expectations）。比如说把“战斗”弱化为“刀枪游戏”，把“战胜征服”淡化为“剥夺了喝蜂蜜酒的席位”（参照：Harris 1988）。

20 世纪最卓越的儿童文学家、教育学家 Dr. Seuss（苏斯博士 2013）也是善于运用低调陈述、夸张和反语之类的修辞表达意象，因此苏斯博士的作品需要逐字逐句细致阅读。这也可以解释为什么他的作品被美国教育部指定为重要阅读辅导读物，他本人获美国图画书最高荣誉凯迪克大奖和普利策特殊贡献奖，以及奥斯卡金像奖和艾美奖。

17.3 低调陈述可构成某些体裁文体特征的要素

低调陈述功能主要表现在：①能描写在一些场合难以启齿的经验和事物；②能在看来互不相关的不同事物之间建立新的联系，引起读者遐想和思考；③能产生幽默嘲讽效应，人类对物欲的贪婪，在现实生活中获得讥讽般的写照；④能表达逻辑上看来不可能的超现实主义的幻想。故而低调陈述常常构成政治文体（如新闻报道）、科技文体（包括说服性的议论文）等文体风格特征的要素。

17.3.1 政治新闻报道

持续9年多，超过9000美军官兵丧生，5.6万人受伤，被世人称为“浪费钱的战争”的伊拉克战争使全球经济蒙上了一层不确定的阴影，对正从低谷中艰难走出的世界经济形势产生消极影响。虽然美国达到了“倒萨控伊”的军事目标，但是从战略全局——政治、军事、经济、社会、道义等综合角度看，美国其实在很大程度上失败了。这也是为什么美国前任总统奥巴马评价伊拉克战争的终结是结束了“美军历史上最不*同寻常的篇章之一*”，含蓄表现自己对伊拉克战争的反对立场（人民网2011）。

[12] Three of my friends were killed in the last three weeks in Chicago. *That certainly isn't conductive to peace of mind.* (Al Capone)
（在上三个礼拜里，我的三个朋友在芝加哥被杀害了。这件事肯定无益于我心中的宁静。）

新闻报道中记者用反面否定，反面否定实际上是一种间接肯定。从事物的大小、力量、结果角度来强调事物的不重要，即弱化事物的重要性。

[13] "Why do you want to be President?" kennedy was asked in the summer of 1960.
"Because *that's where the power is*," he replied.

面对记者的提问，肯尼迪这种委婉暗示的回答方式显得有策略和有深度。

外交谈判在内容上往往会涉及一些较为敏感和尖锐的国际冲突或争端。因此，在谈判过程中，为了捍卫各自国家的立场和利益，外交人员有时不可避免地会提及一些令对方不快的话题。针对这种现象，Nicholson（1950）最先提出了谨慎性保留陈述（Guarded understatement）的概念。在他看来，所谓谨慎性保留陈述指的是外交人员所使用的，使他们得以在谈及尖锐话题时保持风度，不至于失礼和失态的语句。彭鸿和彭晓东，在其著作《外交英语》（1999）中，发展了谨慎性保留陈述的概念。一方面，他们强调了谨慎性保留陈述的重要性，将其列为外交语言三个外延中最重要的一个。另一方面，在他们看来，谨慎性保留陈述实际上是使用于外交语言中的委婉语的一种形式。

Ferrario（2003）在讨论老年人报刊中的礼貌话语中指出：为了消除老年消极定型观念（erasure of negative stereotypes of old age）或使老年生理心理问题最小化（minimization of the physical and psychological problems of aging），作者会选择使用礼貌的低调陈述轻描淡写描述疾病（understatement of illness is described），避免直接提及死亡（the avoidance of direct references to death）。Stuttaford（2004）研究在中国东北被土匪杀害的记者兼旅行者加雷思·琼斯的笔记本和报刊剪辑时，发现他从 1930 年开始访问苏联，当苏联当局否认数百万公民在共产主义统治下死于饥饿的事实时，琼斯则指责政治审查制度使记者成为委婉语和低调陈述修辞的大师（censorship had turned journalists into masters of euphemism and understatement）。比如他们给“饥荒”起了个礼貌的名字“食物短缺”，“饥饿致死”被理解为“因营养不良而引起的广泛死亡”（［They］give “famine” the polite name of “food shortage” and “starving to death” is softened down to read as “widespread mortality from diseases due to malnutrition”）。Whitman（1996）在“美国新闻与世界报告”中探讨美国人的生活态度和美国的社会政治健康时，就指出美国人的盲目乐观（most Americans believe that they are okay，but that others are bad or troubled），对于地方问题的报道总是倾向于轻描淡写的低调陈述。再看下面的例子：

［14］During last year's Central Park Bicycle Race，five of the racers were attacked and had their bikes stolen while the race was in progress. This is *something of* a handicap in a bicycle race. (Caskle Stinnett)(在去年的中央公园自行车赛中，五位参赛者受到袭击而且他们的自行车被盗走，这对自行车赛的顺利进行多少是一种妨碍。)

这是记者报道赛事时，选用“something of”这样的低调陈述来委婉审慎地表示一种麻烦，既可以避免刺激自行车赛的组织者，又可以防止让人感觉有幸灾乐祸之嫌。

[15] There was *a slight disturbance* in the Soviet Union last year, which caused the disintergration of the country.(去年苏联出了个小乱子，导致这个国家解体。)

把重大的政治动乱说成是出了点小乱子，这种含蓄的轻描淡写给人造成极其强烈的印象。

17.3.2 科技文体(包括说服性的议论文)

Halliday(1973)认为语言学著作中也会不时选用含蓄谨慎的低调陈述来阐述自己独到见解，而忌用其他诸如夸张性的语言。比如“Since these ‘relations’ form ‘part of the semantics of a language’, *they do not* ‘*fit exactly into non – linguistic logical categories*’”；或“*it is not always possible to say* exactly what is ‘metaphorical’”；或“although since the latter derive from natural language in the first place there will obviously be *a close resemblance*”；或“it is *always possible* to analyse such clauses in non – metaphorical terms”。再如：

[16] There is *no* surgical patient I *can't* treat competently.

否定之否定表示“I can treat every patient competently”的语义。双重否定是通过否定明确谬误从而间接提出自己的观点，在学术论述中使用频率极高，是学者谦逊的表现。

《21世纪大学英语读写教程》第三册中的议论文《赞美之词的魅力》(There is magic in a word of praise)的作者Fulton Oursler在表达自己观点的时候，频繁使用修辞问句、代词、委婉肯定或含蓄否定、情态动词、双重否定等低调陈述手段，论证人们需要鼓励和肯定以维护双方面子，语气委婉弱化，从而达到说服人们的目的（翟象俊、张增健、余建中 2013：2）。

［17］a. Children especially are hungry for reassurance, and *the want of* kindly appreciation in childhood can endanger the growth of character. A young mother told the Reverend A. W. Beaven of a heart - aching incident: "My little daughter often misbehaves and I have to rebuke her. But one day she had been especially good, hadn't done a single thing that called for reprimand. That night, after I tucked her in bed and started downstairs, I heard her sobbing. Turning back, I found her head hidden in the pillow. Between sobs she asked, '*Haven't I been a pretty good girl today*?'"（孩子们尤其渴望鼓励。童年时如果得不到善意的赞赏，将会危及性格的发展。一位年轻妈妈向 A. W. 比文牧师讲述了一件让人伤心的事："我的小女儿常常不听话，我不得不批评她。但是有一天，她特别乖，没有做一件会挨批评的事。当天晚上，我给她盖好被子、准备下楼时，听见她在抽泣。我走回去，发现她把头埋在枕头里。她一边呜咽一边问：'难道我今天还不够乖吗?'"）

名词"want"含蓄否定，修辞问句委婉表肯定语义"I am a pretty good girl"，"pretty"等于"very"语义。

b. Next day, when customers reported his rival's attacks, the new druggist said there *must be* a mistake *somewhere*. "Pyke Barlow," he told them, "is one of the finest pharmacists in this town. He' ll mix emergency prescriptions any hour, day or night, and the care he takes with them sets an example for all of us. This neighborhood has grown—*there's plenty of room for both of us*. I'm taking his store as the pattern for mine."（第二天，当顾客们告诉他他的对手在讲他坏话时，这位新药剂师说，一定是哪里发生误会了。"派克·巴洛，"他对他们说，"是这个镇上最好的药剂师之一。他能在任何一刻、任何一天或任何一晚配出急救药方。他的细心是我们所有人学习的榜样。这个街坊已经扩大了—有足够的空间同时容下我们

俩。我把他的药店当作我学习的典范。")

情态动词"might"和代词"somewhere"降低肯定语气，最后一句"there's plenty of room for both of us"委婉表示愿望，低调表达两人应该合作而不应该互相诋毁。

c. *Why do most of us leave unuttered some pleasant truths that would make others happy*? "A rose to the living is *more than* sumptuous wreaths to the dead."（为什么我们大多数人对于那些能让其他人高兴的事实避而不提呢？"给生者一朵玫瑰，其意义远远胜于送给逝者华丽的花圈。"）

修辞问句和比较句都是委婉肯定。

d. I had put her to bed *without* one word of appreciation.（我哄她睡觉时连一句称赞的话都没有。）

介词委婉否定。

e. A charming old gentleman used to drop in at an antique shop near Conway, New Hampshire, to sell merchandise. One day after he left, the antique dealer's wife said *she wished they had told* him how much they enjoyed his visits. The husband replied, "Next time let's tell him."（一位风度翩翩的老绅士以前常常顺路去新罕布什尔州靠近康韦的一家古董店里推销商品。有一天，等他走了以后，古董商的妻子说，她很想告诉他他的来访给他们带来了很多乐趣。丈夫回答说："下一次我们告诉吧。"）

虚拟语气委婉表达否定含义。

在文章《写信的美好冲动》（"The Gracious Impulse to Write a Letter"）里，作者 Donald Culross Pettie（唐纳德·卡尔罗斯·佩蒂）为了论证给帮助过你的人及时写一份感谢信的意义，频繁运用修辞问句委婉否定或双重否定达到正话反说目的，在委婉劝说的同时保持审慎的态度（翟象俊、张增健、余建中 2013：17）。

[18] a. *Was anyone even busier than Abraham Lincoln*, *or was there anyone who should have grown more sick of the onerous weight of correspondence*?（有人比亚伯拉罕·林肯更忙吗？或者说难道

有人比林肯更应该厌倦于繁重的信件来往吗?)

b. But I *cannot refrain from* tendering you the consolation (抚慰) that may be found in the thanks of the republic they died to save. (但是我禁不住要向您表示慰问，这种慰藉也许也体现在他们誓死保卫的共和国对您的感激之中。)

c. There is *no reason* why, if you have something friendly to say, you *shouldn't say* it in a letter, even to an exalted personage whom you have never met. And its results can be momentous for you. (如果你有一些友善的话要说，没有理由不在信里表达，哪怕对方是你素未谋面的大人物也一样。对于你来说，其结果可能会非同寻常。)

双重否定含蓄肯定。

d. But *no flowery style is required.* Your friends want to hear from you in your own characteristic style. *No rhetoric takes the place of sincerity.* (但是，写信不需要华丽的辞藻，你的朋友们想读到你特有的风格，没有任何花言巧语能取代真诚。)

正话反说，暗示发自肺腑的真诚感谢最重要。

文章《你当然有创造力》(“Of Course You're Creative”) 的作者 Michael Drury 为了表达自己见解，频繁使用虚拟条件状语从句、比较句、含蓄否定等低调手段，既达到了自己论证意图，鼓励人们开发自己的创造力，又表现出良好的教养，令他人易于接受（翟象俊、张增健、余建中 2013：28）。

[19] a. She was a woman with *little* education except what she had taught herself, out of need and love and high courage. (除了出于需要、爱心和巨大的勇气而自学的那点知识，她是个没有接受过多少教育的女人。)

“little” 含蓄否定。

b. He made two hundred attempts *before* he produced a telescope that satisfied him. (他尝试了两百次才制作出一架自己满意的望远镜。)

连词“before”含蓄表示否定含义：没有两百次尝试就不会制作出一

架自己满意的望远镜。

c. *Beyond* the longing to do or make something to give our feeling form and substance comes the rough work of discipline—a word we don't care much for these days. And yet it is *more* truly in the small, daily, moment - by - moment discipline that creativity can be seen *than* in the crowning triumph. （除了想做一些实事来落实我们的感受外，还需要艰苦的、循规蹈矩式的工作——“循规蹈矩”一词如今我们已经不太在意了。然而事实上，创造性却体现在细微的、日常的、时时刻刻的磨炼中，而不是在成功加冕的时刻。）

介词“beyond”和比较句“more…than…”都是委婉表达语义。

同样如此，论文《合适的期望与过高的期望》（“Right expectations Vs high expectations”）的作者 Rosanne Liesveld and Jo Ann Miller 也频繁使用虚拟语气、含蓄否定、情态动词等低调手段，在淡化语义的同时还可以防止语气过于强硬（翟象俊、张增健、余建中 2013：56）。

[20] a. For most of our activities, these routines are indispensable. *Without* them, our lives *would be* in chaos, and we *wouldn't* get much accomplished. *If you* got up this morning and started contemplating the bristles on your toothbrush or questioning the meaning of toast, you *probably wouldn't* make it to work. （对于大部分的活动来说，这些常规是必不可少的。没有这些常规，我们的生活会混乱不堪，我们也不会有大的作为。假如早上起床便开始思考牙刷上的刷毛、质疑烤面包的意义，你也许连班都没法去上。）

双重否定和虚拟语气以及虚拟条件状语从句都是弱化语义。

b. Another high expectation is that a student who *can't* run around the block *without* lying down will win the Phys. Ed. Olympics. The right expectation *might be* that she will get more exercises at home and improve her speed by 20%. （另一个期望过高的例子是：有个途中不休息就无法绕街区跑一圈的学生想在体育奥林匹克运动会上取胜。合适的期望也许是：她将

在家里做更多的锻炼，把速度提高20%。）

双重否定和情态动词的使用都是弱化语义。

c. The problem with high expectations is that they can be mistaken for impossible standards, even by educators, and especially by students. *Rather than* inspiring students to greatness or encouraging them to achieve, those impossible expectations doom students to failure. This approach is *hardly* conducive to learning, and it can *erode* young students' self – esteem. （过高期望带来的问题是，这些期望甚至可能被教育者自己（更不用说学生了）误认为是不可能达到的标准。这些无法实现的期望不会激发学生努力向上，也不会鼓励他们奋发进取，相反，只会给学生招致失败。这种方式对学习毫无益处，徒然挫伤学生的自尊心。）

“rather than”和“hardly”都是含蓄否定，“erode”是隐喻式低调陈述，表达“学生自尊心如同铁生锈一样会遭到损害”的语义。

段义孚出生在中国，在美国加利福尼亚大学伯克利分校获博士学位，在美国多所大学担任文化地理学教授，在其文章《中国人的住所，美国人的空间》（“Chinese place, American space”）中，作者探讨中美文化差异，阐述鲜为西方人所知的中式房屋和中国传统价值观，不断采用温婉的低调陈述修辞手段：代词、模糊限制语、含蓄否定，避免言论犀利，令读者易于接受（翟象俊、张增健、余建中2013：158）。

［21］a. When we criticize American rootlessness, *we tend to forget* that it is a result of ideals we admire, namely, social mobility and optimism about the future. When we admire Chinese rootedness, *we forget that* the word “place” means both a location in space and position in society: to be tied to place is also to be bound to one's station in life, with *little* hope of betterment. Space symbolizes hope; place, achievement and stability. （当我们批评美国人的“无根性”时，往往忘了这正是我们所推崇的理想带来的结果，即社会的流动性和对未来的乐观态度。当我们赞许中国人的“扎根性”时，却忘了“处所”一词既表示

空间位置，也表示社会地位：被束缚于某一处所也就意味着受制于人生的某种定式，很少有改观的希望。空间象征着希望，而处所则代表着固有的成就与稳定。)

反话正说，含蓄批评指责。

b. In recent years, however, the notion of the melting pot has been criticized, especially as it *might* apply to new immigrants to the United States. In the melting pot, the original metals lose some of their original characteristics, and many new immigrants to the United States, as well as many people who are already here, *do not feel* they should be required to change. *They believe* that they can contribute to the United States, belong to the United States, and be citizens of the United States while still keeping some of their culture, beliefs, and even language that they brought with them. (然而,"大熔炉"这个概念近年来已经受到了批评，尤其是在用于描述美国新移民的情况下。在大熔炉中，原来的金属失去了一些本身的特征。然而，无论是新移民还是已经在美国这片土地上落地生根的人，都认为自己并不需要作出什么改变。他们认为，自己一方面可以为美国做出贡献，作为美国公民属于这个国家，另一方面仍可保留自己的文化、信仰，甚至继续使用带来的母语。)

情态动词"might"减缓肯定语气，模糊限制语"feel"和"believe"都是低调表达"think"语义。

c. It is not certain that either of these two metaphors is correct for the modern United States. The salad bowl metaphor is easy to apply to new immigrants who have not learned English or accepted all the cultures and beliefs common to the United States. *Rarely*, by the way, have non – English – speaking immigrants learned English very well. Their children—the first generation Americans—have, but it is almost impossible for adults to learn a new language as well. Because the immigrants have difficulty assimilating completely, they are often accused of being unwilling to change or assimilate, to participate in the melting pot. Over the history of the United States, new immigrants have frequently been accused of not being "American enough." Time shows that their children do assimilate, however. The great - grandchildren of the immigrant from Lebanon *probably feel* no strong connection to *their past*. Then they are part of the United States now, a United States in which it is possible to distinguish many types of people but in which most of them live and work together fairly well. (这两种比喻哪一种更能准确地描述美国的现状，我们不得而知。"色拉盘"这个比喻适用于不会说英语且尚未接受美国基础文化和信仰的新移民。此外，母语不是英语的移民很少能学好英语。他们的子女，即第一代美国公民可以做到，但成年人学习一门新的语言，不可能和孩子学得一样好。由于新移民在同化过程中会遇到困难，他们往往被指责不愿意为加入这个大熔炉而做出改变或接受同化。纵观美国历史，新移民往往被指责"不够美国化"。然而时间表明，他们的子女确确实实被同化了。来自黎巴嫩的移民的曾孙辈不会觉得与过去有多大联系，现在他们是美国的一分子。在这个国家中，可以区分很多种不同的人，但是人们绝大多数都一起和谐地工作生活着。)

副词"rarely"是委婉否定，模糊限制语"feel"减缓肯定语气，名词"their past"婉指"their country or ancestors"。

17.3.3 文学作品中的低调陈述

文学作品中，低调陈述是常用辞格，这样的例子比比皆是。

[22] I have to have this operation. It isn't very serious. I have this *tiny little tumor* on the brain.

美国作家 Jerome David Salinger（杰罗姆·大卫·塞林格 1991）的《麦田里的守望者》（*Catcher in the Rye*）是 20 世纪美国文学的经典作品之一。主人公霍尔顿·考尔菲德（Holden Caulfield）在得知自己脑子里有个小肿瘤时如此说当然是为了掩饰事态的严重性。

［23］ I thought they' d killed you. *I lost my temper.*

美国青少年幻想小说作家 Tamora Pierce（2015）以创作年轻女主角的故事而闻名，“魔法师”（Emperor Mage）是 Tamora Pierce 的一部奇幻小说，它详细介绍了托尔塔勒派往卡萨克的和平代表团，以拯救皇帝的鸟类。上例是主人公丹恩为了报复她老师的死，建立一支恐龙骨骼大军，试图毁灭国王而摧毁皇宫。丹恩事后的表述“*I lost my temper*”当然是典型的低调陈述，用于弱化事态的严重性。

［24］ Aunt Sally：“Good gracious，anybody hurt?”

Huck：“*No' m. Killed a nigger.*”

美国作家 Mark Twain（马克·吐温 1997）创作的长篇小说《哈克贝利·费恩历险记》（*The Adventures of Huckleberry Finn*）是《汤姆·索亚历险记》的续集，故事的主人公哈克贝利是一个聪明、善良、勇敢的白人少年，为了追求自由的生活，他逃亡到密西西比河上。上句的“No' m. Killed a nigger”轻描淡写杀死一个黑人并不是什么严重的事情，揭露当时人们没有把黑人当作人类的落后愚昧思想。

［25］ I've always been a massive admirer of the Edenist ability to understate. But I think defining a chunk of land fifteen kilometers across that suddenly takes flight and wanders off into another dimension as *a little problem* is possibly the best example yet.

英国作家 Peter F. Hamilton（彼得·汉密尔顿 1998）以写太空探险为主题的作品而闻名，作品“黎明之夜”三部曲（*Night's Dawn Trilogy*）中描述太空探险为“*a little problem*”当然是说轻了。

［26］ And you，who have told me a hundred times how deeply you pitied me for the sorceries by which I was bound，will doubtless hear with joy that they are now ended forever. There was，it seems，*some small error* in your Ladyship's way of treating them.

Primula Bond（2003）毕业于牛津大学，兼职刑事辩护律师法律秘书，作为自由撰稿人为国家媒体“人类利益”撰写专题文章，她的小说《银链》（*The Silver Chain*）中的“*some small error*”并不是小误差，因为实际情况是这个错误结束了某人的权力，当然这是低调掩饰的说法。

［27］ *A small*，*short war* that rarely extended throughout more than 0. 2%

> of the galaxy and 0.1% by stellar population... the galaxy's elder civilisations rate the Idiran – Culture war as...one of those singularly interesting Events they see so rarely these days.

苏格兰作家 Iain Banks（伊恩·班克斯 2011）的第一本科幻小说 *Consider Phlebas* 标志着文化系列的开始，书中把一场持续了 48 年，夺去了 8510 多亿人生命的战争描写成“A small，short war”当然是为掩盖草菅人命、滥施淫威的罪行。

作为一种模糊思维方式，低调陈述在我们的生活中无处不在，不仅存在于语言中，而且存在于思想和行为中。一方面，轻描淡写地阐明事理，表述功用，尤其是要表达抽象概念或新的想法以及某种不易说清楚的情形时，人们往往借助低调陈述。低调陈述是人们运用模糊概念来把握生活、理解生活、表现生活的结果。另一方面，人们时时刻刻都在使用低调陈述。文学家运用低调陈述描绘形象，哲学家利用低调陈述说明道理，政治家凭借低调陈述来描述复杂的政治问题，科技工作者更是常把低调陈述用作防止研究结论的武断的策略（Teppo Varttalo 2001，Salager – Meyer 1994）。借助低调陈述概念进行模糊性思维是全人类共有的，各民族语言中往往有着相同或相近的低调陈述概念。

第十八章

汉英低调陈述翻译研究的多维视角

18.1 汉英低调陈述结构的对比

人们在表达时常常不把要说的话直接说出来，而是用某种间接、含蓄的方式来表达，这就是人们常说的低调陈述。大体来说，英语中较为典型的低调陈述辞格包括曲言法（litotes）、弱陈法（meiosis）、省略（ellipsis）、委婉否定（indirect negation）和婉转暗示（tactful implication）。汉语中也有很多表示委婉的辞格，即人们不直截了当地把本来的意思说出来，而故意把话说得委婉含蓄一些，把语气放得缓和轻松一些。这些修辞表现形态总的表达效应是相同的；轻描淡写，含蓄内敛，大事化小，点到为止。英语是重形合的语言，相比汉语而言，它有较丰富的形态标志，有较鲜明的词类分别；是一种以限定动词为中心，控制各种关系的空间性树型构造，各种语法范畴在英语中都有全面体现；句子以形寓意，以法摄神，语义裸露，结构完整严密。汉语是重意合的语言，它没有严格意义上的形态变化，没有显性的词类分别。它的语词意蕴丰富，配合制约不足，就像是能自由活动的基本粒子，可以相对随意地碰撞组合；句子以意役形，以神统法，寓意性强，结构流泻铺排。反映在低调陈述修辞上，则造成前者侧重表述的准确，后者侧重表现的活脱。比如，英语低调陈述在词汇上是用名词、动词或副词等具体的词类来表达，而汉语则是用删去某些副词或增添某种成分等灵活方式来表现；语法方面，英语用比较句式、双重否定或虚拟语气等严格规范的语法句式来体现，而汉语则使用转换角度或调整语气等随意方式。这种汉英低调陈述构成方法上的差异体现了英语句式形式完备、严谨分明和汉语句式重“意”

轻“形”、随性飘逸的特征。下面详细列举汉英低调陈述在结构方面的具体表现。

18.1.1　英语低调陈述的构成方法

（1）词汇

动词：I *fear* you are mistaken. “I fear”表达的是“I think”的语义。

名词：...and I still feel that stiffer sentences wouldn't change a *thing*（而我至今仍然认为从严惩处不会改变任何东西），这句话有意识地避免语义强度，“a thing”实际上表达的是“everything”的含义。

副词：*Little* did I dream of meeting you here（万万没有想到会在这个地方碰到你），“little”与“believe”“care”“dream”“expect”“know”“imagine”“guess”“suspect”“realize”“think”等动词连用，表示“完全否定”意义。这句话的否定意义寓于肯定结构中，全句相当于“I never dreamed of meeting you here.”。

介词：Jones proposal is *below* notice.（琼斯的提议不值得注意。）一些简单介词也可以表示否定。这句话可解释为“Jones proposal is not worth noticing.”

词组：I am *far from* blaming him.（我一点也不责怪他。）此外还有“rare”“blind to”“ignorant of”“short of”等词或词组与“far from”一样可以做表语，表示否定意义。

（2）语法

比较句：Nothing is *more precious than* time yet nothing is less valued.（时间是最宝贵的，但对某些人来说却是最没有价值的。）这句话实际表达的是“Time is most precious yet least valued to some people”。

委婉否定：The door was *not a long time opening*. 这句话作者用 not a long time 否定形式拐弯抹角地表达了强烈的肯定意义。全句话表达的是“The door opened immediately”的语义。

虚拟语气：Let us take a serious, reasonable look at *what the results might be if such a proposal were accepted.*（让我们认真而通情达理地看一下，如果这一建议被采纳的话，会有什么样的结果。）说话者用虚拟语气委婉地向读者提出自己的建议。

双重否定：Paula was never *too busy to* do Bill's work.（波拉总能抽出时间给比尔做事。）“too + 形容词 + 动词不定式”表示“太……以致不……”的含义，“never too busy to do”相当于“always free to do”。

18.1.2 汉语低调陈述的构成方法

（1）词汇

避免刺激性过强的词语。例如：“直到咽气的前几天，才肯对长富说，她早就像她母亲一样，不时的*吐红*和流夜汗。”（《鲁迅全集》第二卷）鲁迅用“红”来代替“血”，“血”字刺激性太强，会使人读了不舒服。

删去某些副词。有时选用某些程度过高或语气过于肯定的副词做状语，往往会给人一种“说话人过于自信，不给对方留下商量余地”的印象。应避免用这类状语，而利用“恐怕”“好像”“大概”“估计”“据说”“也许”“可能”“传闻”等含糊、委婉的词。例如：“今天有趣是有趣，可惜野物少了一点。”（郭沫若《棠棣之花》第三卷）“少一点”是“太少”的委婉语。

增添某些可以缓和语势的词语或成分。例如：“*我看*，你一时不会回来吧?”（《巴金文集》第三卷）增添插入语（独立成分）“我看”更减弱肯定的语气，使语势缓和下来。

吞吐其辞。因某种原因不便明确述说，只说出话头或相关内容，真正的内容省而不说，留下空白让人想象补充；或者利用“这”“那”“这个”“那个”等来支吾搪塞，以表示含混的态度。例如：“韩福扇着蒲扇说：‘年轻的先生！人家可不管你*那个*，大街上嚷动了，说咱这是抗日的学校。这话又说回来，我虽不是……可是我同情这个的。你们赶快回乡吧！’”（梁斌《红旗谱》）由于当时的环境，韩福不敢明说出“共产党”这个词儿，只好含糊表达。他用省略和指示词“这个”来暗指“共产党”，向江涛暗示了“我虽不是共产党，但我同情共产党”的态度。

（2）语法

转换角度。有时转换陈述的角度也可以增加语句的委婉性。例如：“*像你这样年纪，多歇歇也是应该的*。”（杨朔《雪浪花》）作者从你应该怎样，换了个角度，说怎样是应该的，使句式委婉。

调整语气。加语气词“吗”“吧”或用反问句式来表达委婉。例如：“‘你让我说完来*好吧*?’他阻止着我……”（《意外》，《沙丁选集》第一卷）说话者增添了一个“好吧”，把陈述语气换成疑问语气，其目的不是提问，而是协商的语气，并含有乞求的意思。这是陈述语气的一种委婉表达法。

绕点弯子或含而不露。避开事物的本面、正面和整体，只说侧面、对面或局部，人们可以根据说话者提供的联想线索，由此及彼，曲径通达其言外之意。例如：“新来瘦，*非关病酒*，*不是悲秋*。”（李清照《凤凰台上忆吹箫》）李清照不直截了当地说“相思苦”，而用排除限定式“非关病酒，不是悲秋”来暗示本意。

省去强调的说法。例如：“她*说不上什么美丽漂亮*，却长得茁壮有力。”（丁玲《太阳照在桑干河上》）作者用“说不上什么美丽漂亮”来代替“不好看”，从而避免措辞太直，语气过重。

18.1.3　汉英低调陈述结构的相同点

（1）避免刺激性过强词语（deliberate avoidance of intensives），用弱说代替强说

[1] a. Young people may be required by the state to attend school until the age of 16, but no one can force *someone* to learn.

说话者有意识地避免语义强度，用“someone”表达“Young students”的含义。

b. 王秀竹：可是，可是，经过火坑的女人一辈子也忘不了*那回事*！一想起来，我就浑身乱颤，手脚出冷汗！（老舍《全家福》）

一个曾经遭人凌辱的烟花女子用模糊的“那回事”指代难忘的往事，掩饰难以愈合的创伤。

（2）双重否定（double negation）

[2] a. It is *not uncommon* for X'ers to get out of high school and expect to be paid well despite minimal skills.

“not uncommon”是“common”的有标说法。说话者用双重否定的有标语言形式来表达肯定含义，目的是强调。

b. 现在是暮秋，所以这“秋行夏令”的情形，在盘辫家不能不说是万分的英断，而在未庄*也不能不说*无关于改革了。（鲁迅《阿 Q 正传》）

从意义上说，双重否定变成了肯定，但这是一个有标记成分，按照方式原则，“不要无故”用有标记的表达形式，受话人就要从中推导出其中的缘故了。

（3）委婉否定和肯定（indirect negation and affirmation）

［3］a. On their way back to Marseille they spoke very *little*...（再返回马赛的路上，他们没怎么说话……）

“little”含蓄否定。

b. “……对生活中美的追求和爱惜的意识，应该从小就存在的，而对人与人之间的感情温凉，即使有一种病态的敏感，*也未尝是坏事*。”（叶文玲《摇出一叶荷露》）

正话反说弱化语气，减缓振振有词的强硬态度，使持不同见解者易于接受。

（4）用代词“something”或“这（个）”“那（个）”等来支吾搪塞，以表示含混态度

［4］a. “to be mistress of Pemberley might be *something*!”（Pride and Prejudice）

“something”是“a wonderful thing”的低调模糊语义。

b. 凤姐儿低了半日头，说道：“这个就没法儿了。你也该将一应的后事给他料理料理，冲一冲也好。”尤氏道：“我也暗暗的叫人预备了。就是*那件东西*不得好木头，且慢慢的办着呢。”（《红楼梦》第十一回）

儿媳秦可卿久病不愈，尤氏用含糊的“那件东西”指代“棺木”，虽讳饰，但联系上下文表意清晰不晦涩。

（5）增添某些可以缓和语势的词语或成分

人们说话时往往通过对语言外在形式的调整来形成一些低调陈述的表达。例如：

［5］a. You are British, *I suppose*.（转引自：Hübler 1984）

增添插入语（独立成分）“I suppose”减弱肯定的语气，使语势缓和

下来。

b. “那几角您不用给了，我给您垫上*吧*。”

营业员增添了一个“吧”字，从而调整了语气，把陈述语气换成协商语气，淡化了命令与责备，顾及了顾客的自尊心，收到了良好的服务效果。

（6）条件句

［6］ a. A unhappy alternative is before you, Elizabeth. From this day must you be a stranger to one of your parents, *your mother will never see you again if you do not marry Mr. Collins, and I will never see you if you do.* (Jane Austen. Pride and Prejudice1999)

父亲用条件状语从句含蓄地表达对女儿婚事的否定态度。

b. *只要*你努力学习，*就*能学会过去所欠缺的许多东西。

在条件关系的关联词语中，“只要……就……”以诸多条件中的一项为依托而造成语气委婉含蓄，这种条件句淡化了直接陈述句里的否定、批评等含义。

（7）让步从句

［7］ a. Life is wonderful *unless* you have a stable job.

b. 我看这协议很好，*只是尚待*进一步商讨部分细节。

在转折复句中“unless”和“只是”要比“but”和“但是”等较激烈的关联词语语气和缓得多。例［7］虽然核心内容是对部分内容的否定，但用肯定大局的方法维护了洽谈气氛，使语气含蓄。

（8）虚拟条件句

［8］ a. “I wish the whole thing *had never* happened. If I *had been alert* to his feelings about the matter, I *could have prevented* the whole unfortunate incident…”

b. *如果*时间许可，我一定会去的。

以上两句虚拟的条件，为低调陈述起铺垫作用，委婉地表达否定或肯定意愿。

（9）运用否定词“不”或“not”

［9］ a. As lean was his horse as is a rake, and he was *not right fat*, I undertake. (Chaucer) (= he was quite thin)

b. 一场考试下来，分数并不低。

例［9］都是正话反说，通过否定形式，削弱了肯定力量，从而维护了语境气氛。

18.1.4 汉英低调陈述的语用功能

尽管由于汉英语言结构的差异，造成汉英低调陈述构成方法有所不同，但它们的修辞功能是一致的，概括地说有五大特色：

（1）含蓄性

［10］a. You had a *misunderstanding with your boss.*

“misunderstanding”一词用得巧妙、含蓄，以“低调”腾出让人想象的空间。这里有减弱所指事物特征的意味，实际表达的是“与老板发生不快、矛盾甚至争执”的含义。

b.《贫女》云：“自恨无媒出嫁迟，老来方始遇佳期。满头白发为新妇，笑杀豪家年少儿。”（吴曾《能改斋漫录》卷十一）

曹衍的这首《贫女》诗，表面说的是贫女无媒而晚嫁的怨情，实则是在诉说自己怀才不遇的愤慨之情。但是诗人没有将真意直白地诉说出来，而是以贫女自喻，将自己久不得意的原因与满腹的牢骚“怨而不怒”地表达了出来。这里言语交际者在言语表达时故意在自己的思想情感表达与受交际者对交际者的思想情感接受之间制造一种“距离”，由于这个“距离”留得恰到好处，接受者心领神会，意会到了表达者的“言外之意”，从而在内心深处感受到一种“余味曲包”的含蓄美。

（2）委婉性

［11］a. My daughter's score for history *could be better.*

这句话的言下之意是女儿历史分数不理想，“could be better”是重话轻说，语意隐含，从而淡化了家长的失望或不满，模糊了家长的期望值。

b. 贾蓉看了说：“高明得很。还要请教先生，这病与性命终究有妨无妨？”先生笑道：“大爷是最高明的人：人病到这个地位，*非一朝一夕的征候了*；吃了这药，*也要看医缘了*……”（《红楼梦》第十回）

医生不便直告病情，只好婉转地以“非一朝一夕的征候了”“也要看医缘了”等谨慎词语，口气温和而不武断，留有余地。隐隐约约之中暗示了“此病难好”的本意。

（3）幽默性

［12］a. There have been over 2000 complaints, particularly about implants which predate 1985—although cosmetic surgeons blame *zealous* lawyers for manufacturing *concerns*.（尽管整容医生指责那些瞎起劲的律师们在无事生非，但是关于硅胶体植入物〈尤其是 1985 年前植入的〉的投诉已逾 2000 起。）

“zealous”和“concerns”是褒义词，这里作者用“褒词贬用”的 understatement 来暗指律师们的“瞎起劲”和“无事生非”，读起来既幽默又诙谐。若化隐为显，句末的表达就是“…although cosmetic surgeons blame over enthusiastic lawyers for their interference”。

b. 这个人的相貌*不大好看*，脸像个葫芦瓢子，说一句话眨十来次眼皮。（赵树理《李有才板话》）

作者用“不大好看”来代替“丑陋可笑”，然后再具体描述这个所谓“不大好看”的内容。这样前后一对照，不仅使人物形象更加鲜明突出，还增添了幽默的情味。

（4）讽刺性

［13］a. Pragmatic Minnie, a tiny woman who always wore printed cotton dresses, scoffed at Maria's stupidity, telling me she *wouldn't have so many kids if she had gotten* her tubes tied!（务实的明妮是一位总是穿着印花棉衣裙的瘦小女子。她嘲笑玛丽亚的愚蠢，跟我说如果她的输卵管做了结扎手术，她就不会生那么多孩子啦！）

说话者明妮用虚拟语气婉转曲折批评玛丽亚，语气具讽刺、揶揄嘲笑功效。

b. “长妈妈生得那么胖，一定很怕热罢？*晚上的睡相怕不见得很好罢？*”（鲁迅《阿长与〈山海经〉》）

说话者不直接批评阿长睡相不好，而用“睡相怕不见得很好罢”婉转设疑，又增添了表示估计的副词“怕”（即“恐怕”），把话说得平和动听的同时，又具有一定的讽刺意味，从而增强了语言力度，提高了表达效果。

（5）礼貌性

［14］a. One senior plastic surgeon says that he has a list of peers who "he wouldn'tlet *touch* my dog's haemorrhoids."（一位资深的整形外科医生说，他手中握有一批同行的名单。对这批人"他连自己的小狗的痔疮手术也不会让他们去做。"）

"touch"一词是十分典型的"不充分表意法"，出于礼貌，说话者有意识减弱语气，把话说得平和模糊，以减少刺激。遣词看似不经意，实则包含着一种强烈不满。"touch"等于"operate upon"。

b."孩子你可放明白点：你妈疼你，只在嘴上，我可是把*什么要紧的事情*，都放在心上。"（曹禺《雷雨》）

"什么要紧的事情"暗指四凤与周萍的暧昧关系，词面与所指有一个曲折的关系，是欲言此而意在彼。说话者为了礼貌把不宜直接表达的内容用温和的口气曲折婉转地表达出来。

西方修辞学初始于古希腊，被称为"讲演术"，它是当时人们进行政治论辩、民主讲演、宣传新思想的工具。后来，随着希腊哲学、科学的发达，修辞学逐渐与论辩讲演脱离关系，而成为人们表达主观意识的一种手段；汉语修辞不是起源于论辩演说，它的起因在《易·系辞传》（金景芳 1998，王易中 2011）说得很清楚："作易者，其有忧患乎？"人们可以通过语词符号的巧妙排列组合，委婉、含蓄、蕴藉地表达自己的忧患心理。从修辞美学角度看，这种忧患意识对于人们的语言艺术审美的影响，主要表现在语言委婉含蓄。中国古典修辞追求语言春天般的温柔，而排斥夏日暴风雨般的热烈；它反对那种感性的冲动，而倡导理性的主宰；它反对刚烈、崇高的风格，而追求温柔优美的意境；它讲究语言情与理的平衡、内容与形式的统一。诗言情，但是，情作为人的深层心理，是难以传达的，尤其是那种复杂而深邃的忧患之情。难以传达还要传达，因此，便采取婉曲迂回的方式，含蓄隽永。西洋美学缘于希腊哲学和美学，也就是讲和谐、数量、比例、匀称、秩序、透明。黑格尔（2015）说："希腊精神就是尺度、明晰、目的，就在于给予各种形形色色的材料以限制，就在于把不可度量者与无限丰富者化为规定性与个体性。希腊世界的丰富，只是寄托在无数美丽、可爱、动人的个体上，寄托在一切存在物的清晰明朗上。”中国美学导源于忧患意识和以社会伦理为中心的中国哲学上，因而，中国古代美学一再强调的是“以理节情”“哀而不伤”，怨悱而不乱，不直抒胸臆，“寓刚健于婀娜之中，行遒劲于婉约之内”。修辞立其诚、语言含蓄无垠、修辞意境优美，这是中国修辞美学思想的核心所在。所以起于忧患意识之中的汉语修辞更讲究语言的深沉、婉转、含蓄，一唱三叹，反复吟咏；而起于乐天意识的西洋修辞更讲究语言的豁朗、明快、清晰，因果清楚，逻辑性强。中国文学和西方文学相比，西方文学显得直截了当，率真，中国文学则喜欢委婉，含蓄；西方文学倾向于深刻广大，中国文学则倾向于机智微妙。所以，从这个意义上说，汉语低调陈述修辞的历史无疑更悠久。

18.2　汉英低调陈述与心智哲学

心智哲学研究人的心智、意识、知觉、意向性、思维的本质，探求人类心智的本源、本质和共性。大脑神经系统产生心智的过程就是认知过程，因此认知和心智是互为因果的关系。肇始于20世纪70年代的认知语言学从人类认知能力的角度，深入探讨语言形成和运用的多方面机理，充分揭示人类语言运用时对概念思维的依赖。认知语言学关注心理表征和认知过程（Croft and Cruse 2004：329），而心智和认知都影响着我们对世界的认识。徐盛恒（2010：31）认为语言问题的研究有赖于心智能力的研究，因为语言对现实的表征依赖于大脑对现实的表征，是心智表征的延伸。比如，通过低调陈述修辞语言的隐性表述在心智中激活“常规关系”，常规关系帮助把隐性表述的内容补足以达至话语的理解，从而满足交际需要。这种低调陈述修辞话语运用的认知过程可以由认知语用学加以概括和总结。

根据心智哲学，低调陈述修辞语言的思维活动是从表达某个意向性的意义开始，用大脑中的活动图式、心理意象来呈现，这样的意象经过定向和简化，形成内容思维，然后再抽象为概念，这种语言所承载的概念镶嵌入特殊句式，在语言层面上经过组合、替代、转换等，成为社会圈子接受理解的合乎句法和词法的语言表达式，这是低调陈述修辞语言表征过程，保留低调陈述意义而语言格式逐渐形成、加强和固化（参照：

Searle 1998/2004)。

意向性是人大脑中浮现的意识，是心智的一种特性。心智通过对主体对象表示信念、喜好、希冀、赞扬、谴责等不同的意向性状态来实现与世界的关联。人类正常的社会生活和实践活动有赖于具有一定性质和水平的意向性的心智活动。根据心智哲学，人类的感觉倾向于关注对自身有意义的事物，并在行为和认知中加以选择和定向。徐盛恒（2010：34）指出，从语用的角度来说，语义的起点是心智的指向性。比如说在低调陈述修辞语言运用中，说话人选择 B 替代 A，无论是同一认知域中的映射（转喻）还是两个不同认知域中的映射（隐喻），关注的都是对自身有可能获得意义的事物。

低调陈述修辞的举隅（举出个别事例来说明一类问题）只是想说明心智哲学的意向性研究能为修辞语言现象的研究提供指导思想。将低调陈述修辞语言研究纳入心智研究的轨道，也是努力揭开修辞语言运用的心智过程面纱的一种有意义的尝试。

18.2.1 从心智哲学看汉英低调陈述的共性

以认知科学为背景、与分析哲学和语言哲学有渊源的心智哲学，研究人的心智、意识等及其同身体尤其是大脑的关系（徐盛恒 2010：30—35)。当代心智哲学研究认为语言是心智的多元外在表征之一，修辞语言对现实的表征依赖于大脑对现实的表征，从心智哲学的视角来看，低调陈述修辞语言活动是心智活动的反映。起源于心智哲学的认知修辞学重视人的大脑功能和认知状态对于修辞语言运用的影响，关注心智对修辞语言运用的解说。因此，心智哲学视域下的低调陈述修辞语言研究需要深入研究基于感觉的认知信息处理以获得修辞语言的内在表征，即以心智活动为揳入点，揭示低调陈述修辞语言本身的特点和规律。

根据心智哲学，在赋予经验以意义的时候人们往往带有意向性。低调陈述修辞话语表征实质上是心智的意向性活动产物。在低调陈述过程中，客观事物的某种特质影响着话语者使之形成意象并概念化。低调陈述修辞语言表征是对信息进行有选择性的凸显。汉英低调陈述的共性可归纳为：

（1）语境的依赖性

John Heil（1998：216）指出意向性取决于语境。低调陈述具有即时性，是说话人面对特定客观事物或环境弱化陈述，因此低调陈述依托具体的语境。例如：

［15］ a. There was *a slight disturbance* in the city yesterday. All the shops were shut.（昨天城里出了一点小乱子。所有的商店都关门了。）

“一点小乱子”轻描淡写、缩小事态，主要为了避讳和礼貌。

b. 人的生活中不仅需要优裕和安适，以及种种物质上的满足，更需要精神上的一些冲击、一些警策、一些温暖、一些感染、一些慰藉和一些鼓舞，甚至还需要*一点眼泪和一点战栗*。（郑万隆《当代青年三部曲之三》）

“一点眼泪和一点战栗”淡化了生活中的苦难、失败和恐惧。这种低调陈述扩大了语言的容量，增加了读者想象的空间。

（2）句法功能的述谓性质

在低调陈述过程中，主体获得对客体的体验，抽象为“以主谓为框架的意义内容”，概念化后为修辞语言所表征。缘自相同的语用动因，客体对象与其特定属性使得汉英低调陈述在句法上经常以主谓关系这种概念性表达方式呈现。例如：

［16］ a. “We made a difference. We made the city stronger, we made the city freer, and we left her in good hands. All in all, *not bad*, *not bad* at all.”（Ronald Reagan, Farewell Address to the Nation, January 20, 1989）

b. “长妈妈生的那么胖，一定很怕热罢？晚上的睡相，*怕不见得很好罢*？……”母亲听到我多回诉苦之后，曾经这样问她。（鲁迅《阿长与〈山海经〉》）

为求礼貌，母亲用揣测的语气“怕不见得很好罢”，委婉暗示否定含义，避免刺激与家人相处多年的长妈妈。

18.2.2 从心智哲学看汉英低调陈述的个性

汉英低调陈述在意向性选择和调节作用下表征为掩饰，采用正话反说或弱化手法，在句法、语义与语用上体现出一定的共性。由于汉英语用心理和认知倾向上的差异，意向性发挥和调节作用也表现出异质。汉语低调陈述以“意合”为纲，话题优先特征显著，呈现“词凸显”性；英语低调陈述以“形合”为要，有固定的句法手段，“句式凸显”性强。

英语低调陈述原型主要依赖反叙、弱化和模糊限制语，淡化削弱评估的强度，“句式凸显”性显著。相对应的汉语低调陈述没有固定模式，常借用转喻或隐喻词汇手段，表现出较强的“词凸显”性。例如：

[17] a. Your grammar is *not particularly good.*

b. 秦氏拉着凤姐儿的手，强笑道：“这都是我没福。这样人家，公公婆婆当自己的女孩儿似的待。婶娘的侄儿虽说年轻，却也是他敬我，我敬他，从来没有*红过脸儿*……”（《红楼梦》第十一回）

“红过脸儿”喻指“夫妻吵架”，少妇秦可卿含蓄隐晦地透露出他们夫妇的恩爱情韵。

英语是形合语言，相对来说低调陈述有些固定句型，如模糊限制语（a）、比较级（b）、虚拟语气（c）、双重否定（d）等。

[18] a. *I suspect* that John is *sort of* in love.

b. My wife's dad grumbled that it was typical of my selfish generation to think *more about our commuting time than a significant archeological site.*

c. “I wish the whole thing *had never happened.* If I *had been alert* to his feelings about the matter, I *could have prevented* the whole unfortunate incident…”

d. *Hardly* a meeting or conference takes place today *without* some talk about “the challenge of change.”

汉语低调陈述语言形式没有定式，其表征在语境的作用下重意轻形。汉语低调陈述形式上的灵活性体现了意向性选择作用，具体表现为形随意转的陌生化（Defamiliarization）（俄国形式主义文论家什克洛夫斯基 1989）手法的运用，如转喻、隐喻等。

[19] a. 方达生：竹均，你怎么现在会变成这样——

陈白露：（口快地）这样什么？

方达生：（话被她顶回去）呃，呃，这样地好客，——这样地爽快。

陈白露：我原来不是很爽快吗？

方达生：（不肯直接道破）哦，我不是，我不是这个意思。……我说，你好像比从前大方得——

陈白露：（来得快）我从前也并不小气呀！得了，别尽捡好听的话跟我说了。我知道你心里是说我有点太随便，太不在乎。你大概有点疑心我很放荡，是不是？（曹禺《日出》）

方达生选用词语“好客”“爽快”“大方”喻指“放荡”本意，含蓄委婉，透露出方达生体贴忠厚的本性以及痛心惊异的心态。

b. 沛公已去，间至军中，张良入谢，曰：“沛公不胜杯杓，不能辞。谨使臣良奉白璧一双，再拜献大王足下；玉斗一双，再拜奉大将军足下。”（《史记·项羽本纪》）

“杯杓”转喻喝酒，在这种政治外交中“不胜杯杓”是“喝醉”的托词。

总之，汉英低调陈述在意向性作用下，无论在语义还是语用功能层面，都表现出一定的共性，这是缘于人类共同的体验。但由于汉英民族文化差异因素，再加上汉英语言分属不同的语言体系，使得汉英低调陈述各有特色。

18.3　汉英低调陈述与互文性理论

“互文性”理论由法国符号学家 Kristeva（克里斯蒂娃 1969/1974）首次提出，它融合并吸纳了众多思想流派如心理分析学说、哲学阐释学、结构主义、后结构主义等的理论精华，是一种多元开放、时空交错的动态思维方法与策略。“互文性”即“文本间性”，强调的是文本与文本间的相互指涉、感应、接触、渗透、转移等作用，通过互文性理论的多维立体透视，可以阐明厘清汉英低调陈述翻译中所涉及的文本隐喻的复杂性、语言文化的互渗性、主体层面的交融性。

18.3.1　文本隐喻的复杂性

作为互文性理论重要组成部分的文本概念是汉英低调陈述互文性翻译研究的突破口。互文性概念所揭示的是涵盖天文地理、语言文化、政治历史、社会科学等方方面面的文本，一旦与读者、译者、外部等因素相关联，便被赋予超出字面之外的意义或内容，由此获得多维的、不确定的阐释。对于汉英低调陈述翻译而言，译者或读者也面临着与包含丰富的文化、历史、知识体系、个人经历、环境的文本打交道，并叩问广义空间文本的内涵与外延的底蕴，从而达致互文性关联。

儒家思想深刻而久远地影响中国人的处世准则，温、良、恭、俭、让的“中庸之道”是中国社会群体性的文化特征；“中庸”思想是儒家道德智慧的精髓，规范着人们言语行为保持适度状态，言语交际双方保持最优动态平衡的数量关系。低调陈述的内涵，一是掩饰，即用冷静的语言把自己隐藏起来，在不动声色的陈述中暗示自己的褒贬语义；二是弱化，用含蓄的微词、隐晦的曲笔表达“微言大义”，为听话者或接受者提供巨大的阐释空间。这种内涵很好地表现出“温柔敦厚”质朴典雅、平稳凝重的修辞原则。低调陈述修辞遵循儒家“和而不同”的为人处世基本原则，所蕴含的中和、适度的修辞观念反映了儒家文化和民族心理，体现出原则性和灵活性的高度统一。而西方文化体现的是个体文化特征，“谦虚”被解读为缺乏自信，“强者”“英雄”的表现自我得到颂扬。故西方人眼中的“old”是“不中用”“老而无用”的代名词，这就是为什么西方人称“老人”为“senior man”以掩饰年龄，而相反中国文化视长者为智慧的化身，也是威望的象征。

18.3.2 语言文化的互渗性

语言具备提供信息、诱导劝说、触动人心等不同力量，修辞语言则更有可能产生令人难以置信的强大效果，从而帮助人们形成某种认识。当代意义上所理解的修辞是一种有关人们如何运用象征性手段如低调陈述去影响人们观念和行为的实践和学问，而不仅仅指传统意义上的说服和规劝听众，促使他们接受某种观点或采取某种行动的修辞格。从修辞视角来看，一旦低调陈述运用在具体的社会、文化、政治语境中，其内在价值和能力就会产生异乎寻常的力量。

从互文性的视角来看，汉英低调陈述翻译就是汉英不同民族、语言、文化、思想、文学、社会、政治甚或经济相互作用、互融互汇的过程。这个过程从语言文化、思维习惯、地理环境、生存习俗的相异，到异质文化之间的抗衡与互纳的互文运动，是一个接触、交流到吸收、同化的复杂的跨文化、跨语言的运动过程。汉英低调陈述翻译活动中的文化互文与政治、习俗、宗教、环境等方面有着千丝万缕的联系，无论是译者还是读者首先会因文化的不融而感到困惑，随着对文本的创意性理解，精神境界得到拓宽，新理念、新观念、新思想、新工具被渗透、理解和接受，因此汉英低调陈述翻译活动是输入也是输出，它在汉英双方对各自及对方文化的诠释和自我认识过程中起着不可低估的作用。

汉英低调陈述翻译活动是指在比较文化语境下，对低调陈述修辞话语进行文化诠释和美学再现的推理过程。即汉英低调陈述翻译是一种能动的文化建构，一种跨越学科界限、跨越审美表现领域和学术研究方法的话语模式，是对中西文化整合的反思。这种文化内涵的翻译是两种文化的互动和比较。政治、经济、社会环境的差异造就了不同的文化观念，从而产生了不同特质的西方文化和东方文化。低调陈述修辞语言是社会的产物，也是人类历史和文化的结晶，也是文化载体和文化信息的浓缩，凝聚着一个民族世代相传的社会意识、历史文化、风俗习惯等各方面的特征。汉英低调陈述修辞同时也体现了不同的文化背景、文化传统、思维方式、价值观念、行为准则和生活方式。如何把低调陈述修辞的经典文本（text）放入当今全球化的语境之下，经过时间考验和历史筛选，从“归化”（domestication）“异化”（foreignization），从互动到互补，既着眼于全球（think globally），又立足于本土（act locally），让全世界人们既能分享中国整体文化的博大精深，又能了解西方个体文化的人文主义思想等。东西文化的互补和融合是汉英低调陈述文化翻译的基础，而汉英低调陈述文化翻译的互动也会促进中西文化的互补和融合。

根据系统理论，无论是东方的整体文化还是西方的个体文化都是提高社会系统功效的重要因素，两者不可偏废，因此两种文化的互动和比较直至互补和融合虽然是一个漫长的渐进的过程，但它们是人类历史发展的必然趋势，汉英低调陈述文化翻译正是顺应了这种锐不可当的历史潮流。语言是一个民族看待世界的方式。“人文性是语言的本质属性”（申小龙 1988：26），洪堡特（1999：54）把语言的发生归因于民族的智能特性，认为语言能够表述民族精神和民族特性最隐蔽的秘密。因此，从文化的视角，修辞语言浸透着一个民族的文化内涵——民族文化情结和民族价值观念。汉语低调陈述修辞秉承了儒家的价值系统——“中庸”思想以及“温柔敦厚”的审美观念，和意义系统——“明道”“济世”的功利意识，印证了人与社会、人与人等各种关系的融通意识和能力。

18.3.3 主体层面的交融性

汉英低调陈述互文性翻译要求无论是译者还是读者都要打破原文本的静态系统，积极参与作品的生产和写作，将文字文本拓展到文化、社会等更为广阔的“场”中去。汉英低调陈述互文性翻译不仅关注文本、文化，也注重翻译者和阅读者丰富的思维活动和心理活动。置身于创造与再创造的互文网络中的读者或译者入乎其内，同时也出乎其外，既是阐释者，又是创造者，他们打破时间性，跨越时空界限，不断进行着替换、增益、撒播等互文性转换活动。读者或译者的吸收与创造使得原文本呈现出异彩纷呈、绵延不断的文化特质，这种通感合鸣的互文性特征使得汉英低调陈述翻译活动拓展到人类社会物质生活与精神生活的方方面面。

低调陈述修辞语言是理性思维和感性意识的外化表现之一，“弱化”和“掩饰”构成了低调陈述修辞语言的两个最基本的向度。在开放的语境下，低调陈述修辞语言通过突破语法的界限，竭力扩充着自己的表现疆域，将微妙的情感隐含在错位安置的文字组合里。低调陈述修辞语言的“弱化”映照出世界在我们心灵投射的影像，低调陈述修辞语言的“掩饰”复现人类繁复微妙的心灵变化。通过低调陈述修辞语言的“弱化”和“掩饰”，我们逼近自身的情感和心灵。我们通过低调陈述表达人与世界的和谐文明的关系，我们以低调陈述修辞语言的方式拥有世界并理解世界。从这个角度来说，低调陈述不仅仅是观念的表象，而且是人类感知世界的工具，与人类生存的可能性联系在一起，可以说是人类的某种生存方式。

根据社会学的观点，低调陈述修辞语言是社会和人的基本沟通手段之一，也是人的生活的基本形式之一；它体现权力运作的脉络，并总结生活世界的经验；表现为人类行为和思想产生互动的象征性中介体系（高宣扬 2005：138）。汉英低调陈述翻译以多元性、开放性的互文性理论为观照，必将融会相关学科领域的思想资源，贯通中国与西方、传统与现代的理论，而这种学科间界限的渐行消弭或互涉正是互文性翻译理论建设的重要维度之一。

18.4　汉英低调陈述互译的语用学路径

修辞语言是文化的组成部分，也是文化的载体。汉英低调陈述修辞语言的互译就是穿越汉英不同修辞语言体系之屏障，促进思想的非本族修辞语言转化流动，实现汉英异质文化间的有效交流、协调和意义共生。低调陈述语用研究可以分为三个层次：①语用学的低调陈述理论研究层面；②低调陈述修辞语言使用的可能性和有效性条件；③低调陈述修辞话语管理和调节意识。低调陈述修辞语用翻译研究是一个以修辞语言为本体的动态多元的开放体系，不断吸收和内化认知语用学以及相关学科的新理论，既为翻译学学科建设注入新的血液，也为认知修辞学、语用学等其他领域的学科研究开辟新的发展空间。

18.4.1　低调陈述语用翻译的内涵

语用学侧重交际者在特定交际情境中传达和理解话语以及理解和传达的过程，翻译学强调语言间转换问题，探讨译者解读并重构原文意义的过程。运用语用学理论分析汉英低调陈述修辞语言翻译中的理解和重构过程，探索语用和文化因素在低调陈述修辞翻译中的处理方法，可以有效解决原作低调语用意义的传达不力及其在互译中的损失等问题。低调陈述语用翻译关注的是低调陈述产生的语境、说话人真实的意图，重视交际者及其话语交际过程的动态特征方面。

（1）认知语境

低调陈述修辞语用翻译的关键在于译者能够根据特定的语境找出适合原文的语言语境、情景语境和社会文化语境的可能意义。例如：

[20] a. “He *didn't go hungry*.”

对于背景知识储备不足的读者造成理解困难，译者在翻译此句时，需充分考虑估价“go hungry”在特定语境中的含义，寻找近似等值成分，以获得语用功能对等。

b. *批评家不能把“应该”当做自己的信仰，也不应该把作品*

只当做自己的“行头”去唱自己的戏。（林景华《批评家的角色》）

这句低调陈述是委婉地指责文学批评家墨守成规、死搬教条，没有尊重作家作品意图，凭主观意愿办事。

（2）最佳关联

低调陈述语用翻译是对源语进行明示—推理并寻找最佳关联的认知过程，译者要综合考虑原文和读者之间的不同文化语境和关联程度，是原文、译者和读者三类交际主体间的互动。例如：

［21］a. 宋恩子：我出个不很高明的主意（I have got a not very clever idea），干脆来个包月（Simply to a monthly payment），每月一号（On the 1st of each month），按阳历算（in the solar calendar），你把那点……（You give that…）

吴祥子：那点意思。（That thing.）

宋恩子：对，那点意思送到（Give a little kickback），你省事（I did it to spare your trouble），我们也省事！（It's easy to save ourselves.）

王利发：那点意思得多少呢？（How much commission do you allow for?）

吴祥子：多年的交情（a friendship of long standing）你看着办（you've your own master）。你聪明（You're smart enough.），还能把那点意思闹成不好意思吗？（You wouldn't spoil the whole thing.）（老舍：《茶馆》，译文转引自：杨春霖、刘帆 1995）

宋吴两人为了达到敲诈王利发的卑鄙目的，故意运用隐晦的语言，选用增大听话者解码难度的词汇：“那点意思”和“不好意思”，目的无非是从中捞取好处。这句话如采用保留源语形象的做法即直译，不能表达出原文话语意图，译者需要抓住语境关联，在目的语环境中创设出适当的语境，从而有效地表达原文的意图：给回扣（pay the kickback or commission to them）。

b. “You are late for the last time.”

这句话因语境的不同可以分别理解为陈述事实、警告或辞退，译者需要把握好该话语的不同语境暗含，根据与该话语有关联的信息来认知其低调内涵，找到既符合源语意图又能向目的语读者传递这一意图的译文，从而使语用等效翻译的实现成为可能。

18.4.2　低调陈述语用翻译的原则

语用学既关注说话人如何利用语言和外部语境表达意义，也探讨听话人对话语的解码和推理过程，涉及语言使用的方方面面，包括言语交际的原则、言语行为、语言环境、交际变体和语用对策等。因此，语用学能为低调陈述修辞翻译研究和实践提供微观的语言学分析方法。低调陈述修辞语用翻译涉及两个原则：①源语、译者、读者是一种三元关系的组合，译者的工作就是如何使原文作者和读者之间的认知达到尽可能地统一；②为保证低调陈述修辞语言语用和社交语用的等效翻译，需要灵活采用各种语用策略来化解源语和译语之间的文化差异，最切近、最自然地将源语淡化委婉的信息完整地表现出来。

（1）三元关系组合

根据语用翻译理论，作为桥梁的译者自身所处环境、经历和认知能力与源语作者和译文读者各不相同，对源语的理解也会产生差异，译事的三元关系为译者提供了灵活处理翻译文本以满足不同译文读者的较大的移译自由。即译者可以依据译文读者的接受能力和需要而采用不同的翻译技巧，或神似形似，或异化归化，或全译选译。总之，低调陈述语用翻译三元关系的内涵就是对源语进行加工以满足译文读者，即“为译文读者而译”的语用翻译原则。

Baker（2000）指出，翻译对等是相对而不是绝对，而完全对等不存在。因此，如何在低调陈述语用翻译中平衡内容与形式、自然与准确等关系，就需要综合考虑词语对等、语法对等、篇章对等、语用对等等因素。

（2）词语层面对等

“I met my *Waterloo* in the exam.”由于汉英文化差异，源语作者与目的语读者拥有不同的认知环境，译者必须让读者了解这一历史文化色彩的“Waterloo”是指著名的滑铁卢战役，是惨败的代名词，才能从信息的传递和在读者身上产生的效果两个方面成功地再现原文意图“我这次考试很糟糕”。

（3）语法篇章对等

译者在充分理解说话人以言行事的基础上，综合考虑所隐含的有关社会、文化背景等方面的信息以及该话语所引发的预设。如前文反复提到的低调陈述典型例子“*It's good idea to finish a job*”。

（4）篇章语用对等

一代文学宗师英国小说家 William Golding（威廉·戈尔丁 1989）的著名小说《烈火战将》描述这样一个场景：当轮船碰撞冰山，一位人物是这样谈论这个灾难：“*We are privileged. How many people have seen anything like this?*”（真荣幸！能有多少人有幸目睹呢?）这种地地道道英国式的曲言，既反映英雄人物临危不惧、淡定自如的气概，也展现威廉·戈尔丁作品拙朴、凝重和冷漠的叙述风格。

低调陈述修辞具有用词模糊、信息高度浓缩等语言特点，有着丰富的信息量又不乏睿智而形象的隐转喻修辞语言点缀。低调陈述语用翻译中，译者需要从词汇、语法、语篇三个层面吃透低调陈述源语的精髓，追求信息传达的准确性、生动性、对等性。在低调陈述语用翻译中，作为源语和读者之间桥梁和中介的译者，为使汉英低调陈述达到语用等效翻译，需要关注以下三点：①译者为使读者找到原文和译文语篇和语境之间的最佳关联，有时需采用直译和意译翻译策略以达到最佳的交际效果；②涉及与语境和文化意义紧密相连的低调陈述话语时，译者为遵循目的语特有的文化价值观念，需灵活运用对应的变动策略，以实现“神似”和“形似”的完美统一；③源语与读者、译者与读者都是理解被理解的关系，它们之间的互动是语用翻译理念的核心内容。译者所要做的工作就是对低调陈述修辞话语进行加工并进行分析性评估，平衡理顺制约汉英低调陈述语用翻译活动中的源语、译者、读者“三元”之间的互动关系。

18.4.3 语用等效翻译

翻译理论和翻译技巧，一方面来自对优秀译文的归纳总结，另一方面来自对两种语言科学的、精确的对比，尤其是对比原文语言和译文语言在词汇、语法和修辞等方面的不同之处。通过前面关于汉英低调陈述结构分析，可以看出，英语和汉语低调陈述结构有其相似之处。然而由于低调陈述的理解离不开语境的介入，具有临时性和偶发性特点；再加上英语重“形合法”和汉语重“意合法”的特点。因此，怎样才能把英语低调陈述语意准确地传递给汉语读者成为翻译时的一大难题。

按照信息论的观点，翻译的本质就是通过语种转换把一种语言的言语所承载的信息转移到另一种语言的言语当中，用该种语言表达出来传递给目标语言读者的过程，是把一种语言的言语转换成另一种语言的言语的活动。把原著的信息通过翻译转移到目标语言的言语（译语），是信息载体的转化过程。而使目标语言读者获得原作所包含的信息则是信息的传递过程。美国著名语言学家和翻译理论家 Nida（奈达 1998）对翻译概念作了如下定义：翻译是指在接受语言中再现与源语言信息最接近的自然对等物，首先在意义上，其次在风格上（Translating consist s in reproducing in the receptor language the closest natural equivalent of the source language message，first in terms of meaning，and secondly in terms of style）。也就是说，翻译除可能情况下保持原文形式外，有时还需要重组源语信息的表层形式，用译语的语言材料“替换”源语的语言材料。他提倡的“动态等值翻译”（dynamic equivalent translation）就是指“最切近源语信息的自然对等”（the closest natural equivalent in the largest language）。具体地说，就是在词汇、语法、语义等语言学的不同层次上，不拘泥于原文的形式，只求保存原文的内容，用译文中最切近而又最自然的对等语将这个内容表达出来，以求等效。这种语用翻译解决了如何翻译英语低调陈述的难题，给我们翻译英语低调陈述留下了较大的自由处理的空间。汉英两种语言形态、结构迥异，其结构特点大相径庭，受语用学动态翻译理论的启发，我们认为对英语低调陈述的翻译，应处理好意译、增译、引申几种常见的方法，以便使译文和原文达到最大限度的等值。即在翻译过程中把英语的形式主轴译成汉语的意念主轴是不可避免的，不应被原文所拘囿，应力避依样画葫芦的译法，以达到沟通传意的目的。

（1）意译（paraphrase）

许国璋（1983）先生曾鞭辟入里地指出：“把外文句法强加读者，不是最好的译法……翻译的目的，在于便利不懂外文之读者，如不懂外文之读者读之不懂，翻译者不能说尽到责任。”因此，为使译文做到通顺、易懂，意译不失为一种变通手段：直接向译语读者解释源语词句在上下文中的意味（sense），用译语习语和文化真实地再现原文信息。

［22］ He had been faithful to the fourteen – old Vicar's daughter whom he had worshipped on his knees but had never *led to the altar.*（他一直忠于十四岁的牧师的女儿。他曾经拜倒在她的石榴裙下，但却没有同她结婚。）（转引自：孙迎春 2002）

如逐字移译原文，中国读者会不知所云。译者把原文中“led to the altar”字面意义“引到圣坛前面”意译为“结婚”，译文虽不能完全体现原文的低调陈述修辞风格，却保持了表达凝练、易懂的效果。

（2）增译（amplification）

通过增加原文中无其词却含其义的词，把原文中暗含内容铺展开来，使信息损失降到最低限度。

［23］ He started to his feet with the intention of awaking the sleepers，for there was *no time to lose.*（他倏地一下站起来，打算把睡觉的人都叫醒，因为时间十分紧迫，必须马上赶路。）（转引自：乐金声 1999）

这是正话反说的低调陈述，译者如果只译出“时间十分紧迫”似乎未尽其意，译语内涵不足，只有补译出弦外之音“必须马上赶路”，则译文与原文正话反说的低调陈述语意层面相当。

（3）引申（extension）

［24］ One *cannot* expect to achieve anything，if one *dare not* take risks.（不入虎穴，焉得虎子?）（转引自：彭开明 1995）

译者用内容等值的汉语谚语译原文，显得铢两悉称。这种创造性的翻译不仅是上乘译文所要求的，也是译文文从字顺、达意传神的首要条件。

（4）反译（reversion of affirmation and negation）

对于英语低调陈述中用反面否定词来表示间接肯定，有时肯定与否定之间的转换是必要的。

［25］ All told China has roughly 380 million woman between the ages of 15 and 55，and few of them—particularly in the cities—*want to look any less than the best their budgets allow.*（中国年龄在十五

岁至五十五岁的妇女总共大约有三亿八千万，只要自己的经济条件允许，她们几乎人人都想尽可能把自己打扮得绰约靓丽，这种情形在城市尤为明显。）（转引自：何刚强 1997）

这句话若照译文译过来，会给人一种“圆凿方枘，不相投合”的感觉。译者变原文的双重否定为译文的正说。虽表层形式有悖原文，但深层意蕴与原文是如出一辙的。

（5）变译（modification）

汉英两种语言属于不同语系，句子架构迥异，汉英翻译时，需要重组源语信息的表层形式，转换表达角度，以达到译文和原文最大限度的等值。

［26］*Hardly* a day passes without him getting scratched or bruised as he scrambles for a place on a bus.（他挤公共汽车，身上不是这里擦破就是那里碰伤，几乎天天如此。）

睿智的译者跃出原文结构的羁绊，重新构筑汉语句子结构。可以看出，译文行文的逻辑与原文的精神实质并行不悖。

（6）分译（division）

［27］A goat，with a loud bleat，such as even a partially deaf tiger might be expected to hear on a still night，was tied down at a *correct* distance.（一只咩咩叫的山羊拴在不远不近的地方，那叫声之大就是有点耳背的虎爷子在寂静的夜晚也可以听得见。）（转引自：Saki. Mrs. Packletides Tiger. Penguin，1995.）

“correct”一词实是低调陈述的一种表达：故意轻描淡写。如译成“恰当”，总觉其味不足、意犹未尽，译者把其拆分为远和近两个对立面，则译文无论其内涵和外延都接近原文，达到了冷嘲热讽的效果。

上面介绍的译法综合起来看，主要是形神兼备和弃形图神两种方法的交替使用：总体上形神兼备，局部上弃形图神；弃形图神是不得已的，是根据传神需要而采取的必要措施，就像医生为了抢救患者生命而开刀一样，这是为抢救原作的生命而施行的手术。严复认为：“译文取明深义，故词句之间，时有颠倒附益，不斤斤于字比句次，而意义则不倍本文。”翻译是再创作，是一种艺术，内容极其丰富，绝不是几条公式加几个例句所能概括了的。在实际翻译过程中，要真正做到译语和源语最大限度的等值，译者绝不可能在任何时候只使用某一两种手法，或一成不变地用一种手法去解决问题，而必须努力探清语义深层的逻辑关系，摈弃亦步亦趋简单的表层语符的转换，根据语境所提供的线索，推导出寓意低调陈述语用。翻译策略（如异化、归化）是从文化层面的视角考量，称为总体策略；翻译方法（如直译、意译）是从篇章语言的文本层面上考量，称为局部策略。

汉英低调陈述翻译过程如同低调陈述修辞话语的产出大致经历了构建、转换和执行的心理过程，而汉英低调陈述修辞语言的互译就是穿越汉英不同修辞语言体系之屏障，促进思想的非本族修辞语言转化流动，实现汉英异质文化间的有效交流、协调和意义共生。以心智哲学、“互文性”理论、翻译学等理论成果为理论依据，以跨学科研究方法为指导，探索汉英低调陈述修辞语言这种跨文化交际的有效的互译策略，尝试构建汉英低调陈述翻译过程中的思辨性推断理论模型，为系统化、规模化的汉英低调陈述修辞语用翻译心理研究提供新的思路和视角。修辞语用翻译研究是一个以修辞语言为本体的动态多元的开放体系，今后将不断吸收和内化认知语用学以及相关学科的新理论，既为翻译学学科建设注入新的血液，也为认知修辞学、语用学等其他领域的学科的研究开辟新的发展空间。无论是心智哲学还是哲学语用学以及“互文性”理论等，都可以成为修辞学的合理依据，它们互为照亮、彼此融合，从不同方面、不同层次和不同角度对低调陈述修辞概念作多重的界定和说明。

第十九章

低调陈述研究的嬗变与展望

语言学视角的修辞学多描写少解释，因而限制修辞学的进一步发展，故而需要考虑进行语言、语篇和文学的接面研究。修辞的意义不在文字上而在读者的主观性阅读，而读者即分析者也是社会和历史语境的一部分。因此，修辞学应该注意到这种语境决定读者的知识和价值体系并且影响其对修辞的解释。也就是说，修辞学分析应是跨学科、互文性以及读者定向性（reader - oriented）。对低调陈述修辞需要从社会、政治、文化和思想观点进行交叉分析，因为不同身份的人在使用语言时会在权力关系的详细模式中选择不同类型的过程、参与者和环境，选择参与者与环境的不同角色和数目，选择过程、参与者和环境的不同组合方式。现代修辞学理论有两个新动向：①现代修辞学的发展有将作者—作品—读者三者结合起来进行综合研究的趋势，逐渐强调读者在修辞解释中的作用，重视读者的积极参与；②由于反映特定社会历史文化和思想意识的修辞是一种社会符号，故而使用跨学科的多文本交叉研究。我们的共识是：对传统的修辞观、历史观、文化观等进行甄别、扬弃，细查明辨当代学术发展趋势，顺应21世纪语言学研究的制高点和侧重点，才能有立于绝顶览众山的思想境界，观点独特、视野开阔、资料丰富、引征广博、论述全面。

19.1 哲学与修辞学之间的辩证关系

21世纪学科之间的互动、互进、相互照亮、和谐相融是世界前沿学科的发展趋势，而学科发展的最大障碍是自恋自闭。当我们拿着如同镜子的修辞学去映射哲学时，我们能够洞悉修辞学对整个哲学体系的意义——它所映射的正是我们上下求索的东西。正如王杰（2002：10）所说："在当今知识迅速增长、学科边界日趋模糊的时代，传统学科内部的修修补补与自我拓殖，不足以酝酿出富有强劲生命活力的学术新质。"修辞学是一种通过实践来演绎自身意义、昭示自身存在的原创性学科，修辞学与哲学是互相照亮、彼此融合、互为主体的关系。哲学—修辞学融合是当代哲学与修辞学发展的方向。研究修辞的学者认为低调陈述表达方式不仅是强调自己观点可信度（ethos）的修辞方式，也是要诉诸读者情感、激起听众感情上的共鸣（pathos），低调陈述的主要功能是通过弱化论断来达到强调的效果。

19.1.1 哲学对修辞学的影响

由于哲学有一个自足、系统的理论体系支撑，学者们常借鉴哲学的理论话语对修辞实践进行理论描述和解释。古典主义二元对立的主体性哲学认为感觉决定存在，感觉是认识世界的途径和检验真理的标准。主体性哲学成为修辞学的理论基础。笛卡尔的理性思维则抛开感觉的桎梏，认为探索事物的本质需要运用演绎性和可通约性的理性思维。这种观点使得修辞学出现语言学转向，转向对修辞语言内在本质的分析和把握，即对客体的诉求。以解释学哲学为基础的解构主义强调语言意义相对性，以审美接受、审美差异和审美延时为要旨。这种解构主义哲学打破道统，打破旧思维，完成了修辞语言中说话人和听话人之间二元对立的研究范式转换。

基于维特根斯坦（1992：174）、哈贝马斯（1981）等哲学家的交往行为理论的"哲学语用学"的问世是现代修辞学建立的标志。维氏一反传统的意义理论，认为意义不是蕴含在词语里的实体，并非恒定不变，同一词语在不同的语境条件下会有不同意义。维特根斯坦强调语言的意义在于应用，关注语言的使用及其心理因素对语言意义的影响。"哲学语用学"视域下的修辞研究通过交际意向，并从日常修辞语言的功能入手，阐释人们如何运用修辞语言表达言外之力（illocutionary force）。

以认知科学为背景、与分析哲学和语言哲学有渊源的心智哲学，研究人的心智、意识等及其同身体尤其是大脑的关系（徐盛恒 2010：30—

35）。当代心智哲学研究认为语言是心智的外在表征之一，修辞语言对现实的表征依赖于大脑对现实的表征，从心智哲学的视角来看，修辞语言活动是心智活动的反映。起源于心智哲学的认知修辞学重视人的大脑功能和认知状态对于修辞语言运用的影响，关注心智对修辞语言运用的解说。心智哲学视域下的修辞语言研究需要深入研究基于感觉的认知信息处理以获得修辞语言的内在表征，即以心智活动为切入点，揭示修辞语言本身的特点和规律。

19.1.2 哲学与修辞学的互为照亮

现代修辞学在后现代语境下获得了开放、包容、扩张和“未定”的“现代性”，已逐渐发展成一种平行于哲学的原创性的理论话语，在检验现代哲学有效性的同时又深入地揭示哲学问题。修辞学理论体系的“未定”性特征使现代修辞学以哲学为参照系不断地建构自身的理论“格式塔”，传统修辞学理论哲学在不断解构又不断建构的流变中融入其他相关学科。修辞既是一种感性的语言性阐释，为哲学提供生存话语，又充当哲学话语的深层结构。现代哲学的抽象性需要借助具有修辞特征的具象性审美实践，才能更好地演绎自身。Gossen（1986：54）认为修辞“连接着人类多种体验和文化概念系统”。由于现代修辞学揭示修辞特征和修辞语言规律，现代哲学能够从修辞语言规律中去洞见主客观世界的发展轨迹，因此修辞学成为哲学重新认识自身的基本参照系。也就是说，通过对修辞学的深入研究也能够揭示哲学自身演绎难以阐明的问题，使得哲学不断地扬弃以往的“真理”，旧的哲学模式被不断地解构和建构；同理，哲学的反思又有利于人们从哲学的角度去凝思和调整对修辞的理解。可以说，修辞学揭示修辞的性质、规则和手段，也是实践性和创造性哲学延续下去的途径。

19.1.3 哲学与修辞学的彼此融合

21世纪是学科融合的时代。哲学视野中的现代修辞学就是哲学以及其他学科的彼此融合，这种融合激活了不同学科之间的相互汲取和相互彰显，为现代哲学和修辞学中潜在的“他思”打下了坚实的基础。我们以哲学为视窗去观照修辞学、丰富修辞学的内涵、体现修辞学的价值；

反之，我们以修辞学为视窗去审视哲学、拓展哲学的空间、构建哲学的框架。蕴含哲学运思的修辞学提高了自身的思辨价值；具有修辞话语的哲学也增加了其自身的实践意义。现代哲学与现代修辞学是相互张扬、互为映照的关系。哲学的凝思彰显其所指——修辞学，我们可以运用现代哲学模式去反省和调整现代修辞学，我们还可以通过批判性思维的创新意识来升华修辞学从而解构旧的哲学模式，建构新的哲学模式。我们认为，无论主体性哲学、理性哲学、解构主义哲学还是哲学语用学、心智哲学都可以成为修辞学的合理依据，它们互为照亮、彼此融合，从不同方面、不同层次和不同角度对修辞学概念作多重的界定和说明。

19.2 低调陈述修辞研究的系统辩证规律

系统辩证方法是在整体综合基础上的分析，在分析基础上的综合，综合是分析的前提、指导和归宿，分析始终不能脱离综合，在系统的整体联系中认识它的各个部分以及它的各个部分在系统中的地位和作用，然后再把系统中各个部分的相互联系、系统与环境的相互联系综合为一个整体，正确地揭示系统的整体性质，在这个意义上，分析和综合真正实现了辩证的统一。现代科学宏观、微观和宇观相互交叉、渗透的整体化的趋势改变着人们关于物质世界的图景，使人类获得了对自然界的规律越来越完整的认识。人类整个思维方式、整个观念体系在现代系统辩证论中得到了辩证的综合。

修辞语言的发生发展呈现着两种趋势：一方面它在不停地分化，从而呈现出多样性和具体性。另一方面它又不断整合，从而显现出丰富性和系统性。低调陈述认知修辞系统反映了需要从修辞语言的内部有机联系、从修辞语言之间的外部联系来辩证地系统地看待修辞语言系统。根据系统辩证规律，修辞语言的差异和协同作用是事物发展的动力和根源，修辞语言的差异和协同作用在对立两极同一的基础上实现所有修辞子系统在修辞系统整体上的联合和协调，即多元的辩证统一。从哲学范畴的高度来看，低调陈述修辞系统是由相互联系的要素构成、有特定的低调语用功能并同其周围环境相互作用的有机整体。从系统辩证论的意义出发，低调陈述认知修辞系统具有整体性、结构性、层次性和开放性的基本特征。

19.2.1　整体性

低调陈述不仅是一种意义和句法结构的整体，也是语用功能的整体。从历时的角度，低调陈述语用化过程将预制语块（即 PM）固化为记忆中存储的整体功能代码，同时又不同程度地保留原先的或产生新创的句法、语义特性。作为整体的低调陈述在语用功能上控制并在语义上依赖作为其构成成分的词语组合，体现的是系统辩证论中整体不等于部分之和的关系，两者既对立又统一。

19.2.2　变动性

低调陈述认知修辞系统由结构决定，系统的结构性同样存在要素与结构、质与量、结构与功能等各种辩证统一的关系。从历时的角度，随机使用的某一语言经过语用推理产生特殊的低调含义，这种用法最初按句法、语义规则可以自由组合从而具有变动性。

19.2.3　层次性

系统的性质、系统的层次性深化了我们对事物矛盾关系的认识，层次性告诉我们既有高层次与低层次间的辩证统一，又有同层次中要素间的辩证统一，更有层次与整体的辩证统一关系。

19.2.4　开放性

低调陈述认知修辞系统同其周围环境相互联系，相互作用，进行着信息的交换和转换，体现系统与环境的辩证统一关系。从系统的发生和发展来看，系统的发展都是遵循辩证统一规律的，量变和质变的转换形式，否定之否定的发展形式，都会在系统的整体发展中表现出来。

根据系统辩证观点多维度分析探索低调陈述在历时与共时、动态与静态、功能与形式等对立平面上的不断创新和规约，可以揭示低调陈述修辞系统内编码意义与语用含义、自由组合与固化语块相互排斥与依赖、分化与同一的演化表现。低调陈述语用化规律是认知修辞学的具体化、精确化、深刻化，这也是对认知修辞各种语用推理和语言交际模式的一种理论支撑和必要补充。

19.3 基于事况逻辑模型的低调陈述级差含义

对低调陈述会话含义的研究从其对外部心理现实性的探究（前文所述）转向对其内部逻辑语义性的刻画，运用新的描写方式——发源于情境语义学（situation semantics）的事况逻辑（episodic logic），从信息持真（information persistence）的角度发掘低调陈述在传统研究中被忽略的级差含义（scalar implicature），揭示低调陈述不依赖外部语境的内部逻辑属性。

19.3.1 低调陈述级差含义的语义属性

（1）剥离语境的低调陈述意义

［1］a. The place is *some* distanceoff.（到那地方还有一点距离呢。）

b. The place is much distance off.（那地方挺远。）

根据 Grice（1975）语用学，说话人遵循合作原则说“some”而不是更强的“much”就是第一量准则的体现；而根据关联理论，说话者明知距离很远却说出例［1］a，就有悖于最大关联。以上两种解释方式的共同点是需要参照说话人的状态或上下文等语境因素。但从 Levinson（2000）级差含义缺省论的视角，从例［1］a 推知例［1］b 可能并不需要真正考虑语境。根据霍恩级差定义，如果ⅰ）句子φ中含有词项 S；ⅱ）φ（S/W）与φ的区别仅仅在于 S 被 W 替代；ⅲ）<S，W>对于φ而言是霍恩级差，那么φ（S/W）>φ（$\neg$S）—上例［1］低调陈述级差含义可被解释为：φ（Much/Some）>φ（$\neg$Much）。这是剥离语境的低调陈述语句意义，它区别于经典理论中的“what is said”的所指，即说话人或听话人的实际含义。

（2）基于衍推的低调陈述级差含义

霍恩级差（Horn scale）表示一类词存在语义强弱级差<S，W>。语义强弱在逻辑上就是指句子之间的衍推关系。例如：

［2］a. I was *not a little* upset.

b. I was very upset.

由于霍恩级差是建立在句子环境中，我们可以在“不是一点点恼火”的信息上衍推“十分恼火”，即 Not a little（I，upset）⊨ Very（I，upset）。

（3）低调陈述修辞话语的级差含义

［3］a. My daughter gota passing grade for history. But her score *could be better.*（我女儿历史课得了个及格成绩。她的分数或许还能好些。）

b. Her score hardly pass muster.

以话语为单位的低调陈述也体现级差含义的语义属性，我们可以在“分数还能好些”的信息上衍推“远未达到要求”，即 could be better（score）⊨ hardly pass muster（score）。

19.3.2 基于事况逻辑模型的低调陈述级差含义

起源于形式语义学的事况逻辑是对事件、状态、事况、结果等语义范畴进行语言处理的模型。在事况逻辑中，命题 φ 是句子的逻辑内容，事况 η 是命题之外的抽象内容。如果“η 是 φ 的事况”，则表示为［φ ＊＊η］；如果“φ 在 η 中成立”或“φ 描述 η 的某些方面”，则表示为［φ ＊η］。将事况与命题的关系细分为＊和＊＊是事况逻辑对形式语义学著名理论——“情境语义学”（Situation Semantics）中的“情景”的改进和优化。借助＊＊和＊我们可以尝试对低调陈述进行更广泛的语义推理。

（1）低调陈述级差含义与衍推关系的信息隶属

“*decent* salary”中“decent”和“good”存在衍推关系，用集合论的语言描述，就是｛x：x is decent｝⊆｛x：x is good｝，即凡是“decent”的一定是“good”的。

（2）低调陈述级差含义与偏序关系的信息隶属

上例［2］中存在于<a little，very>之间的是偏序关系，是一个没有明确起止时间的无界句，如果 φ_{atl} = “I was not a little upset”，Ψ_{atl} = “I was not a little upset and I was very upset”。φ_{atl} 的事况是 Ψ_{atl} 的事况的一部分，即 $e \leqslant e'$，因此 φ_{atl} 的级差含义为“It is true that I was not a little upset and I was very upset”，再结合 φ_{atl} 本身，得到例［2］的级差含义为“It is true that I was very upset”。

19.4 对于理论框架建构的思考（结论、启示、不足）

很多看似无甚新奇的普通句子，一旦被放到特殊语境的视野中加以梳理，常有见微知著之效。本书只是一个索引式的起点，篇幅所限，难免挂一漏万。但重要的是，修辞学从来都不是一笔写就的，也没有谁可以垄断书写修辞学史的权力，只要更多的人加入这个为修辞学历史打底稿的行列，修辞学历史的细节便会日益丰富，从而接近真实。在一个修辞学面临挑战，以多维的视角创新我们语言学理论的浪潮澎湃的年代，重要的不仅是观察、描写，而是寻找各种语法规律背后所隐含的理据和动因。

19.4.1 本研究的结论

（1）习得性

发展心理学认为，语言是后天习得的，在语言习得过程中，模仿、类推、概括等发挥着重要作用。修辞更是如此，低调陈述修辞是人类在不断地对现实世界进行主观认知加工的过程中所形成的概念，然后这些概念被固化为低调陈述修辞语言。

（2）体验性

低调陈述修辞结构是认知主体在体验基础上进行主客互动和认知加工的结果，低调陈述修辞现象绝非自治或任意，对其规则和内在成因的解释必须通过人与现实的互动体验、心智思维和认知方式来获得。人类通过体验性概念化过程建构起低调陈述修辞概念结构和意义，业已形成的较定型的低调陈述修辞概念和意义又反过来影响人与环境的互动体验。

（3）原型性

低调陈述修辞的认知研究遵循的是认知语言学所倡导的意象图式、原型范畴、体验性概念化观点，即人们在与环境互动体验基础上形成包括部分—整体图式、中心—边缘图式等在内的基本意象图式，这些意象图式构成了人们认识和理解低调陈述修辞的原型（或原型参照点），并在此基础上通过类推等认知方式建立了低调陈述修辞原型范畴。基于相似性或隐转喻，低调陈述修辞可能从原型表达拓展出新表达式。

低调陈述修辞是认知主体在对外部情景进行范畴化过程中所形成的相对定型和稳定的、具有一定组织结构的原型范畴。其中，情景的参与者、场景信息、参与者同场景信息的交互关系、情景要素之间的因果关系等构成了外部情景所对应的心智概念结构。我们所能观察到的低调陈述修辞语句实际上是对这些概念结构的编码。

（4）社会性

低调陈述修辞是以符号转换为手段，以意义再生为任务的一项交际活动，它包含着语言活动、理解活动、精神活动和社会活动。低调陈述修辞意义的表现和交流形式的达成承载着浓厚的社会、文化意义，故当代所理解和实践的低调陈述修辞语言现象的研究在多学科——如哲学、语言学、心理分析、认知科学、社会学、人类学以及政治学基础上综合展开，万花筒般的学科流派背后是泾渭分明的不同理路和不同观念，低调陈述修辞语言现象的深入探讨体现的就是这些不同理路和不同观念的冲撞和融合。

低调陈述修辞语言是社会和人的基本沟通手段和体系之一，也是人的生活的基本模式和基本形式之一，它既是权力运作的脉络、行为和思想产生互动的象征性中介体系，也是生活世界经验的总结。

19.4.2　本研究的启示

修辞系统的建设是反映语言学科进步和走向的一面镜子。修辞研究既要关注时代、社会、文化等影响因素，更要详悉探讨并比较修辞大师们提出的各种修辞原则、修辞策略等重要问题。任何看似完善、周密的理论只是一种认识取向，一种研究策略，无法涵盖川流不息、曲曲折折、千变万化的存在经验。对以往的修辞原则进行深入而全面的比较研究，有助于加深我们对修辞的认识，同时也促使我们更清楚地认识修辞研究发展的脉络。传统的低调陈述研究建立在辞格分类的静态格局上，似乎成为一个与其他辞格、甚至修辞学以外没有任何联系的自足系统。认知语言学旨在揭示人类的认知能力和语言能力，成果丰硕。修辞研究与不断发展的认知语言学相结合，并与别的相关学科交叉，将是今后修辞学新概念的重要生长点。徐盛恒（2008）认为，提炼语言素材获得更具交际价值的描述世界的表达方式就是修辞言语活动。从认知角度，低调陈述就是运用并体现某一认知方式或认知策略来掩饰描述或淡化说明这个世界客体。

中国学者“重实用、善思辨、讲人文”，忽略“形而上”层面建构理论模型，而西方学者“爱智求真、追问本质、建构理论、形式思考”，注重语言本质这类的课题，从而建立科学系统，给予我们中国学者诸多启迪。缺乏理论高度的研究会就事论事；缺乏材料支撑的研究也是纸上谈兵；缺乏理论与实证有机结合的研究必然难以立足。从语言材料的观察到语言理论体系的建构过程是一个动态的、逐步升级、相互依存的过程。修辞语言习得者是物质与精神的有机体。修辞语言的物质属性及其承载文化的功能决定了修辞语言习得过程的复杂性和多维性，也决定了认识论视角和研究问题的多样性。

19.4.3 本研究的不足

从不同理论视角对低调陈述修辞进行分析，运用合作原则、礼貌原则、面子理论、顺应论、模因论、关联理论、系统功能语言学理论、原型范畴理论、转喻理论、隐喻理论（包括多模态隐喻理论和语法隐喻理论）、概念整合理论、认知语境理论、心智哲学理论等，虽从不同的视角揭示低调陈述修辞的社会心理基础，构成认知机制、意义理解机制、认知语境建构作用，拓宽并深化了人们对于低调陈述的传统修辞现象的认识，但如何以多维的视角统筹各语言学流派和与语言学有关学科的研究，使低调陈述修辞研究取得新的能体现时代科学精神的重要进展。也就是说，如何有机整合多种理论视角，建构一个整体框架，还需要挖掘出能够反映低调陈述修辞本质的完整而系统的理论视角，进而能够对低调陈述修辞作出统一和经济的解释。

本研究还需要从广度和深度方面进一步展开。其一，在“understatement”项下进行中英、中外文化比较、梳理，从而形成更有说服力的语篇，尚需我们日后付出更多的时间和精力来挖掘更丰富的中外素材；其二，低调陈述涉及语言研究的问题还有许多需要我们日后关注，比如：①作为间接语言的低调陈述与其他间接性语言诸如隐喻、委婉语、反语等的关系如何？②运用低调陈述与社会变量（social variables）如性别、语境、性格等之间的关系，等等。

我们可以选择两种途径研究低调陈述：①符号学途径。从语言能指与客观世界所指之间的关系入手，结合社会语言学、心理学、认知科学等学科的研究方法，全面考察低调陈述产生的社会背景、本质特征、使用特点以及对人类思维和心理的影响和作用。在这方面本书做了一些工作，但远不够完整系统；②实用途径。编纂撰写低调陈述词典，以方便广大语言使用者，更好地为教学服务。这应该是我们未来研究工作的重点。

从目前的研究状况看，本研究属于文本式、诠释性研究。期待在继续和深入低调陈述修辞研究的同时，能更多地从哲学史角度和基于文本进行高水平的批判性研究，拓展研究低调陈述修辞的视野，多元化地推进低调陈述修辞的研讨更广泛更深入的展开。实际上，在当代语言学界，一些有影响的语言学家已经从新的视角和观点出发，对转喻和隐喻进行了比较系统的批判性研究与探讨。这是修辞语言学发展的必然，也是修辞语言学发展的内在动力。

说明

（1）全书英文例子没有注明出处的均选自大学英语教材：

Susan Stempleski 等、杨惠中：《新世纪大学英语系列教材视听说教程》第 4 册，上海外语教育出版社 2008 年版。

李荫华：《大学英语 · 精读》第 1—4 册，上海外语教育出版社 1991 年版。

王同顺：《多维教程 · 熟谙》，高等教育出版社 1999 年版。

杨惠中、张彦斌、郑树棠：《大学核心英语 · 读写教程》第 3 册，高等教育出版社 1992 年版。

翟象俊、张增健、余建中：《21 世纪大学英语读写教程》第 3—4 册，复旦大学出版社 2013 年版。

（2）全书汉语例子没有注明出处的均引自：

杨春霖、刘帆：《汉语修辞艺术大辞典》，陕西人民出版社 1995 年版。

参考文献

英文文献

Adele E. Goldberg. “Constructions: a New Theoretical Approach to Language.” Journal of Foreign Languages 145.3 (2003): 1 –5.

Adele E. Goldberg. Constructions at Work: The Nature of Generalizations in Language. Oxford: Oxford University Press, 2006.

Adele E. Goldberg. Constructions: A Construction Grammar Approach to Argument Structure. Chicago: University of Chicago Press, 1995.

Aijmer, Karin. “Discourse Variation and Hedging.” Corpus Linguistics 11: New Studies in the Analysis and Exploitation of Computer Corpora. Ed. Jan Aarts and Willem Meijs, Amsterdam: Rodopi, 1986. 1 –18.

Alba Juez, Laura. “Irony and the Other Off Record Strategies within Politeness Theory.” Miscelanea: A Journal of English and American Studies 13.23 (1995): 13 –23.

Allen, K. and Burridge, K. Euphemism and Dyspemism: Language Used as Shield and Weapon. Oxford: OUP, 1991.

Aristotle. Rhetoric. New York: Oxford University, 2007.

Baker, M. In Other Words: A Coursebook on Translation. Beijing: Foreign-Language Teaching and Research Press, 2000.

Bates, E. “Pragmatics and Socio – linguistics in Child Language.” Normal and Deficient Child Language. Eds. D. Morehead and A. Morehead. Baltimore: University Park Press, 1976. 411 –464.

Berntsen, Dorthe and Kennedy, John M. “Unresolved Contradictions Specifying Attitudes – In Metaphor, Irony, Understatement and Tautology." Poetics 24. 1 (1996): 13 – 29.

Black, M. Models and Metaphors. Cornell University Press, 1962.

Blakemore, D. Understanding Utterance. Oxford Blackwell, 1992.

Brenda Townsend Hall. Indirect Language. Suite University, 2000.

Brown, P. and Levinson, S. C. Politeness: Some Universals in Language Use. Cambridge: Cambridge University Press, 1987.

Brown, P. and Levinson, S. "Universals in Language Usage: Politeness Phenomena." Questions and Politeness: Strategies in Social Interaction. Ed. Goody, E. Cambridge: Cambridge University Press, 1978: 56 – 324.

Brown, P. and S. C. Levinson. Politeness. Cambridge: CUP, 1987.

Burke, K. A Rhetoric of Motive. Berkeley: University of California Press, 1969.

Burlando, Andrew A. and Farrar, Nannette L. "Teaching Primary Children to Read Critically." Language Arts 54. 2 (1977): 187 – 188.

Campbell, G. The Philosophy of Rhetoric. LF. Bitzer. Carbondale: Southern Illinois UP, 1963.

Carney, L. S. "Not telling us what to think: The Vietnam veterans memorial." Metaphor and Symbol 8. 3 (1993): 9 – 211.

Carrel, P. L. and Eisterhold, J. C. "Schema theory and ESL Reading Pedagogy." TESOL Quarterly 17 (1983): 553 – 569.

Carston, Robyn. Language and Cognition. Linguistics: the Cambridge Survey (Vol. III.). Cambridge: Cambridge University Press, 1988.

CarterR., Graves P. M., Creasey A., Byne K., Read D., Alano P., Fenton B. "Plasmodium Falciparum: an Abundant Stage – specific Protein Expressed during Early Gametocyte Development." Exp. Parasitol 69 (1989): 140 – 149.

Cavanagh, Michael E. "Cognitive development: Pastoral implications." Pastoral Psychology 4. 44 (1996): 227, 10.

Chafe W. "Cognitive Constraints on Information Flow." Coherence and Grounding in Discourse. Ed. Russell Tomlin. Amsterdam: John Benjamins,

1987. 21 –51.

Channell, Joanna. Vague Language. Oxford: Oxford University Press, 1994.

Chomsky, Noam. Aspects of the Theory of Syntax. Cambridge, Mass: MIT Press, 1965.

Chomsky, Noam. SyntacticStructures. Berlin/New York: Mouton de Gruyter, 1957.

Clark Herbert H. "Using Language." Cambridge: Cambridge University Press, 1996.

Clark, Herbert H. "Responding to Indirect Speech Acts." Cognitive Psychology 11 (1979): 77 –430.

Cleanth Brooks. Fundamentals of Good Writing: A Handbook of Modern Rhetoric. Harcourt School Publishers, 1950.

Coulson, S. "Analogic and Metaphoric Mapping in Blended Spaces." Center for Research in Language Newsletter 9. 1 (1995): 2 –12.

Croft, W. and Cruse, D. A. Cognitive Linguistics. Cambridge: Cambridge University Press, 2004.

Demorest, Amy; Silberstein, Lisa; Gardner, Howard; Winner, Ellen. "Telling It as It Isn't: Children's Understanding of Figurative Language." British Journal of Developmental Psychology 1. 2 (1983): 121 –134.

Dews, S. and Winner, E. "Obligatory Processing of Literal and Nonliteral Meaning in Verbal Irony." Journal of Pragmatics 31 (1999): 1579 –1599.

Dirven, R. "Metonymy and metaphor: Different mental strategies of conceptualization." Leuvense Bijdragen 82 (1993): 1 –28.

Dr Yuan Yi. "Face –Saving Devices in Peer Reviews & Their Implications." Centre for Development of Teaching and Learning 4. 2 (2000): 5 –7.

Dr. Seuss. Dr. Seuss's ABC/Beginner Books. Random House US, 2013.

Duthel Heinz. History and Philosophy of Science. Lulu. Com, 2008: 98.

Edmund Weiner and John Simpson. The Oxford English Dictionary. Oxford University Press, 1989.

Elizabeth McCutcheon, "Denying the Contrary: More's Use of Litotes in the Utopia." Essential Articles for the Study of Thomas More. 1977.

Ellis, N. "At theInterface: Dynamic Interactions of Explicit and Implicit Language Knowledge." Studies in Second Language Acquisition 27 (2005): 305 - 352.

Evans, V. and M. Green. "Figurative Language Understanding in LCCM Theory." Cognitive Linguistics 21. 4 (2009): 601 - 662.

Evans, V. and M. Green. Cognitive Linguistics: An Introduction. Edinburgh: Edinburgh University Press, 2006.

Fagan, Cathy Elizabeth. "The excitement of an afternoon call: Re - framing the regional and the modern through the poetry of Jeanne Robert Foster." Dissertation Abstracts International 63. 3 (2002): 0943.

Fauconnier, G. and E. Sweetser. Space, Worlds, and Grammar. Chicago: University of Chicago Press, 1996.

Fauconnier, G. and M. Turner. "Blending as a Central Process of Grammar." Conceptual Structure, Discourse and Language. Ed. Adele Goldberg. Stanford: CSLI Publications, 1996.

Fauconnier, G. and M. Turner. "Conceptual Integration Networks." Cognitive Science 22. 2 (1998): 133 - 187.

Fauconnier, G. and M. Turner. The Way We Think: Conceptual Blending and the Mind's Hidden Complexities. New York: Basic Books, 2002.

Fauconnier, Gilles Mental Spaces. New York: Cambridge University Press, 1994. [Originally published Cambridge: MIT Press, 1985.]

Fauconnier, Gilles. Mappings in Thought and Language. Cambridge: Cambridge University Press, 1997.

Fauconnier, Gilles. Mental Spaces: Aspects of Meaning Construction in Natural Language. The M IT Press, 1985.

Ferrario, Elena. "Death, Where Is Thy Victory? The Discourse of Politeness in the Press for Seniors." Louvain 29. 3 - 4 (2003): 73 - 88.

Fillmore, Charles J. " Frame semantics. " Linguistics in the Morning Calm. Seoul, Hanshin Publishing Co. , 1982: 111 - 137.

Fillmore, Charles J. "Inversion andConstructional Inheritance." Lexical and Constructional Aspects of Linguistic Explanation. Ed. Gert Webelhuth, Jean -

Pierre Koenig and Andreas Kathol. Stanford, Ca: CSLI, 1999. 113 – 128.

Forceville, C. "Metaphors inPictures and Multimodal Representations." The Cambridge Handbook of Metaphor and Thought. R. W. Gibbs, Jr. Cambridge: Cambridge University Press, 2008. 462 – 482.

Forceville, C. "Non – verbal and Multimodal Metaphor in a Cognitive Framework: Agendas for Research." Cognitive Linguistics: Current Applications and Future Perspectives. Eds. G. Kristiansen. M. Achard. R. Driven. and F. Ruiz de Mendoza Ibanez. Berlin/New York: Mouton de Gruyter, 2006. 379 – 402.

Friedrich Max Muller. The Languages of the Seat of War in the East. War College Series, 2015.

Gardenfors, P. Some Tenets of Cognitive Semantics. Cognitive Semantics: Meaning and Cognition. Eds. Allwoods and Gardenfors. Amsterdam: John Benjamin's, 1999. 21.

Gardner, H. and Winner, E. The Development of Figurative Language. Children's Language. Ed. K. Nelson. New York: Gardner Press, 1978.

George Kamberelis. "Book Review: Understanding Situated Literacy Practices: Verisimilitude, Contingency, and Understatement." Journal of Literacy Research 33. 1 (2001): 203 – 210.

George Mikes. How to Be a Brit. Penguin, 1986.

Gibson, Robert. "The Intercultural Dimension: Hidden Differences between British Culture and Other Cultures." Fremdsprachenunterricht 38. 2 (1994): 127 – 129.

Giora, R. "OnNegation and Irony." Discourse Processes 19 (1995): 239 – 264.

Giora, R. "On thePriority of Salient Meanings: Studies of Literal and Figurative Language." Journal of Pragmatics 3. 1 (1999): 919 – 929.

Giora, R. "UnderstandingFigurative and Literal Language: The Graded Salience Hypothesis." Cognitive Linguistics 7 (1997): 183 – 206.

Givón, T. Functionalism and Grammar Vol. I. Amsterdam: John Benjamins, 1995.

Goffman E. "OnFace – work: An Analysis of Ritual Elements in Social Interaction. " Interaction Ritual. Ed. E. Goffman. Allen Lane: The Pensuin Press, 1972. 266.

Goffman E. Interaction Ritual: Essays on Face Behaviour. New York: Garden City, 1967.

Goossens, L. Metaphtonymy: The Interacton of Metaphor and Metonymy in Figurative Expressions for Linguistic Action. Amsterdam: John Benjamins, 1995.

Gossen, G. H. Symbol and Meaning Beyond the Closed Community. New York: State University Press, 1986. 54.

Grice, H, P. "Presupposition andConversational Implicature." Radical Pragmatics. Ed. Cole, P. New York: Academic Press, 1981.

Grice, H. P. Studies in the Way of Words. Cambridge, MA: Harvard University Press, 1989.

Grice, H. P. "Logic and Conversation." Syntax and Semantics Volume 3: Space Acts. Eds. P. Cole and J. Morgan. New York: Academic Press, 1975. 45 - 58. 312.

Hackman, Dorothea. "Irony in Speech Acts Involving Foreigners." Odense University Studies in Linguistics 3 (1978): 187 - 191.

Haegeman, Liliane. "Be Going To and Will: A Pragmatic Approach." Journal of Linguistics 25. 2 (1989): 291 - 317.

Halliday, M. A. K. and Hasan, R. Cohesion in English. London: longman, 1976.

Halliday, M. A. K. and Hasan, R. Language, Context, and Text: Aspects of Language in a Social - semiotic Perspective. Deakin University Press, 1985.

Halliday, M. A. K. and Matthiessen, C. M. I. M. An Introduction to Functional Grammar (3rd edition). London: Arnold, 2004.

Halliday, M. A. K. and Metthissen, C. M. I. M. Construing Experience Through Meaning—A Language - based Approach to Cognition. London: Cassell, 1999.

Halliday, M. A. K. Language as Social Semiotic. London: Arnold, 1978.

Halliday, M. A. K. Explorations in the Functions of Language. London: Edward

Arnold, 1973. 140.

Halliday, M. A. K. AnIntroduction to Functional Grammar. 2nd Edition. London: Edward Arnold, 1994.

Harder, P. "Mental Space Exactly WhenDo We Need Them." Cognitive Linguistics 14 (2003): 92 - 94.

Harris, A Leslie. "Litotes and Superlative in Beowulf." English Studies 69. 1 (1988): 1 - 11.

Heidegger, M. Poetry, Language, Thought. New York: Happer and Row, 1971.

Henk van Riemsdijk. A Far From Simple Matter: Syntactic Reflexes of Syntax - Pragmatics Misalignments. Tilburg University, 1999.

Herbert H. Clark. Using Language. Cambridge: Cambridge University Press, 1996.

Herbert L. Colstonand Jennifer O'Brien. "Contrast and pragmatics in figurative language: Anything understatement can do, irony can do better." Journal of Pragmatics 32. 11 (2000): 1557 - 1583.

Herbert L. Colston and Jennifer O'Brien. "Contrast of Kind Versus Contrast of Magnitude: The Pragmatic Accomplishments of Irony and Hyperbole." Discourse Processes 30. 2 (2000a): 179, 21.

Hiroko, Nishida. "A Cognitive Approach to Intercultural Communication based on Schema Theory." International Journal of Intercultural Relations 23. 5 (1999): 753 - 777.

Hoffmann, M. E. Negatio Contrarii: A Study of Latin Litotes. The Netherlands: Van Gorcum & Comp B. V., 1987. 28.

Horn, L. R. "Pragmatic Theory." Linguistics: The Cambridge Survey Volume 1, Linguistic Theory: Foundations. Ed F. Newmeyer. Cambridge: Cambridge University Press, 1988. 113 - 145.

Horn, L. R. "Toward aNew Taxonomy for Pragmatic Inference: Q - based and R - based Implicature." Georgetown Round table on Languages and Linguistics. Ed. Deborah Schiffrin. Washington, DC: Georgetown University Press, 1984.

Horn, L. R. A Natural History of Negation. Chicago: The University of Chicago Press, 1989.

Horn, L. R. The Logic of Logical Double Negation. Yale University Press, 2005.

Hübler, A. Understatements and Hedges in English. Amsterdam and Philadelphia: John Benjamins, 1984.

Iain BanksM. Consider Phlebas. Sound Library, 2011.

J. A. Cuddon. A Dictionary of Literary Terms（文学词汇词典）. Andre Deutsch, 1977.

Jahn, Manfred. "A Guide to the Theory of Poetry." Part 1 of Poems, Plays, and Prose. A Guide to the Theory Of Literary Genres. English Department, University of Cologne, 2002.

James Jasinksi. Sourcebook on Rhetoric. SAGE Publications, 2001: 1 – 641.

Jane Austan. Pride and Prejudice. Addison Wesley Longman, 1999.

Janet Holmes,《社会语言学导论》，世界图书出版公司，2011。

Jauregui, Beto. "Some Characteristics of the English Language." Lenguajey Ciencias 15. 1 (1975): 17 – 23.

Jerome David Salinger. Catcher in the Rye. Demco Media Inc; Turtleback School and Library ed, 1991.

Joanna Channell,《模糊语言》，上海外语教育出版社 2000 年版。

John Heil. Philosophy of Mind: A Contemporary Introduction. London and New York: Routledge, 1998.

John Lucy. "LanguageDiversity and the Development of Mind: Converging Lines of Evidence"（语言多样性与大脑的发展：来自不同方面的证据）. 西安外国语大学：第 11 届国际认知语言学大会会议手册，2011 年。

John, S. L. and R. W. Gibbs Jr. "Emotional Reactions to Verbal Irony." Discourse Processes 29. 1 (2000): 1 – 24.

Judith"露西之诗"1969, 2/2: 1 – 7 Three Years She Grew in Sun and Shower.

Judith Wright. "Meaning, Value and Poetry." Because I Was Invented. Melbourne: Oxford University Press, 1975. 193.

Kate Fox. Watching the English: The Hiddene Rules of English Behaviour. Great Britain: Hodder and Stoughton Ltd A division of Hodder Headline, 2004. 1 – 124.

Kennedy, T. E. " Life inAnother Language. " Literary Review 47. 1 (2003): 52.

Kittay, E. Metaphor: Its Cognitive Force and Linguistic Structure. Oxford: Clarendon Press, 1987.

Kreue R. "The Production and Procession inIrony. " Metaphor and symbol 15 (2000): 99 – 107.

Kristeva, Julia. A Revolution of Poetic Language. Paris: Seuil, 1974.

Kristeva, Julia. Desire in Language: A Semiotic Approach to Literature and Art. Oxford: Blackwell, 1969

Lakoff, G, Women, Fire and Dangerous Things. Chicago: University of Chicago Press, 1987. 19 – 30. 77. 174 – 175.

Lakoff, G. and Johnson, M. Metaphors We Live By. Chicago: The University of Chicago Press, 1980/2003.

Lakoff, G. and Johnson, M. Philosophy in the Flesh—the Embodied and Its Challenge to Western Thought. Chicago: Chicago University Press, 1999.

Lakoff, George. "Hedges: A Study in Meaning Criteria and the Logic of Fuzzy Concepts. " Journal of Philosophical Logic 2 (1973): 458 – 508.

Lakoff, George. "TheInvariance Hypothesis: Is Abstract Reason Based on Image – schemas? . " Cognitive Linguistics 1 (1990): 39 – 74.

Langacker R. W. "Reference – pointConstructions. " Cognitive Linguistics 4. 1 (1999): 1 – 38.

Langacker, R. W. "Reference – pointConstructions. " Cognitive Linguistics 4 (1993): 1 – 38.

Langacker, R. W. Foundations of Cognitive Grammar Vol 1: Theoretical Prerequisites. Stanford University Press, 1987.

Langacker, R. W. Foundations of Cognitive Grammar: Descriptive Application. Stanford: Stanford University Press, 1991.

Lasersohn, P. "PragmaticHalos. " Language 75. 3 (1999): 522 – 551.

Laurence, Patricia. "The Vanishing Site of Mina Shaughnessy's Errors and Expectations." Journal of Basic Writing 12.2 (1993): 18-28.

Leech, G. N. Principle of Pragmatics. London: Longman, 1983.

Leech, Geoffrey N. Linguistic Guide to English Poetry. Longman Publishing Group, 1969.

Levinson, S. C. "A Review of Relevance." Journal of Linguistics 25 (1989): 455-472.

Levinson, S. C. Pragmatics. Cambridge: Cambridge University Press, 1983.

Levinson, S. C. Presumptive Meaning: The Theory of Generalized Conversational Implicature. Massachusetts: MIT Press, 2000.

Livingston, Nicola J. Mitchley Joan Barber John M. Gray D. Neil Brooks Martin G. "Comprehension ofIrony in Schizophrenia." Cognitive Neuropsychiatry 3.2 (1998): 127-138.

Lucariello, J. "SituationalIrony: A Concept of Events Gone Away" Journal of Experimental Psychology General 123.2 (1994): 129-145.

MacLeod, Alexander. "Teatime and Robin Hood: English Identity Crisis." Christian Science Monitor 90.237 (1998): 6.

Malinowski, B. "The Problem of Meaning in Primitive Languages." The Meaning of Meaning. Eds. C. K. Ogden, and I. A. Richards. London: K. Paul, Trend, Trubner, 1923. 296-336.

Mark Twain. The Adventures of Huckleberry Finn. Ballantine Books, 1997.

May, J. L. Pragmatics: an Introduction. Beijing: Foreign Language Teaching and Research Press, 2001.

Medlin, D. and B. Ross. Cognitive Psychology. New York: Harcourt Brace Jovanovich Inc, 1992.

Merriam Webster, 《韦氏高阶英语词典》, 中国大百科全书出版社 2009 年版。

Mey, J. L. Pragmatics: An Introduction. Oxford: Blackwell, 2001.

Meyer, P. G. "Hedging Strategies in Academic Discourse." Hedging and Discourse. Eds. Markkanen, R. and Schroder, J. Walter de Gruyter, 1997.

Michael, Nelson. "What is anExpression Context - sensitive?" University of

Arizona, DRAFT. 2001.

Nicholson H. Diplomacy. Oxford: Oxford University Presss, 1950.

Nida Eugene A. Language, Culture of Translation. Shanghai Foreign language Education Press, 1998.

Norrick, Neal R. "From Wit to Comedy: Bisociation and Intertextuality." Semiotica 67. 1 -2 (1987): 113 -125.

Osten Dahl. Inflationary Effects in Language and Elsewhere, Dept. of Linguistics, Stockhol University, 2011.

Overington, M. A. "ACritical Celebration of Gusfield's 'The Literary Rhetoric of Science'." American Soociological Review 42. 1 (1977): 4 -70.

Palacios Martinez and Ignacio M. "Multiple Negation in Modern English. A Preliminary Corpus - Based Study." Neuphilologische Mitteilungen 104. 4 (2003): 477 -498.

Panther, K. U. and L. L. Thornburg. "Coercion and Metonymy: The Interaction of Constructional and Lexical Meaning." Cognitive Perspectives on Language. B. Lewandowska - Tomaszczyk (ed.). Frankfurt: Peter Lang, 1999a. 37 -52.

Panther, K. U. and L. L. Thornburg. "Metonymy." Cognitive Linguistics. Eds. Geeraerts, D. and H. Cuyckens. Oxford: Oxford University Press, 2006.

Panther, K. U. and L. L. Thornburg. "Speech act Metonymies." Discourse and Perspectives in Cognitive Linguistics. Eds. W. - A. Liebert, G. Redeker and L. R. Waugh. Amsterdam/Philadelphia: John Benjamins, 1997. 205 -219.

Panther, K. U. and L. L. Thornburg. "ThePotentiality for Actuality Metonymy in English and Hungarian." Metonymy in Language and Thought. Eds. G. Radden and K. Panther. Amsterdam: John Benjamins, 1999. 333 -357.

Panther, K. U. and L. L. Thornburg. Metonymy and Pragmatic Inferencing. Amsterdam: John Benjamins, 2003.

Pearson, J. "Application of theUniversal Sign Structure." Lecture Notes, 2008.

Peter F. Hamilton. Night's Dawn Trilogy. Tor UK, 1998.

Peters, Stephanie Lynn. "TheRole of the Ballad in the Verse of Fedor Sologub." Lancet 224. 5792 (1996): 513.

Primula Bond. The Silver Chain. Black Lace, 2003.

Prince, E. F. "On Hedging in Physician – Physician Discourse." Linguistics and Professions. R. D. Pietro. Norwood, NJ: Albex, 1982. 83 –97.

Quirk et al. A Comprehensive Grammar of the English Language. London and New York: Longman, 1985.

Rachel, G., F. Ofer, G. Jonathan, A. L. Natalieand S. Hadas. "On Negation as Mitigation: The Case of Negative Irony." Discourse Processes 39. 1 (2005): 81 –100.

Radden G. and Z. Kovecses. "Towards aTheory of Metonymy." Metonymy in Language and Thought. Panther, klaus – Uwe and G. Radden. John Benjamins, 1999. 17 –60.

Raymond W, Gibbs Jr. The Poetics of Mind: Figurative Thought, Language, and Understanding. New York: Cambridge University Press, 1994.

Raymond W. Gibbs Jr. "Irony in Talk Among Friends." Metaphor and Symbol 15. 1 –2 (2000): 5 –27.

Raymond W. Gibbs Jr. and Jessica F. Moise. "Pragmatics in Understanding What Is Said." Cognition 62 (1997): 51 –74.

Reagan R. "Farewell Address to the Nation". Washington, DC, GPO, 2009.

Richard M. R. and Roger, J. K. "Why Do People Use Figurative Language?" Psychological Science 5. 1 (1994): 1 –16.

Richard, I. A. The Philosophy of Rhetoric. London, Oxford, New York: Oxford University Press, 1936.

Robert Faggen. The Notebooks of Robert Frost. Belknap Press of Harvard University Press, 2009.

Robert Harris. A Glossary of Literary Terms. Southern California College, 2012.

Robin Tolmach Lakoff. Talking Power. Basic Books, 1990.

Ronald V. Dellums and H. Lee Halterman. Lying Down with the Lions: A Public Life from the Streets of Oakland to the Halls of Power. Beacon

Press, 2000.

Ruiz de, M. I. and J. Francisco. "The Role of Mappings and Domains in Understanding Metonymy." Metaphor and Metonymy at the Crossroads. Ed. A. Barcelona. Berlin and New York: Mouton de Gruyter, 2000. 109 – 132.

Rumelhart, D. E. "Schemata: The Building Blocks of Cognition." Theoretical Issues in Reading Comprehension. Eds. R. J. Spiro, B. C. Bruce, and W. F. Brewer. Hillsdale N. J.: Lawrence Erlbaum Associates, 1980.

Saeed, J. L. Semantics. Oxford: Blackwell Publishers Ltd, 1997. 319.

Saki. Mrs. Packletides Tiger. Penguin, 1995.

Salager – Meyer, F. "Hedges andTextual Communicative Function in Medical English Written Discourse." English for Specific Purposes 13. 2 (1994): 149 – 171.

Salvatore Attardo. Humorous Texts: A Semanticand Pragmatic Analysis. Berlin: Mouton De Gruyter, 2001.

Saussure, F. Course in General Linguistics (1916). Translated by Baskin, W. London: Peter Owen Ltd., 1959.

Saussure, F.,《普通语言学教程》，商务印书馆 1980 年版。

Searle, J. R. Expression and Meaning: Studies in the Theory of Speech Acts. Cambridge: Cambridge University Press, 1979.

Searle, J. R. Speech Acts. Cambridge University Press, 1969.

Searle, J. R. Mind, Language and Society: Philosophy in the Real World. New York: Basic Books, 1998.

Searle, J. R. Mind: A Brief Introduction. New York: Oxford University Press, 2004. 17 – 32.

Seckman, M. and C. Couch. "Jocularity, Sarcasm, and Relationships." Journal of Contemporary Ethnography 18 (1989): 327 – 344.

Semino, E. and J. Culpeper. Cognitive Stylistics: Language and Cognition in Text Analysis. Amsterdam: John Benjamins, 2002.

Seto Ken – Ichi. On Non – Echoic Irony. Amsterdam: John Benjamins, 1997. 239.

Severyn T. Bruyn. "Rhetorical Devices in Sociological Analysis". The Sociological Quarterly 5. 2 (1964): 101 – 112.

Singerland, E. C. "Conceptual Blending Somatic Marking and Nomativity. a Case Example from Ancient Chinese." Cognitive Linguistics 16. 3 (2005): 557 – 584.

Skehan, P. A Cognitive Approach to Language Learning. New York: Oxford University Press, 1998. 90.

Skelton, John. "TheCare and Maintenance of Hedges." ELT Journal 42. 1 (1988): 37 – 43.

Sperber, D. and D. Wilson. Relevance: Communication and Cognition. Oxford: Blackwell Publishers, 1986/1995.

Sperber, D. and Hirschfeld, L. "Culture, Cognition, Evolution." MIT Encyclopedia of the Cognitive Sciences, 1999.

Sperber, D. and Noveck, I. A. Experimental Pragmatics. Palgrave Macmillan, 2004. 1 – 24.

Stubbs, M. Discourse Analysis. Oxford: Blackwell, 1983.

Stuttaford, Andrew. "A Hero of Our Time." National Review 56. 18 (2004): 3 – 38.

Sweetser, Eve E. From Etymology to Pragmatics – Metaphorical and Cultural Aspects of Semantic Structure. Cambridge University Press, 1990.

Talmy, L. Towarda Cognitive Semantics, Volume Ⅱ: Typology and Processing Concept Structuring. Cambridge: The MIT Press, 2000.

Tamora Pierce. Emperor Mage. Brilliance Audio, 2015.

Tannen D. Gender and Conversational Interaction. Oxford: Oxford University Press, 1993.

Taylor, J. R. Linguistic Categorization: Prototypes in Linguistic Theory. Oxford: Clarendon Press, 1995.

Teppo Varttalo. "Hedging in Scientifically Oriented Discourse, Exploring Variation According to Discipline and Intended Audience." English Philology, University of Tampere, 2001.

Thomas, J. "Cross – culturalPragmatic Failure." Applied Linguistics, 4. 2 (1983): 91 – 112.

Tracy, K. and N. Coupland. Multiple Goals in Discourse. Avon, England: Multilingual Matters Ltd, 1990.

Turner, M. "Conceptual Blending and Counterfactual Argument in the Social and Behavioral Sciences." Tetlock, Phillip E. and Belkin, Aaron (eds.), 1996.

Ungerer, F. and Schimid H. J.. An Introduction to Cognitive Linguistics. London: Longman, 1996.

Utsumi, A. "VerbalIrony as Implicit Display of Ironic Environment: Distinguishing Ironic Utterances from Nonirony." Journal of Pragmatics 32 (2000): 1777 - 1806.

Verschueren J. Understanding Pragmatics. Beijing: Foreign Language Teaching and Research Press, 2000.

Waldron, T. P. Principles of Language and Mind. London: Routledgeand Kegan Paul, 1985. 190.

Whitman, David. "I am OK, You're not.." U. S. News and World Report 121. 24 (1996): 6 - 24.

William Golding. Fire down Below. Farrar, Straus & Giroux, 1989.

William Payne Alston. Philosophy of Language. Englewood Cliffs, Prentice Hall, 1964

Wilson, T. The Art of Rhetoric. University Park: Pennsylvania State University Press, 1994.

Wittgenstein L. Philosophical Investigations. Oxford: Basil Blackwell, 1958.

Yamanashi, M - A. "SomeIssues in the Treatment of Irony and Related Tropes." Relevance Theory: Applications and Implications. Eds. R. Carston and S. Uchida. Amsterdam: John Benjamins, 1998. 271 - 281.

Zadeh, L. A. "FuzzyLogic = Computing with Words." IEEE Transactions on Fuzzy Systems 4. 2 (1996a): 103 - 111.

Tony Blair, "A Journey My Political Life" (布莱尔回忆录：旅程 我的政治生涯)，精华资源，2010 年。

中文文献

［古罗马］奥维德、［古罗马］贺拉斯：《变形记·诗艺》，杨周翰译，上海人民出版社 2016 年版。
［英］伯特兰·罗素：《人类的知识——其范围与限度》，张全言译，商务印书馆 2003 年版。
蔡晖：《认知语言学视野中的功能语体分类问题》，《外语学刊》2004 年第 6 期。
（清）曹雪芹：《红楼梦》，人民文学出版社 2008 年版。
陈汝东：《认知修辞学》，广西教育出版社 2001 年版。
陈汝东：《语境认知的修辞价值》，《语言文字应用》1998 年第 3 期。
陈望道：《修辞学发凡》，上海教育出版社 1997 年版。
（汉）戴圣：《礼记》，北方文艺出版社 2013 年版。
（汉）戴圣：《礼记·学记》，中华书局 1989 年版。
（清）董诰等编：《全唐文》，中华书局 1983 年第 696、697 卷。
度阡：《少女怀孕记》，晋江文学网，2014 年。
［德］恩格斯：《反杜林论》，人民出版社 1999 年版。
［德］恩格斯：《自然辩证法》，人民出版社 1971 年版。
范家材：《英语修辞赏析》，上海交通大学出版社 1992 年版。
［捷克］费尔巴斯：《书面与口语交际中的功能句子观》，钱军导读，世界图书出版公司北京公司、剑桥大学出版社 2007 年版。
冯翠华：《英语修辞大全》，外语教学与研究出版社 1996 年版。
冯广艺：《汉语修辞论》，华中师范大学出版社 2000 年版。
高长江：《现代修辞学》，吉林大学出版社 1991 年版。
［法］高乃依：《论悲剧》，转引自《西方美学史资料选编》，上海人民出版社 1987 年版。
高宣扬：《当代社会理论》，中国人民大学出版社 2005 年版。
［德］戈特弗里德·威廉·莱布尼茨：《形而上学论》，陈德荣译，商务印书馆 1999 年版。
何刚强：《英汉翻译中的得“意”忘“形”》，《中国翻译》1997 年第 5 期。

何兆熊：《新编语用学概要》，上海外语教育出版社 2000 年版。
何自然：《Grice 语用学说与关联理论》，《外语教学与研究》1995 年第 4 期。
何自然：《语言中的模因》，《语言科学》2005 年第 6 期。
何自然、段开成：《汉英翻译中的语用对比研究》，《现代外语》1988 年第 3 期。
[德] 黑格尔：《世界史哲学讲演录（1822—1823）》，刘立群等译，商务印书馆 2015 年版。
[德] 威廉·冯·洪堡特：《论人类语言结构的差异及其对人类精神发展的影响》，姚小平译，商务印书馆 1999 年版。
胡壮麟：《语篇的衔接与连贯》，上海外语教育出版社 1994 年版。
黄国文：《中国系统功能语言学研究：发展与展望》，载庄智象、胡文仲主编《中国外语教育发展论坛》，上海外语教育出版社 2009 年版。
姜望琪：《当代语用学》，北京大学出版社 2003 年版。
金景芳：《〈周易·系辞传〉新编详解》，辽海出版社 1998 年版。
靳琰、王小龙：《汉英仿拟的心理空间理论阐释》，《外语教学》2006 年第 4 期。
匡芳涛、文旭：《图形—背景的现实化》，《外国语》2003 年第 4 期。
[德] 莱布尼茨：《新系统及其说明》，陈修斋译，商务印书馆 1999 年版。
蓝纯：《从认知角度看汉语和英语的空间隐喻》，外语教学与研究出版社 2004 年版。
乐金声：《欠额翻译与文化补偿》，《中国翻译》1999 年第 2 期。
李国南：《辞格与词汇》，上海外语教育出版社 2001 年版。
李鑫华：《英语修辞格详论》，上海外语教育出版社 2000 年版。
李勇忠：《构式义、转喻和句式压制》，《解放军外国语学院学报》2004 年第 2 期。
（唐）李德裕：《李卫公会昌一品集》，商务印书馆 1936 年版。
唐丽玲：《于无声处听“弦音”——谈〈大学英语〉中的低调陈述修辞》，《西部法学评论》2003 年第 1 期。
梁权伟：《中国历代诗词名篇鉴赏》，内蒙古人民出版社 2003 年版。
刘大为：《从语法构式到修辞构式》（下），《当代修辞学》2010 年第

4 期。
刘江华、刘宇红：《低调陈述的运作机制》，《南华大学学报》2006 年第 3 期。
刘宓庆：《中国翻译理论的宏观架构》，载耿龙明主编《翻译论丛》，上海外语教育出版社 1983 年版。
刘宇红：《心理空间与语用解歧策略》，《当代语言学》2003 年第 2 期。
流波：《源：人类文明中华源流考》，湖南人民出版社 2008 年版。
卢卫中、孔淑娟：《转喻与委婉语的构成》，《外语研究》2006 年第 6 期。
鲁迅：《鲁迅全集》第二卷，人民文学出版社 2005 年版。
鲁迅：《奴隶丛书》，上海容光出版社 1935 年版。
吕公礼：《论语用的信息本质》，《外语学刊》2004 年第 5 期。
吕叔湘、朱德熙：《语法修辞讲话》，商务印书馆 2013 年版。
［英］洛克：《人类理解论》，谭善明、徐文秀译，陕西人民出版社 2007 年版。
毛安民、李安然：《薛定谔方程及薛定谔 - 麦克斯韦方程的多解》，《数学学报》2012 年第 3 期。
毛荣贵：《关于 understatement 的三个问题》，《外国语》1989 年第 6 期。
南怀瑾：《孟子与尽心篇》，东方出版社 2015 年版。
倪宝元：《汉语修辞新篇章——从名家改笔中学习修辞》，商务印书馆 1992 年版。
聂焱：《三一语言学导论》，宁夏人民出版社 2008 年版。
［英］纽马克：《论翻译》，外语教学与研究出版社 2006 年版。
彭鸿、彭晓东：《外交英语》，对外经济贸易大学出版社 1999 年版。
彭开明：《翻译中的多种表达形式》，《中国翻译》1995 年第 5 期。
齐振海、彭聃龄：《第三代认知科学下的语言研究》，《中国外语》2007 年第 2 期。
钱冠连：《语言：人类最后的家园》，商务印书馆 2005 年版。
钱锺书：《管锥编》，中华书局出版社 1979 年版。
钱锺书：《旧文四篇》，上海古籍出版社 1979 年版。
钱锺书：《宋诗选注》，人民文学出版社 1958 年版。
钱锺书：《围城》，上海晨光出版公司 1947 年版。

［英］乔治·奥威尔：《一九八四》，刘子刚译，中国致公出版社 2001 年版。
任绍曾：《词汇语境线索与语篇理解》，《外语教学与研究》2003 年第 4 期。
沙夫（A. Schaff）:《语义学引论》，商务印书馆 1979 年版。
申小龙:《中国文化语言学论纲》,《北方论丛》1988 年第 5 期。
沈家煊:《认知与汉语语法研究》，商务印书馆 2006 年版。
(清）沈德潜著，王宏林笺注：《说诗晬语笺注》，人民文学出版社 2013 年版。
盛晓明:《话语规则与知识基础》，上海人民出版社 2000 年版。
(清）施补华:《岘佣说诗》，上海古籍出版社 1978 年版。
［俄］什克洛夫斯基等:《俄国形式主义文论选》，方珊译，生活·读书·新知三联书店 1989 年版。
束定芳主编：《语言的认知研究——认知语言学论文精选》，上海外语教育出版社 2004 年版。
(汉）司马迁:《史记》，北京出版社 2006 年版。
［英］罗素:《数理哲学导论》，晏成书译，商务印书馆 2006 年版。
孙迎春:《“意境”译法探索》,《中国翻译》2002 年第 5 期。
涂靖:《论反语的本质属性》,《外语教学》2004 年第 6 期。
汪家堂：《隐喻诠释学：修辞学与哲学的联姻——从利科的隐喻理论谈起》,《哲学研究》2004 年第 9 期。
王红孝:《隐喻的空间映射与概念整合》,《外语教学》2004 年第 6 期。
王杰：《审美人类学的学理基础与实践精神》，《文学评论》2002 年第 4 期。
王希杰:《王希杰修辞学论集》，广东高等教育出版社 2009 年版。
王希杰:《修辞学通论》，南京大学出版社 1996 年版。
王瑾：《语码转换研究的系统功能语言学视角》，《中国外语》2011 年第 3 期。
王甦、汪安圣:《认知心理学》，北京大学出版社 2006 年版。
王文斌、林波:《英语幽默言语的认知语用探究——兼论 RT 与 CB 的互补性》,《外国语》2003 年第 4 期。

王易中：《大智之门：孔子〈易·系辞〉解读》，山西科学技术出版社 2011 年版。

王寅：《认知语言学》，上海外语教育出版社 2009 年版。

王寅：《认知语言学与语篇分析》，《外语教学与研究》2003 年第 2 期。

王寅：《认知语言学中值得思考的八个问题》，《外语研究》2005 年第 4 期。

王寅：《体验哲学和认知语言学为语言哲学之延续》，《中国外语》2013 年第 1 期。

王寅：《体验哲学与认知语言学对句法成因的解释》，《外语学刊》2003 年第 1 期。

王宗炎：《Linguistics and translation》，《外语教学与研究》1991 年第 4 期。

［美］维纳：《控制论》，洪帆译，北京大学出版社 2007 年版。

［英］维特根斯坦：《哲学研究》，汤潮、范光棣译，生活·读书·新知三联书店 1992 年版。

魏在江：《隐喻的主观性与主观化》，《解放军外国语学院学报》2007 年第 2 期。

吴友富：《英国绅士文化及其衰弱——从文化视角探析英帝国的衰落》，《外语与文化研究》，2005 年。

伍铁平：《模糊语言学》，上海外语教育出版社 1999 年版。

向明友：《论言语配置的新经济原则》，《外语教学与研究》2002 年第 5 期。

肖辉、张柏然：《翻译过程模式论断想》，《外语与外语教学》2001 年第 11 期。

［苏］谢皮洛娃：《文艺学概论》，罗叶等译，人民文学出版社 1958 年版。

谢永芳：《辛弃疾诗词全集汇校汇注汇评》，崇文书局 2016 年版。

谢祖钧：《英语修辞》，机械工业出版社 1998 年版。

熊光楷：《中文词汇“韬光养晦”翻译的外交战略意义》，《公共外交季刊》2010 年第 6 期。

熊学亮：《从指代研究看新格莱斯语用学的实用性》，《外国语》1997 年第 3 期。

熊学亮：《话语连续性的图式分解研究》，《外国语》2001 年第 3 期。

熊学亮：《话语衔接的认知距离研究》，载朱永生主编《世纪之交论功能》，上海外语教育出版社2002年版。
熊学亮：《认知语用学概要》，上海外语教育出版社2000年版。
熊学亮：《试论转喻的指示功能》，《外语与外语教学》2011年第5期。
徐盛恒：《心智哲学与语言研究》，《外国语文》2010年第5期。
徐盛恒：《转喻与分类逻辑》，《外语教学与研究》2008年第2期。
许国璋：《学术论著的翻译：一种文体的探索——以罗素〈西方哲学史〉论欧洲文艺复兴诸则译文为例》，《外国语》1983年第1期。
［古希腊］亚里士多德：《形而上学》，吴寿彭译，商务印书馆1997年版。
［古希腊］亚里士多德：《修辞术·亚历山大修辞学·论诗》，颜一等译，中国人民大学出版社2003年版。
［古希腊］亚里士多德：《修辞学》，罗念生译，上海人民出版社2006年版。
杨春霖、刘帆：《汉语修辞艺术大辞典》，陕西人民出版社1995年版。
杨劲松：《语言的突围：论偏离的理据》，《中国外语》2012年第1期。
杨自俭：《关于建立翻译学的思考》，《中国翻译》1989年第4期。
殷企平：《谈互文性》，《外国文学评论》1994年第2期。
于海涛：《多义范畴理解的语义互参模式》，《语言教学与研究》2003年第4期。
余富斌：《模糊语言与翻译》，《外语与外语教学》2000年第10期。
俞吾金：《主体间性是一个似是而非的概念》，《华东师范大学学报》2002年第4期。
（清）袁仁林：《虚字说》，解惠全校注，中华书局1989年版。
张辉、杨波：《心理空间与概念整合：理论发展及其应用》，《解放军外国语学院学报》2008年第1期。
张辉、周平：《转喻与语用推理图式》，《外国语》2002年第4期。
赵艳芳：《语言的隐喻认知结构》，《外语与外语教学》1995年第3期。
［新西兰］珍妮特·霍姆斯：《社会语言学导论》，世界图书出版公司2011年版。
周启强、白解红：《原型范畴与间接指令》，《外语与外语教学》2004年第12期。

周振甫译注:《诗经译注》，中华书局 2002 年版。
庄智象:《浅议英语中含蓄否定》，《外国语》1986 年第 4 期。
邹春玲:《汉语转喻的模因分析》，《外语学刊》2008 年第 6 期。